戦後国際金融の
歴史的諸相

帰結としての世界金融危機

入江恭平

日本経済評論社

まえがき

　筆者がこれまで書いてきた論稿に新稿を加えて一冊の著作にまとめようと思い至ったのは，2008年9月15日，米国の投資銀行リーマン・ブラザーズの破綻を契機とする世界金融危機の展開であった．当初，「100年に一度の危機」とセンセーショナルに喧伝されたその事態を子細に点検すれば，そのなかには戦後世界の金融の歴史的発展が凝縮され，その帰結こそがこの世界金融危機（Great Financial Crisis）の発現であるという確信を得たからである．

　いわゆるリーマン・ショックの根底にはサブプライム・ローンという名の住宅ローンの存在があり，これが単なる住宅金融であれば，せいぜいローカルな貸し手＝金融機関と借り手の関係であり，たとえ借り手の債務不履行（default）が生じたとしても，その影響はローカルな市場にとどまるはずである．しかしそれがナショナルな部面に広がり，さらにはグローバル（世界）に展開した背景にはローンの証券化（securitization）の存在があったことは間違いない．この証券化に関していえば，米国では1970年代に起源を有し，80年代半ばにはセキュリタイゼーションは住宅金融に限らずさまざまの部面で全面的に発展し，成熟の段階にも達していた．筆者が当時，勤務していた研究所では先輩の同僚が，すさまじい勢いで進展する米国の証券化の実態をいち早く日本に紹介すべく，レポートを量産し，1986年半ばには一冊の著作にまとめられた[1]．筆者はそれを横目でみながら，ほぼ同時期に展開されていた国際金融市場＝ユーロカレンシー市場での証券化に注目し，やはり数本のレポートを執筆し，1つの論文にまとめた．それが，本書第2章に収められた「ユーロ・セキュリタイゼーションと国際銀行業」である[2]．

　しかし証券化は世界金融危機の重要な構成要素であるが，それだけではもちろん不十分である．証券化はいわゆるOTDモデル（Originate to Distribute Model）と称されるビジネスモデルである．いわば「組成＝発行過程」と「売却＝流通過程」から構成されるのであるが，ここで売却＝流通過程を資金的に支える機構・市場に着目する必要がある（ことに気づいたのである）．そしてそれは伝統的な商業銀行外にあり，後にシャドーバンキングと総称される，投資信託の一種である MMFs（Money Market Mutual Funds）や CP（Commercial Paper）市場，レポ（repurchase＝repo）市場など短期金融市場（money markets）の発展などである．これらシャドーバンキングは証券化ブームを資金調達，資金供給面から支える存在であると同時に，短期金融市場ゆえの不安定性を内包していたとみてよい．そしてシャドーバンキングの発展の背景には 1970 年代以降の米国金融システムの規制緩和（de-regulation）がある．第二次大戦後の米国金融システムの規制体系を規定したのはニューディール期の 1933 年銀行法（通称グラス・スティーガル法）であった．同法の下で連邦預金保険公社（FDIC）の設立を求め，同公社は，当初，銀行預金 2,500 ドルを保証した（上限はその後 1980 年には 10 万ドル，リーマン・ショック後の 2008 年 10 月には 25 万ドル引き上げられた）．それといわば引き換えに，預金獲得をめぐる過当競争によって制度の健全性を毀損させないという目的でレギュレーション Q として知られる預金金利の上限規制が導入された．1960 年代半ばまでは，例外的な時期をのぞいて市場金利は規制金利を上回ることはなかったが，1960 年代後半に入るとインフレが昂進し，市場金利が上昇しはじめた．例えば，銀行間のオーバーナイト金利は 1980 年以前には，6％を上回ることはまれであったが，1980 年には同金利は 20％にも達した．しかしながら銀行や貯蓄金融機関はレギュレーション Q のためにほとんどの種類の預金に対して上限金利 6％しか提供できなかった．資金の預金受入機関からの流出を意味するディスインターメディエーションの始まりである．

　一方，1970 年代に入ると，とくに株式取引手数料の自由化（75 年 5 月 1 日＝いわゆるメーデー）以降，メリルリンチや投資信託会社フィデリティなどは流出した預金者の資金を財務省証券や高格付けの社債などの短期で安全

な証券に投資する投資信託の一種であるMMFsを創設し，資金を誘導した．MMFsはシャドーバンキングの主要な地位を占めてブームとなりその資産額は1977年の30億ドルから2000年には1兆8,000億ドルにも達した．MMFsは銀行や貯蓄金融機関との競争を維持するためにも投資対象として安全で高格付け資産を必要とし，2つの短期金融市場を発展させた．コマーシャルペーパー（CP）市場とレポ市場である．

CP市場は70年代に4倍に拡大し，80年には1,250億ドルになっていたが2000年には1兆6,000億ドルにまでに増大した．レポ市場はCP市場と同様に長い歴史を有しているが，急速に膨張するのは1970年代以降である．投資銀行≒証券業者もシャドーバンキングと規定する見解があるが，その主要な根拠はその資金調達を短期金融市場，特にレポ市場に依存していることにある．証券業者のレポ市場の借入額はネットでみると1980年代はほぼ均衡してゼロで推移したのに対して，90年代にはプラスに転じ2000年には3,000億ドル，ピークの2007年には1兆2,000億ドルに達した．

以上のように，MMFs，CP，レポ市場などのシャドーバンキングの発展は1980年代から急速に加速し，伝統的な商業銀行，貯蓄金融機関の地位を脅かすことになる．商業銀行の側からはCDの導入（1961年）やユーロダラー市場からの資金調達（1966年），預金金利の自由化（1986年）によって対抗する．そして以上のような規制緩和はニューディール期の銀行規制の解体を意味したが，その解体に止めを刺したものこそ商業銀行業務と投資銀行業務の分離を規定したグラス・スティーガル法の廃止，すなわち1999年11月のグラム・リーチ・ブライマリー法（GLBA）の成立である．GLBA下では（商業）銀行業，証券業，保険業内部の集中と業種間の統合が促進された．

証券化が短期金融市場たるシャドーバンキングに支えられる構図のなかでリーマン・ショックが発現するのだが，さらにそれが世界金融危機に転化するには不可欠な要素が必要である．証券化市場へ深く関与する欧州銀行に代表される国際銀行業の発展である．これら国際銀行は証券化商品に積極的に投資を行う一方で，その資金調達は国際金融市場のインターバンク預金や外

国為替スワップ市場での短期（ドル）資金に依存していたのである．これら国際的短期金融市場はシャドーバンキングのグローバルな展開とみてもよい．危機が勃発したさいに顕在化した「ドル不足」は欧州銀行≒国際銀行の特異な構造を暴露したのである．そして国際的短期金融市場に依存した国際銀行業の起源は戦後1950年代半ばに発生したユーロカレンシー市場の存在に行き当たる，といえる．

　本書は全6章から構成されている．
　第1章「ブレトンウッズ体制とユーロカレンシー市場」では，第二次大戦後の国際通貨体制を規定した，1944年7月，米国ニューハンプシャー州ブレトンウッズで開催された連合国通貨金融会議において規定された国際通貨基金（IMF）協定の第4条の意味を読み解くことから論を起こしている．ブレトンウッズ会議は米国が提出したホワイト案を原案とする国際通貨基金（IMF）協定および国際復興開発銀行（IBRD：通称，世界銀行）協定が最終案と承認された．IMF協定は加盟国の平等原則を基本としドルに特別な地位を与えているわけではないが，協定には条文上の理念とは別に，戦後の国際通貨制度の運営にあたって，米国がリーダーシップをとることが現実的に想定されている．
　そして，ブレトンウッズ体制は米国の財務長官ヘンリー・モーゲンソーやホワイトのようなニューディーラーによって推進されたことからも知れるように覇権国となる米国のニューディール体制の国際化が企図されたとみることもできる．
　しかし，現実の国際通貨制度，特に1958年末の先進工業国の対外交換性（convertibility）が回復するまでは想定されたものとは全く異なる展開をみせる．相互に関連する対外決済のドル不足と双務主義が第二次大戦直後の国際通貨制度を規定した．双務主義を私的レベルに限定し，中央銀行レベルの多角的相殺を促して，地域レベルのドルの節約を一層推し進めようとしたのが多角的支払協定である．多角的支払協定の最初の試みは，マーシャル・プラ

ンの監督機関である欧州経済協力委員会（OEEC）の支援を受け1947年に成立した多角的清算協定である．つづいて第一次（1948年10月〜1949年6月），第二次（1949年7月〜1950年6月）欧州域内支払協定が同様な原理で運営された．多角的支払協定を一歩進めて，参加国の双務的債権債務に介在し，自ら債権債務の中間的当事者として信用を授受して清算機関を設置して，双務主義を克服しようとしたのがEPU（欧州支払同盟：1950年7月〜1958年12月）であった．

EPU加盟国において1940年代末から1950年代前半にかけて戦時期に封鎖されていた外国為替市場が復活を遂げた．とくに，英国ロンドンでは1939年以来12年ぶりに外国為替市場，銀行間市場が復活した．

一方，外国為替市場とともに国際金融構造の不可欠の要素となる国際金融市場は，ユーロカレンシー市場の発生というかたちをとって復活した．その起源に関しては，公的統計が1963年以降ということもあって，諸説あったが，個別銀行（英国，ミットランド銀行）の資料に基づいて，その出現がすでに1955年半ばということが確認された．そしてユーロカレンシー市場の出現の契機が1950年代初頭からの為替管理の自由化＝外国為替市場の復活であることが示唆される．

ユーロカレンシー市場の発展はおもに国際的に活動する大手の（多国籍）銀行によって担われるが，その構造は伝統的な外国為替銀行と異なり，短期国際金融市場≒ユーロカレンシー市場に依存したものであり，この構造的特徴は21世紀まで維持される．

一方，ユーロ市場の短期金融市場（money markets）に対応する資本市場（capital markets）＝ユーロ債市場（Euro-bond markets）の起源に関しても諸説があるが1963年7月，ロンドンで発行されたイタリアの国営持株会社IRIの子会社である高速道路公団Austoradeによるユーロダラー債とみるのが順当である．その背景もさまざまだが，とくに戦後復活するニューヨーク外債市場の構造的特質にあった．すなわち同市場の機能が回復する1958年以降，1963年7月に導入される利子平衡税（Interest equilibrium tax＝IET）

の対象外になるカナダ政府債や世銀など国際機関を除く欧州などの政府，企業が起債した外債の相当部分は米国外に売り捌かれていた．しかもその際，米国の投資銀行が主幹事，副幹事，引受メンバーとしてシンジケート団を編成して外債を引き受けたが，売捌き（selling）グループは英国のマーチャントバンクやその他欧州の金融機関が担っていた．

　ブレトンウッズ体制の崩壊を導くことになるドル危機の最初の顕在化は，西欧通貨の経常取引に関する交換性が回復して（1958年）からわずか2年後であり，1960年10月，ロンドン金市場で金価格は米財務省による金購入価格＝公定価格を大幅に上回る40ドルに暴騰し，為替市場ではドルが大量に売られた．これに対して，米財務省の代理としてニューヨーク連銀がマルクの先物売り「介入」を行ってドル防衛策に乗り出す．米国はそれまで自己勘定で外国為替市場に介入することは全くなかった．IMF協定の第4条項の但し書きの規定にしたがって，固定相場の維持を公的な金交換によって履行し，外国為替市場への介入は免れていたからである．外国為替市場への介入はもっぱら米国以外の加盟国の通貨当局が行うものであった．

　ニューヨーク連銀は不足する介入外貨の調達方法を金売却や外国為替市場での購入以外の方法を模索し，そこで案出されたのがスワップ協定であった．スワップ協定は短期信用操作であり限界をもっていたので，中長期信用の外貨建て証券発行（いわゆるローザ・ボンド），IMF借入れが導入された．

　西欧諸国通貨の交換性回復以降は供給されたドルは黒字国のドル買い介入という還流機構によってドル準備＝外国通貨当局の公的ドル残高として蓄積される．したがって米国財務省保有の金保有額とドル準備＝公的ドル残高との比率が問題となり，後者が前者に比べて高まれば高まるほど国際通貨ドルの「信認」問題が焦点になる．その後次第に，金・ドル交換の停止を主張する者が現れはじめる．1971年4月には，米国の貿易収支が初めて赤字に転落した．金・ドル交換停止の引き金になったのは8月はじめフランスと英国による保有ドルの金交換要求であった．8月15日ニクソン大統領はドルと金およびその他の準備資産への交換性の停止を表明した．

金・ドル交換停止はブレトンウッズ体制の基軸の崩壊であった．同体制のもう1つの契機であるアジャスタブル・ペッグ制は19か月後の，1973年3月変動相場制への移行によって消滅した．

　変動相場制は企業の為替リスクのエクスポージャーを増大させる．企業の為替リスクヘッジを仲介する銀行はユーロ・インターバンク市場と為替（直・先）市場を利用して独自のALM（資産・負債管理）を展開する．反対に銀行の国際的ALMの展開が外国為替市場とユーロカレンシー（≒ダラー）市場を膨張させる．

　通貨や金利を原資産とした金融ディリバティブが登場するのは変動相場制移行後の1970年代初頭である．上述したインターバンク市場を利用した両建て的なALMは資産・負債を膨張させ，したがって銀行のROAやROEなどの利益率を引き下げる点で限界をもっていた．1980年代末から90年代初頭以降，金利スワップやFRA（金利先渡し契約）など店頭ディリバティブの銀行による利用はこれらの限界を突破する．

　1973年以降，二度にわたる原油価格の値上げによる国際間の経常収支の不均衡は国際金融市場にオイルマネー・リサイクル問題を要請した．これに対して国際金融市場は1960年代末に開発されたロールオーバー・クレジット（中長期の貸付を与える一方で6か月ないしそれ以下の期間ごとに金利が更新される銀行信用であり，更新のさい貸付金利はあらかじめ決められたインターバンク預金金利（LIBOR：ロンドン銀行間出し手金利）を基準に連動して一定のプレミアムが付加される）やロールオーバー・クレジットを組み込んだシンジケートローンなどの金融イノベーションを採用した．しかしその帰結は，1982年夏，メキシコを端緒とする途上国債務問題の顕在化＝国際金融危機となって露呈する．

　第2章「ユーロ・セキュリタイゼーションと国際銀行業」は途上国の債務累積問題の顕在化とほぼ同時に国際金融市場に展開される金融イノベーションであるセキュリタイゼーション＝証券化に焦点を当てている．

　戦後の国際金融市場の中心となったユーロカレンシー市場は1980年代，

特に82年以降, securitization（証券化）現象が一般化する．このユーロ・セキュリタイゼーションを資金フローが銀行貸出（loan）から債券（bond）など証券形態へシフトした点だけに注目すれば，シンジケートローンの発展がなされる以前の1960年代のユーロ市場を想起させる．さらに，1970年代に入ってもユーロ債にいわゆる外国債（foreign bond）を加えた国際債ベースでみると，ユーロクレジットを含めた国際資本市場での資金調達額に占めるそのシェアは，1970-72年，1975-77年にそれぞれ50％内外となり，1982年以降との類似性は，ある意味では循環的である．しかしいくつかの点で，両者間には決定的な相違が存在する．すなわち，1982年以降のユーロ・セキュリタイゼーションは資金調達形態がローン（貸付）からボンド（債券）などの証券形態へ移行したことのほかに，NIF（ノート・イシュアンス・ファシリティ），RUF（レボルビング・アンダーティング・ファシリティ）など複合的金融ファシリティが簇生したこと，1970年代に支配的であったシンジケートローンの第二次市場とでもいうべきローン・パーティシペーション市場が発展したこと，またこれらに随伴してオフ・バランスシート"簿外"取引が急拡大していることをその内容としている．さらにまた，主体的には，（国際的）商業銀行が証券の発行者，保有者，さらには仲介者（アレンジャー，アンダーライター，ディーラー）として市場に深くコミットしていることが，1970年代以前とは決定的に異なるのである．後者はユーロ・セキュリタイゼーションが，1982年夏のメキシコの国際金融危機によって限界を露呈した1970年代型の国際銀行業の再調整（Re-Structuring）過程の市場面への反映であることを示唆している．この点で国際銀行業の活動を抜きにユーロ・セキュリタイゼーションを語ることはできない．

　4節では変動利付債（市場）の隆盛と破綻に焦点を当てている．変動利付債，とくに国際銀行の「資本」的性格を有する変動利付・永久債市場の収縮・破綻は国際銀行業の資金調達（funding）の基礎が依然としてインターバンク市場に依存することの不安定性を露呈したといえる．5節ではユーロ・セキュリタイゼーションとこれも国際金融市場でのイノベーションである

（金利および通貨）スワップ市場との関連を扱っている．

　第3章「日本のベンチャー・キャピタルとアジア投資」は他の5つの章とは異なり，直接に国際金融を対象としてはいない．日本では1990年初頭当時，依然としてマイナーな存在であったベンチャー・キャピタルに焦点をあて，1985年9月プラザ合意以降の急激な円高に対して急速に進展した日本企業の対アジア投資と関連させながら論じている．クロノロジカルには第2章（1982-87年）と第3章（1990年代）の間の期間ないし第3章と重なる期間を対象としている．

　米国に起源をもつベンチャー・キャピタル（VC）・システムは，それが米国経済，ことにハイテク産業の勃興・発展に寄与したという事実をうけて，欧州およびアジア諸国へと国際的な伝播の過程を辿る．VCシステムは，日本へも1970年代初頭以降，移植されることになるが，その過程で米国とは異なる日本の経済・社会的諸条件に規定されて，様々な部面で変質し，いわば日本的VCシステムが構築されることになる．VCはその導入から20年近くを経て，産業としての市民権を得ようとしていたが，1990年代初頭には3度目の苦境を迎えていた．しかし，一方，米国からの移植が示すように，当初より国際性を帯びたVCシステムをアジア的パースペクティブにおくならば，日本のVCは，規模において，他のアジア諸国のVCを圧倒しているだけでなく，80年代以降の日本企業の対アジア直接投資，アジアNIEs・ASEAN諸国の経済成長，アジアの株式市場の勃興・発展と連動して独自の役割を果たそうとしている．

　本文では，日本への移植過程で変質したVCシステムを日本のVCシステムの特徴として述べた後に，日本のVCの対アジア投資をASEAN向け投資の実態を中心に分析し，最後にVCと受入現地国株式市場との関連を，タイを事例に検討している．

　第4章「アジア通貨・金融危機―金融グローバル化の代償―」は1997年7月2日，タイの通貨バーツの急激な下落および近隣諸国（マレーシア，フィリピン，インドネシア，韓国など）へのその伝播を単なる通貨危機として

ではなくそれと密接に関連して勃発した金融≒銀行危機との双子の危機として分析した．アジア通貨危機に対しては，依然として経常収支の不均衡（赤字）から通貨危機を解く言説が多くみられた（IMFも当初はこの説を踏襲していた）．しかし本章では，危機国の資本取引の自由化，すなわち金融のグローバル化を背景に銀行貸付や証券投資形態での資本の大量流入が現地経済の投資・信用ブームを導き，さらにそれが実体経済のインフレよりもむしろ資産（不動産や株価）バブルを誘発したこと，資産バブルは一定の時点で崩壊に至ったこと，さらにはそれに関与した現地金融機関のなかには損失を負うものが現れてきたことを明らかにした．ここでさらに深刻なのは，現地の銀行や企業が現地通貨のドル・ペッグ（錠付け）の持続性を前提にして，外貨（主としてドル）建て短期資金借入れに依存していたことである．大量に貸し出していた邦銀や米銀など国際的な大手銀行は現地の金融危機の兆候や経常収支の悪化やヘッジ・ファンドの投機による現地通貨の軟化などを契機にして，一定時点から貸出しの回収を開始し，同じことだか借入れの更新（roll-over）を拒否し始める．借入れの更新を拒否された現地銀行（および企業）は返済外貨の調達を為替市場での現地通貨売りによって果たさざるを得ず，借入外貨が大量であったことから現地通貨は急速かつ大幅に下落した．ほぼ同時にこの事態は現地銀行の大量の為替差損を発生させ債務超過や資本の毀損に繋がっていく．通貨危機と銀行危機がほぼ同時に勃発したのである．銀行危機はクレジット・クランチを引き起こして実体経済の収縮を導いて，経常収支も大幅赤字から大幅黒字へ転化した．しかしこの経常収支の黒字化は拡大再生産によってではなく，内需，輸入の大幅減少による縮小再生産の結果である．経常収支の赤字を大幅に上回る資本（金融）収支の大量流入（黒字），外貨準備の大量の積み上げから経常収支の黒字を上回る資本（金融）収支の大量流出（大幅な赤字），外貨準備の枯渇，短期間で国際資本の大幅なスイングがみられた．

アジア危機3国（タイ，インドネシア，韓国）へはIMFからの金融支援が実施された．その融資条件（コンディショナリティー）は3か国の間で若

干の違いがみられたが基本的には同一であり,「目的・目標」では①経常収支の改善,②金融セクターの改革,「マクロ経済政策」では①財政政策,②金融政策,③為替政策,「構造改革」では①金融セクター改革,その他の構造改革となっている.

しかし,アジア危機に対するIMFの対応は批判者からはイデオロギー的には新自由主義(Neo-liberalism)的なワシントンコン・センサスあるいはワシントン・(米)財務省・ウォールストリート複合体とされている.

第5章「世界金融危機—シャドーバンキング・証券化・ドル不足—」は,この「まえがき」冒頭で記述した内容となっているので再述しない.ただ,第6章とも関連するが,欧州の銀行を米国で発生した金融危機の伝染(contagion)の被害者として描くことはしなかった.逆である.むしろ欧州銀行は世界金融危機に積極的に関与したのである.この点は世界金融危機の4年間で欧州銀行の被った損失額は米国銀行に匹敵する点および在欧州銀行の対米国債権(資金供給)・債務(資金需要)=双方向の資金フローの大きさからも明らかである.後者は米国のバブル発生の原因をいわゆるグローバル・インバランス論に基づくアジア過剰貯蓄説批判ともなっている,といえる.

第6章「複合危機としてのユーロ危機」では,ユーロ危機を生み出した背景を主としてユーロ域周辺(periphery)国(ギリシャ,アイルランド,イタリア,ポルトガル,スペイン,通称GIIPS)の2000年代前半からの信用に主導された投資,消費の成長構造に探る.さらにユーロ危機は米国を起源とする世界金融危機と大西洋を挟んで連動したこと,ユーロ域内ではソブリン債務危機と銀行危機とが連動・共振したことが明らかにされる.また最後にユーロ域内決済システムとしてのTARGETシステムとは何かを明示したのち,TARGETバランスの拡大とユーロ周辺国の国際収支≒金融収支危機との関連および後者が通貨危機として発現しなかった構造を明らかにする.ユーロ危機はギリシャ危機=ソブリン債務危機として発現したが,世界金融危機に連動した銀行間流動性危機,ホームメイドの銀行危機および国際収支≒金融収支危機をともなった複合危機として進行した.しかもとくにギリシャ

では金融市場の危機が一応のおさまりをみせた後も，緊縮政策（austerity policy）の強行によって実体経済は危機が長く続き，ユーロ危機以前の水準を回復していない（2018年8月現在）．

　各章ごとに，もとになっている既発表の論文を示すと次のようになっている．

第1章「戦後国際金融の諸相」国際銀行研究会編『金融の世界史』悠書館，2012年の一部に大幅，加筆，修正

第2章「ユーロ・セキュリタイゼーションと国際銀行業」法政大学比較経済研究所　靎見誠良編『金融のグローバリゼーションⅠ』法政大学出版局，1988年

第3章「日本のベンチャーキャピタルと対アジア投資」大阪市立大学経済研究所　濱田博男編『アジアの証券市場』東京大学出版会，1993年

第4章「アジア通貨・金融危機―金融グローバ化の代償」『中京経営研究』第27巻，2018年3月に若干の加筆，修正

第5章「世界金融危機―シャドーバンキング・証券化・ドル不足」『中京経営研究』第21巻 第1・2号，2012年3月に若干の加筆，修正

第6章　新稿

注
1) 松井（1986）『セキュリタイゼーション―金融の証券化』．
2) 入江（1988）「ユーロ・セキュリタイゼーション」も参照されたい．

目次

まえがき

第1章　ブレトンウッズ体制とユーロカレンシー市場 …………… 1

1. ブレトンウッズ体制　1
    (1) ブレトンウッズ体制の理念と現実　1
    (2) 対外交換性回復期以前での欧州における外国為替市場の復活　2
2. ユーロカレンシー市場の出現と国際銀行業　4
    (1) ユーロカレンシー市場の起源と戦後の国際金融市場　4
    (2) 国際短期金融市場に依存した国際銀行業　6
3. 戦後のニューヨーク外債市場とユーロ債市場の誕生　9
    (1) 戦後のニューヨーク外債市場の特質　9
    (2) ユーロ債市場の誕生と発展　10
4. ドル危機からブレトンウッズ体制の崩壊　13
    (1) ドル危機の発現　13
    (2) スワップ協定　14
    (3) ブレトンウッズ体制の崩壊と変動相場制への移行　16
5. 変動相場制下のユーロダラー市場　19
    (1) 変動相場制と国際銀行業　19
    (2) 変動相場制とディリバティブ市場　20
    (3) オイルマネー・リサイクルとシンジケートローン　21

第2章　ユーロ・セキュリタイゼーションと国際銀行業 …………… 25

はじめに　25

1. ローン・パーティシペーションの国際的展開と限界　27
   (1) 国際的ローン・パーティシペーションの発展　27
   (2) ローン・パーティシペーションの譲渡性と限界　30
2. NIF・RUFのハイブリッド性と過渡期性　31
   (1) NIFの発展と構造　31
   (2) NIFの分極化　35
3. ユーロCP市場の成長　37
   (1) NIF・RUFからユーロCPへ　37
   (2) ユーロCPと国際銀行業　39
4. 変動利付債（FRN）市場の隆盛と破綻　41
   (1) 変動利付債市場の発展　41
   (2) 変動利付債市場の構造　43
   (3) 変動利付債市場の破綻　46
5. スワップの機能と市場の現状　50
   (1) ユーロ・セキュリタイゼーションとスワップ市場　50
   (2) スワップ市場と国際銀行業　53

おわりに　55

第3章　日本のベンチャー・キャピタルと対アジア投資　61

はじめに　61

1. 日本のベンチャー・キャピタルの特質　62
   (1) ベンチャー・キャピタル・システムの原型：米国のVC　62
   (2) 日本のベンチャー・キャピタルの導入と発展　63
   (3) 日本のベンチャー・キャピタルの投資手法の特徴　67
2. 日本のベンチャー・キャピタルの対アジア投資　71
   (1) ベンチャー・キャピタルの国際化の諸局面と対アジア投資　71
   (2) 日本のベンチャー・キャピタルのアジア向け投資の実態　73
   (3) 現地日系企業の企業財務とベンチャー・キャピタル　80

3. ベンチャー・キャピタルと現地株式市場：タイのケース　　86
    (1) タイの株式市場と株式公開　86
    (2) タイのベンチャー・キャピタルとその役割　91

第4章　アジア通貨・金融危機
　　　　―金融グローバル化の代償― …………………………………… 97

  はじめに：双子の危機＝通貨危機と銀行危機　　97
  1. マクロ・ファンダメンタル指標の健全性とアジア金融危機
     の特徴　　99
  2. 国際銀行による金融危機諸国への信用供与　　104
    (1) 国際銀行による対内信用供与　104
    (2) 資本勘定の自由化　107
    (3) 短期資金の流入誘因　109
  3. 国際信用と国内信用の連動性　　110
  4. 通貨危機の前兆と勃発　　113
  5. 通貨危機・銀行危機・資産デフレの同時的進行　　115
  6. 双子の危機・資産デフレ下でのクレジット・クランチ，
     内需の激減　　117
  7. 縮小均衡的・暴力的経常収支の黒字化　　118
  8. アジア金融危機とIMF　　120
    (1) IMFの融資条件（コンディショナリティ）　120
    (2) 資本勘定自由化の下での「最後の貸し手機能」　123
    (3) マレーシアの選択的資本勘定規制　124
    (4) 金融セクター改革　125
    (5) その他の構造改革　126

第5章　世界金融危機
　　　　　―シャドーバンキング・証券化・ドル不足― ……………… 129

　はじめに　129
　1.　規制緩和・シャドーバンキング・金融コングロマリット　130
　2.　証券化とSPL（サブプライム・ローン）問題　135
　3.　証券化過程と金融機関　137
　4.　世界金融危機の発現・展開　142
　　（1）　住宅バブルの崩壊と米国投資銀行　142
　　（2）　世界金融恐慌と欧州銀行の積極的関与　148
　　（3）　欧州銀行における「ドル不足」の発現　151
　　（4）　グローバルなスワップ網形成と歴史的な意義　154

第6章　複合危機としてのユーロ危機 ……………………………… 159

　はじめに　159
　1.　ユーロ周辺国の高成長と信用の拡張　160
　2.　世界金融危機の影響と共振：流動性危機から銀行危機へ　168
　3.　ソブリン債務危機の勃発と銀行危機との相互作用：
　　　ギリシャ危機を中心に　173
　　（1）　ソブリン債務危機の勃発とユーロ周辺国への伝播　173
　　（2）　ソブリン債務危機から銀行危機への影響と相互作用　178
　4.　TARGETバランスの形成とユーロシステム　188
　　（1）　TARGETシステムとTARGETバランス　188
　　（2）　TARGETバランスの拡大とその背景因　190
　　（3）　金融危機の連鎖とTARGETバランスの展開　192
　5.　TARGETバランスの不均衡と国際収支≒金融収支危機の回避　195
　むすびにかえて　199

参考文献　209

あとがき　221

索引　227

第1章
ブレトンウッズ体制とユーロカレンシー市場

1. ブレトンウッズ体制

(1) ブレトンウッズ体制の理念と現実[1]

　第二次大戦後の国際通貨制度を規定したのは1944年7月1日，米国ニューハンプシャー州ブレトンウッズで開催された連合国通貨金融会議である．同会議では米国が提出したホワイト案を原案とする国際通貨基金協定および国際復興開発銀行協定が最終案として承認された．

　IMF協定は全文20条から成り，加盟国通貨の平等原則を基本としドルに特別な地位を与えているわけではない．しかしながら，協定には条文上の理念とは別に，戦後の国際通貨制度の運営にあたって，米国がリーダー・シップをとることが現実的に想定されている．ここで，国際通貨に関する条文，特に第4条を取り上げて，条文上の理念と現実的想定が何であったのかをみてみよう．

　第4条「通貨の平価」は，ドルに関する記述が含まれる唯一の条文である．
　第1項「平価の表示」(a)において，各加盟国の通貨の平価は「共通尺度たる金により，または1944年7月1日現在の量目および純分を有する合衆国ドルにより表示する」と規定されている．ドルが自国通貨である米国はドル平価ではなく金平価しかとりえない．他方，米国以外の加盟国も条文上はドル平価のみを強制しているわけではなく，金平価とドル平価との選択の余地を残すことで平等性が確保されている．しかし，現実的には米国がIMF

協定の交渉が開始される前の 1941 年 10 月には，世界全体のほぼ 70％を占め金の独占状態にあった．したがって，米国以外の加盟国は自国通貨と金交換に裏付けられた金平価選択は非現実的であり，ドル平価を取らざるをえない．加盟国通貨の平等性をうたう条文に埋め込まれた現実的な想定は次のような非対称的な構造を有する国際通貨制度である[2]．すなわち米国は金平価を採用してその裏付けとして加盟国の通貨当局に対して金売買に応じ，その代わり外国為替市場への介入を免除される．米国以外の加盟国はドル平価を採用し，外国為替市場に介入して固定為替相場を維持する．介入通貨としては対ドル平価を維持するためにドルが用いられ，介入通貨ドルは準備通貨ドルを前提にしている．いわゆるドル・ペッグ制であり，特殊な金為替（ドル）本位制である．特殊というのは特に金と為替（ドル）との交換（売買）が外国の私的な銀行や個人に対してではなく外国の金融当局に限定されているからである．

しかし，現実の国際通貨制度，特に 1958 年末の先進工業国の通貨の対外交換性が回復するまでは，想定されたものとは全く異なる展開をみせる．

(2) 対外交換性回復期以前での欧州における外国為替市場の復活[3]

相互に関連する対外決済のドル不足と双務主義が戦後初期の国際通貨制度を規定した．第二次大戦後，米国を除く先進国では極端な対外準備，ドル不足から為替・貿易管理がいたる所に張り巡らされていた．IMF が設立された 1947 年 3 月ころまでには 200 以上の双務協定が締結されていたという．双務協定のもとでは，二国間貿易において，それぞれの中央銀行は自行内に相手名義の口座を開設し，相手行の口座を貸記することで相互に信用を与え合う．信用供与には「スイング」といわれる限度額が設定され，通貨交換レートとともにあらかじめ決められている．実際の貿易取引は為替取引形式によって行われ，協定国の商業銀行は相互に相手国通貨建ての為替勘定を開設するが，外貨の全面集中制がとられているので，貿易取引の貸借関係は商業銀行を媒介にして個々の取引毎に直ちに中央銀行に振り替えられる．銀行は

中央銀行の単なる代理人であって為替操作の余地はない．「スイング」を超える相手国中央銀行の保有する自国通貨建て残高は金もしくは交換可能通貨ドルで決済しなければならない．双務的支払協定は，通貨の振替性を認めないので債権・債務の相殺額も限定され，金・ドルでの節約にも限界がある．
　双務主義を私的レベルに限定し，中央銀行レベルに多角的相殺を促して，地域レベルでのドルの節約を一層推し進めようとしたのが多角的支払協定である．多角的支払協定の最初の試みは，マーシャル・プランの監督機関である欧州経済協力委員会（CEEC）の支援を受け1947年に成立した多角的通貨清算協定（AMMC）である．つづいて第一次欧州域内支払協定（1948年10月〜1949年6月），第二次欧州域内支払協定（1949年7月〜1950年6月）が同様な原理で運営された．多角的支払協定は改訂されるたびに，種々の工夫がなされて相殺額が着実に増加した．しかしながら中央銀行間の多角的相殺後の参加国のネットポジションが依然として個々の国に対する双務的債権債務として残るため限界に逢着した．多角的支払協定を一歩進めて，参加国の双務的債権債務に介在し，自ら債権債務の中間的当事者として信用を授受して清算機関を設置して，双務主義を克服しようとしたのがEPU（欧州支払同盟1950年7月〜1958年12月）であった．
　EPU加盟国において，1948〜50年にかけてベルギー，フランス，イタリアが，1951年には英国，1952年にオランダとスウェーデン，1953年に西ドイツが外国為替市場を再開し，スイスはもともと外国為替市場を閉鎖していなかった．
　1951年12月英国は為替管理を緩和して，公認為替銀行とブローカー108社に対して，為替取引を一部自由化する措置をとった．その内容は，まず指定通貨および北欧3か国通貨に対する直物の公定相場，すなわちイングランド銀行の集中相場の売買幅を拡大した．例えば，米ドル相場は1ポンド＝2.79 7/8〜2.80 1/8を1ポンド＝2.78〜2.82に拡大した．
　同時に，それまでは公認為替銀行は個々の取引毎にイングランド銀行とカバー取引をしなければならなかったのを，国内の公認銀行だけでなく，特定

の海外の他の為替銀行ともカバー取引をすることが許された．為替取引の自由化と相場変動幅の拡大によって為替銀行は自己の裁量で為替操作ができるようになった．為替持高操作は通貨毎に分断されており，その意味で限定付きであるが，ロンドン外国為替市場，銀行間市場が1939年以来12年ぶりに復活したのである．

さらに1953年5月英国，フランス，西ドイツ，オランダ，デンマーク，スウェーデン，スイスの8か国は多角的裁定取引の協定を結んだ．多角的裁定取引によるカバー取引とは，ある国に対する債権あるいは債務を他の国の債権・債務に振り替えてそれらを相殺することである．為替銀行は中央銀行とのカバー取引を双務的ポジション毎に行うのではなく総合的ポジション毎に行えばよい．外国為替市場での多角的相殺が進めば進むほど，為替銀行が中央銀行にカバーを求めることが少なくなる．中央銀行の立場からみると，為替銀行が持ち込んでくる双務的ポジションが減少して，それだけEPUに持ち込んでくる双務的ポジションが減少する．

多角的裁定取引の導入，為替相場変動幅の拡大によって外国為替市場の機能が高まると同時に，為替銀行の私的な為替操作と中央銀行による公的介入がシステム化される．しかしその際，米ドルとの交換性は私的レベルでも公的レベルでも排除されているのである．「欧州裁定計画は，それがドル地域との直接的つながりを持たないところから，1つの封鎖体系であるということが強調されなければならないであろう．事実，欧州諸通貨と米ドル取引との間には諸制限の壁が存在している」[4]のである．

現実には米国以外のIMF加盟国にとっては50年代以降，回復すべきものとして懸案となる対外交換性とは対ドル交換性に他ならなかった[5]．

2. ユーロカレンシー市場の出現と国際銀行業

(1) ユーロカレンシー市場の起源と戦後の国際金融市場

ユーロカレンシー市場の起源をめぐっては公的統計が1963年以降に発表

されたこともあって諸説がある．市場の起源に関して衝撃的だったのは，ユーロカレンシー預金の出現がすでに1955年半ばだったことが個別銀行の資料に基づいて確認されたことである．通説はユーロ市場の出現を欧州通貨の対ドル交換性が回復する1958年前後を前提にしていたからである．

戦後，ロンドンで外貨建て（定期）預金残高が確認されたのは1955年5月，手形交換所加盟銀行の大手ミッドランド銀行の負債勘定においてであった．この事実を察知したイングランド銀行関係者は，「ミッドランド銀行が1955年6月中に4,900万米ドルと200万カナダドルを受け入れたことが確認できるであろう．さらに，同行は事実上，すべてのこれらドルを直物で売り，先物で買い戻しているようにおもわれる」と報告している．

ここで，例外的というのは1954年12月から1955年5月までにはこれら外貨預金の受け入れはないからである．のちにユーロダラー，ユーロカレンシーと呼ばれるものの出現である．

C.R. シェンクによると1955年半ば以降のユーロカレンシー預金出現の直接の契機になったのは金利裁定機会の発生であり，それを促進した要因は1954年以来英国金融当局によって銀行に認可された対ドルの先物為替取引であるとされる[6]．

1950年代当初からの対外交換性回復へ向けての為替管理の自由化の動向がユーロカレンシー市場形成の促進要因になったことを示唆している．既述のように，1951年以降，ロンドンでは対ドルの外国為替市場が復活し，先物為替取引も1954年以降，銀行に限定されてだが回復していたのである．1958年の西欧通貨の対ドル交換性の回復は対ドル交換が互いに分断されたものから，ドルを媒介に多角的（為替・金利）裁定を可能にしたのである．ユーロカレンシー市場の出現は外国為替市場の復活とあいまって国際金融システムが戦後ようやく正常化したことを意味する．

第一次大戦前の国際金融構造は周辺国に外国為替市場が形成され，基軸通貨国英国の（ポンド建て・短期）金融市場が為替銀行の決済資金の調達・運用市場として機能することによって国際金融市場という規定をうけていた．

すなわち基軸国＝中心国に国際金融市場，周辺国＝非基軸国に外国為替市場という非対称性を有していた．しかし第二次大戦後の復活した国際金融市場＝ユーロカレンシー市場は，基軸国の外部に形成され，ロンドンをはじめ世界の金融センターに外国為替市場と併存するかたちで発展するのである．銀行の立場からみれば，先物為替市場を前提にした場合，為替操作，資金操作は外国為替市場とユーロカレンシー市場は代替的な存在として機能していくのである[7]．為替市場が24時間化し，グローバル化するのに対応してユーロカレンシー市場も24時間化，グローバル化していく．

(2) 国際短期金融市場に依存した国際銀行業

ロンドンで最初に外貨預金が確認された1955年以降，ユーロカレンシー市場の成長のなかで，パイオニアの役割を果たしたミッドランド銀行の同市場での地位は急速に低下し，1960年代初頭までマーチャントバンク（ハンブロなど）や英国の海外銀行（BOLSA[8]など）のシェアが上昇する．このころすでに米銀は大手銀行のロンドン支店を基盤に一定の地位を得ていたが，1960年代後半にはいると急速にシェアを高め（1969年54％），ユーロ市場の米国化が定着する．その背景には，米国国内の預金上限金利の規制下で，1966年，1969年のクレジット・クランチが進行し，預金準備を本支店勘定を通じて調達する行動が大手行以下の米銀にも浸透したからである．米銀在ロンドン支店数は1963年の7店から1969年末には29店に急増した．

ユーロカレンシー市場の取引通貨は当初，米ドルとカナダ・ドルが確認されていたが，西欧通貨の交換性が回復した1958年以降も米ドルが圧倒的であり60年代後半にかけて90％，以下，ドイツ・マルク5％，スイス・フラン3％（銀行負債ベース）となっていた．1970年代以降，ドルはややシェアを落とすがその圧倒性はほとんど変化がない．したがって，ユーロカレンシー市場とはユーロダラー市場とほぼ同義であった．このことは外国為替市場における取引通貨としてのドルの重要性とあいまって，基軸通貨ドルの私的分野への浸透を促進することになる（図1-1）．

第1章 ブレトンウッズ体制とユーロカレンシー市場　7

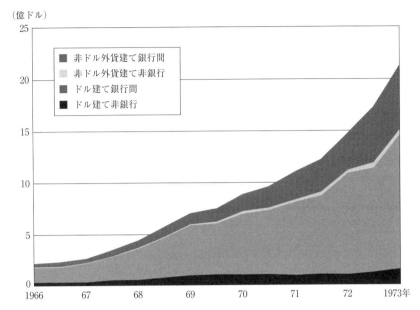

出所：BIS（1974）44th Annual Report, p. 161 より作成．

図 1-1 欧州報告銀行（ドル建て・その他外貨建て）対外債務＝ユーロカレンシー市場の推移

　ユーロカレンシー市場の発展はおもに国際的に活動する各国の大手銀行によって担われるが，その構造は伝統的な為替銀行とは異なる形態を有している．2000年代に勃発する国際金融危機を遠く展望しながらその特徴をみてみよう．図1-2は英国所在（外国銀行在ロンドン支店を含む）外貨建て資産・負債を取引相手別，満期構成をみたものである．

　まず，取引相手別では，対銀行，すなわち銀行間取引の割合は非常に高い[9]．負債ベースで85％，資産ベースで69％である．銀行間取引の機能としては，為替取引にともなう決済資金の調達，運用という最も基底的な機能のほかに，直物市場と組み合わせることによって先物取引のカバー取引，すなわち先物市場の代替市場として役割を果たしている．さらに単なる金利裁定のほかに，特に変動相場制移行後は金利リスクのヘッジを銀行間での債

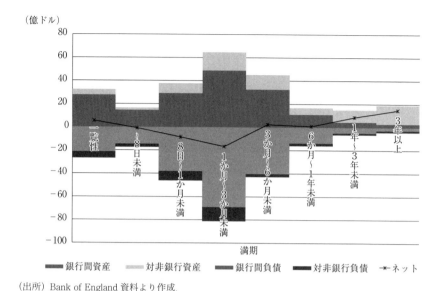

(出所) Bank of England 資料より作成.

図 1-2 在英所在銀行外貨建て資産・負債の満期構成 (1971年10月末)

権・債務を積み上げるマッチング取引によって遂行していく.

次に銀行間市場の比重が高いことから, 資産・負債の満期構成も1日 (コール取引) から3か月未満に集中している. 全体の負債ベースで71%, 資産ベースで61%は満期が1日から3か月未満である. 対非銀行部門の取引は8日以上の期間ではすべて貸出・投資などの資産超過になって, 超過額は1年以上において顕著である. すなわち対非銀行向けの長期の資産超過を主に銀行間市場の8日以上3か月未満の短期資金によってファイナンスしているのである. いわゆる短期借り・長期貸しであるが, 短期資金はつねにロールオーバーに依存することになる.

以上のような国際短期金融市場＝ユーロカレンシー市場に依存した国際銀行業の出現が1960年代に確立したとみてよい. その後, 特に短期資金依存という弱点はCD, CP, 変動利付債 (FRN) によって克服しようとする. また1960年代末からのユーロ市場でも盛んになるシンジケートローンは資産

の満期の長期化をもたらし短期借り・長期貸しの矛盾を拡大することになる．ただ金利リスクに関しては，貸出期間中に3か月ごとに金利を更新するロールオーバー・クレジット，変動金利制，さらに1980年代の金利スワップの導入などによって回避しようした．しかし銀行間市場を中軸においた短期金融市場依存の国際銀行業の構造は21世紀まで維持される．

3. 戦後のニューヨーク外債市場とユーロ債市場の誕生

(1) 戦後のニューヨーク外債市場の特質

　第二次大戦後から1950年までのニューヨーク外債 (foreign bond) 市場は償還額が新規発行額を上回る状態で国際資本市場[10]としての体をなしていなかった．一方，年々10億ドルで推移した民間対外投資のほとんどは直接投資形態であった．1950年以降，外債発行件数は増加を開始し，新規公募発行額（借り換え額を除く）が20億ドルに迫ったのは1956年になってからであった．しかもこれら外債発行の96％はカナダ債，イスラエル債，世銀債から構成され，やや特殊であった．というのは，カナダはニューヨーク市場に関する限り，米国の一部と考えられ，一般の外債に課される投資機関に対する保有制限を免除されるか軽減されていた．1950年以来毎年3,000万〜5,000万ドルの発行がなされたイスラエル政府債はもっぱら愛国的動機を有する米国のユダヤ人投資家に依存していた．世界銀行は戦後，1959年までにニューヨーク市場で約15億ドルのドル建て債の公募発行を成功させ，ニューヨーク外債市場の再建に貢献した．

　しかしこれら3つの発行体を除くとその他の発行は1957年まではきわめてまれで1947年から同年までにわずかに1.85億ドルが発行されたに過ぎない．しかし1958年にはニューヨーク外債市場は転機をむかえ，戦後それまでの累計額を上回る資金が調達された．オーストラリア，欧州石炭鉄鋼共同体がそれぞれ5,000万ドル，南アフリカが4,000万ドルを調達した．その他の借り手はオーストリア，オランダ，ニュージーランド，ノルウェー，ベル

ギー領コンゴ，ローデシア，パナマなどである．

カナダ債，イスラエル債はともかくも米国の投資家によってほとんどが購入された．世銀債も戦後初期には米国投資家によって購入されたが，1952年以降は次第に米国以外の投資家によって購入されるようになり，1960年末現在ではドル建て世銀債の半分以上が米国外で保有されていた．この意味でも，世界銀行はニューヨーク市場へ欧州の投資家の参入に道を開き伝統的な国際資本市場の再建をもたらした．その他の外債の戦後の公募発行も少なく見積もっても半分以上，なかには欧州の発行体の場合には約9割が西欧および米国外の投資家によって購入された．特に転機となった1958年にはこれらの外債発行部門は，欧州からの投資がなければ存続できなかったと言われている．このことは米国の投資銀行も認めていた．

(2) ユーロ債市場の誕生と発展[11]

ユーロ債（Euro Bond）の誕生をめぐっては諸説があるが，1963年7月，イタリアの国営持株会社IRIの子会社である高速道路公団，Autostradeが発行したユーロダラー債を開始とみるのが順当である．Autostrade債は国際的な銀行シンジケートによって引き受けられ（主幹事はロンドンのマーチャントバンク，S.G. ウォーバーグ），発行表示通貨国外で主に売り捌かれ，公開の取引所（ロンドン証券取引所およびルクセンブルク証券取引所）に上場され，また無記名債（bearer bond）として発行され，しかもあらゆる税金を免除されて利払いがなされる，通例ユーロ債と定義される諸条件を充たしていた．ユーロ債なかでもユーロダラー債市場の成立の第一の条件は，(1)で述べたように第二次大戦後，米国＝ニューヨーク外債市場の復活に際しての構造的特質にあった．同市場の機能が回復する1958年以降も，1963年7月に導入される利子平衡税（Interest Equalization Tax：IET）の対象外となるカナダ政府や世銀など国際機関を除く欧州などの政府，企業が起債した外債の相当な部分（70～90％）は米国外に売り捌かれていた．しかもその際，米国の投資銀行が主幹事，副幹事，引受メンバーとしてシンジケート団を編

成し，外債を引き受けたが，売捌き（selling）グループは英国のマーチャントバンクやその他欧州の金融機関が担った．

　一方，欧州では通貨の対外的な交換性が回復した 1958 年以降でも，各国の資本市場は分断され，対外的な借り手に対する制限の緩和は進んでいなかった．また英国は国際収支の慢性的な赤字となり，戦時から続く厳しい為替管理が敷かれており，その下ではポンド建て外債市場はポンド地域向けに限定されていた．しかし英国政府は 1950 年代後半以降のユーロダラー市場の発展を前提にして，ロンドンのシティを国際資本市場として復活させようとする支援策を打ち出した．1963 年には有価証券取引にかかわる印紙税は 2% から 1% に引き下げられ，同年 8 月にはユーロ債の特徴となる，無記名債形式での債券発行が再び公認された．

　ケネディ政権下の利子平衡税の導入は，米国内資金に依存する限りで借入コストを引き上げ，事実，米国市場で同税の対象となる借り手の発行額は 1963 年の 5 億 6,900 万ドルから 1964 年にはわずか 2,600 万ドルに減少した．一方，ユーロ債の発行額は同期間に 1 億 3,700 万ドルから約 7 億ドルに急増した（図 1-3）．

　1965 年ジョンソン政権下で，対外直接投資に関する自主規制措置が，連邦理事会（FRB）による 1 年以上の対外融資自主規制措置と同時に導入された．1968 年には，上記の自主規制措置は強制的なものに変更された．これらの一連の措置は米国企業の対外直接投資を禁じたものではなかったが，対外直接投資金融ないし在外子会社や関連会社の資金調達を海外市場に依存させることを強制した．その結果，米国企業によるユーロダラー債の発行が増大し，1965 年から 1970 年までのユーロ債発行総額の 39% を占める 47 億 6,400 万ドルに達した．とくに 1968 年以降は転換社債の比率が高い．その際，米国企業は非居住者に支払われる利子に関する源泉徴収税を回避するため，主にルクセンブルク，オランダ領アンティル島，および国内のデラウェア州に特別な金融子会社を設立した．またこれらの事態は米投資銀行をユーロ債市場へ参入させる契機になった．市場は 1968 年まで順調に拡大したが，

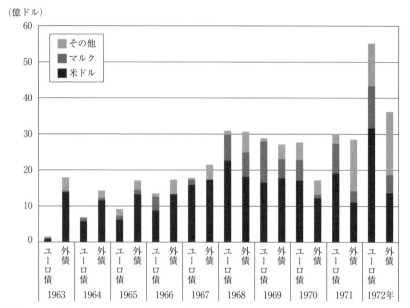

出所：Fisher（1997）Appendix A（pp. 34-35）より作成．

図 1-3　ユーロ債と外債発行額推移（1963-72 年）

1969 年から 1972 年までは，為替市場でのドル売り圧力，短期金利上昇，ブレトンウッズ体制の崩壊，変動相場への移行など不安定な時期が続き，ようやく活況を取り戻したのは 1972 年である．

発行市場の拡大とともに，ユーロ債の決済（支払と引渡し）制度がユーロクリア（Euroclear－1968 年 12 月）とセデル（Cedel－1971 年 1 月）として設立され，発行，流通市場の懸案だった決済制度問題に一応の決着をつけた．また 1969 年 9 月には自主管理組織としての AIBD（Association of International Bond Dealers）が発足し，流通市場における慣行の制度化における調整役を果たすことになる．流通市場を含むこれらの制度化は，ユーロ債市場が自立的な市場として確立したことを意味する．

4. ドル危機からブレトンウッズ体制の崩壊

(1) ドル危機の発現

　ドル危機が最初に顕在化するのは，ロンドン金市場で金価格が，米財務省の購入価格1オンス＝35ドルから大きく乖離して40ドルに暴騰し，為替市場でドルが大量に売られることになる1960年10月である．西欧通貨の経常取引に関する対外交換性が回復してわずか2年足らずである．1950年前半までのドル不足はすでに過去のものとなり，ドル過剰が進行していたのである．IMF協定で現実的に想定された金・ドル交換はあくまでも米財務省とその他加盟国通貨当局との間の公的交換であるが，ロンドン市場での金価格の公定価格からの大幅乖離は裁定取引を介して公的保有ドル残高による金交換＝米財務省からの金流出を助長することを意味した．

　これに対して，米財務省は金市場の安定のためにイングランド銀行に対して十分な金を供給し，G10諸国の通貨当局に対しては35.20ドル以上で購入しないことを同意させた．さらに米国を含む8か国の通貨当局と金プール（拠出額2億7,000万ドル）を形成した．公式にはその目的は金価格を1オンス＝35ドルに釘付けするための介入であった．たしかに，その後6年間にわたって金プールは金価格の安定には寄与したが，米国の金準備の減少を阻止することにはならなかった．米国以外の7か国の中央銀行は金価格安定のための金の40％を供給したが，米財務省でのドル残高の金交換によって金準備を回復させたからである．

　さらに英ポンドの切り下げが行われた67年11月以降，ドルの切り下げをも懸念し，猛烈な投機によって金価格は40ドル以上に暴騰し，金プールは68年3月までの4か月間で30億ドルの金を失った．同年3月17日，金プールは解散し，金の二重価格制が導入された．それ以降，金プール参加の通貨当局は市場での金の売買は一切行わず，金取引は1オンス35ドルの公定価格で同通貨当局間でのみ行うことに同意した．

(2) スワップ協定

　1961年3月財務省の代理としてニューヨーク連銀が行ったマルクの先物売り「介入」は戦後の米国通貨当局による最初の介入である．米国はそれまで自己勘定で外国為替市場に介入することは全くなかった．IMF協定の第4条項の但し書の規定にしたがって，固定相場の維持を公的な金交換によって履行し，外国為替市場への介入義務を免れていたからである．外国為替市場への介入はもっぱら米国以外の加盟国の通貨当局の行うものであった．財務省による為替操作は為替安定基金が保有する少額の外貨残高に基づいた先駆的なものであったが，連邦準備も1962年2月公開市場委員会（FOMC）が外貨による市場操作を承認して自己勘定での為替操作が可能となった．連邦準備はそもそも外貨準備を保有していなかったので，マルク，スイス・フラン，オランダ・ギルダー，イタリア・リラを為替安定基金から市場レートで買い入れた．ニューヨーク連銀は連邦準備と財務省の代理銀行としてこの外貨残高をもとに当該通貨国の中央銀行に勘定を開設して準備を整えたが保有外貨は為替操作を行うにはあまりにも少額であった．そこで，ニューヨーク連銀によって不足する外貨を金売却や外国為替市場で購入する以外の調達方法が模索された．そこで案出されたのがスワップ協定である[12]．ニューヨーク連銀は3月1日に初めてのスワップ協定（5,000万ドル相当）をフランス銀行との間で締結した．スワップ協定は参加中央銀行を増やし，8月初めまでに7か国の中央銀行とBISを加えた総額7億ドルの連銀スワップ網が成立した．スワップの仕組みは例えばフランス銀行とのスワップ協定では，「ニューヨーク連銀にあるフランス銀行勘定に5,000万ドルを払い込み（貸記し），同様にフランス銀行がパリにあるニューヨーク連銀勘定に同額のフランを払い込む（貸記する）」である．ニューヨーク連銀サイドからいえば5,000万ドル相当のフランス・フランを短期（当初は3か月）で借り入れたことになる．このフランは①為替市場介入資金として，②過剰ドルをフランで買い戻す，ために使用される．

　スワップ協定は1962年3月にフランス銀行との間で導入されて以来，参

加銀行が増加しスワップ枠も毎年引き上げられ，1962年8月の総額7億ドルから1969年9月には14か国の中央銀行とBISで総額99億5,500万ドルと約15倍の規模に膨張した．スワップ期間も当初の3か月から6か月，12か月へと長期化された．規模の拡大や期間の長期化はドル危機の激化，短期資本移動の大量化を反映しているといえる．

先物やスワップの為替操作は，攪乱的な短期資本移動が短期間のうちに逆転しなければ清算不能や返済不能に陥るという短期信用操作の限界があった．さらに中長期的なあるいは構造的な移動に対しても短期信用操作は限界があった．そこで短期信用に代わって中長期信用として外貨建て証券発行（いわゆるローザ・ボンド）やIMF借入が導入された．

財務省による外貨建て証券残高は1963年8月の7億5,000万ドルから1968年9月には20億480万ドルと約3倍弱に増加した．マルク債が残高全体の半分を占め，スイス国立銀行とBISに対するスイス・フラン債が約3分の1を占める．西ドイツとスイスが2大過剰ドル保有国であることを示している．

取得した外貨は①外国の通貨当局保有のドル残高を買い取り，金交換請求を回避する．

②先物売りの清算や連邦準備のスワップ債務の返済に利用．③その利用は少ないが外国為替市場への介入資金として．ドル防衛の第2線準備として使用された．

IMFからの外貨借入もドル防衛のための，リファイナンス資金として1965年7月から多通貨引出しが開始された．

米国の公的為替操作は，財務省単独による先物操作に始まりニューヨーク連銀のスワップ操作を経て，財務省の外貨証券の発行やIMF借入へと操作はますます拡大し，同時に短期から中長期化へと進展していった．

基軸通貨国米国が外国為替市場に介入することは，IMF協定成立時にはまったく想定していなかった新たな展開である．西ヨーロッパ主要国がIMF8条国に移行して，IMF協定が本来の機能を発揮しうる段階で，ブレ

トンウッズ体制は変質していたのである．同時にドル危機が進行していたことの表現でもある．

(3) ブレトンウッズ体制の崩壊と変動相場制への移行

　国際流動性は基軸通貨国米国の国際収支の赤字によって供給される．西欧諸国通貨の交換性回復以降は供給されたドルは黒字国のドル買介入という還流機構によってドル準備＝外国通貨当局の公的ドル残高として蓄積される．ドル準備は介入ための運転資金のほかに金利を生む各種のドル資産に運用されるが，さらに過剰となるドルは米国財務省の金交換を要求することになる．したがって米国財務省の金保有額とドル準備との比率が問題となり，後者が前者に比べて高まれば高まるほど国際通貨ドルの「信認」問題が焦点になる．IMF協定で想定された内在的な矛盾である．最初にドル危機が顕在化する1960年では，米国の金準備（1オンス＝35ドルで換算）は第二次大戦直後の1948年の244億ドルから178億ドルに減少し，他方，外国の金融当局の保有するドル準備は同期間に29億2,000万ドルから110億9,000万ドルに増大していた．金保有／ドル準備比率は3.8倍から1.6倍に減少していた．とはいえ絶対額では依然として金保有額は公的ドル残高を約67億ドル上回っていた．1950年代までの国際収支の赤字は米国政府の海外軍事支出，政府移転（政府贈与・政府援助），政府借款などが経常収支の黒字を大幅に上回ることによってもたらされた．しかし経常収支，さらにはその基礎になる貿易収支は1960年代をとおして黒字を維持した．特に1964年は経常収支，貿易収支はそれぞれ最大の黒字額68億ドル，96億ドルを計上して依然として最大の債権国であった．しかし同年をピークに経常収支，貿易収支の黒字幅を減少させ，1971年には経常収支，1972年には貿易収支が赤字に転落している．1965年から国際収支（基礎収支，総合収支）の赤字幅の拡大の背景には，ベトナム戦争介入による財政赤字，インフレの昂進があげられる．1966年には初めて外国のドル準備（公的ドル残高）が米財務省金保有額を上回った（図1-4）．

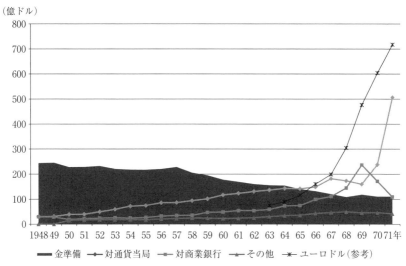

図 1-4 米国の対外短期債務と保有金量の推移

金の二重価格制への移行後，調整圧力は米国へシフトしていく．しかし1968～69年にかけてはドル危機は直線的に発現せず，マルク危機，フラン危機として迂回的にしかも独・仏の対立として顕在化する[13]．1960年代をとおして，フランスの対外的なファンダメンタルは弱かったが，1968年の5月に勃発した工場ストライキ，学生反乱に対して，フランス政府は拡張的な金融，財政政策で対応し，それをきっかけにフランからの投機的な資本逃避が増大し，対外準備は急減した．事態は同年秋まで続いたが，フランス政府はフラン切り下げを拒否して，緊縮政策にシフトした．フランスが切り下げに直面している同時期に，西ドイツは切り上げ圧力に曝され，投機的な資金がフランスから西ドイツへ流入し対外準備は急増した．

危機は一時おさまるが，1969年春に再燃し，フランスはついに8月8日にフランを11.1％切り下げた．西ドイツ政府は当初，非居住者預金受け入れを規制し，輸入品に対する国境税を引き上げなどで対処したが，ついにマルクはフロートしたのち，9月29日に9.3％切り上げた．

米国の経常収支は1968年も悪化を続けた．しかし1968〜69年にかけて，公的支払収支でみると黒字を記録している．その要因は短期資金の流入であり，ユーロダラー市場が大きく寄与している．68〜69年にかけての金融引き締めおよび定期預金金利の上限規制（レギュレーションQ）に直面して，預金が米銀（米国所在）からユーロダラー市場にシフトした．米銀がユーロダラー市場から借り入れることによって同資金を還流させた．1970年になると金融緩和政策による金利低下および大口CD（譲渡性預金）に対するレギュレーションQが廃止されると，米銀のユーロダラー市場からのドル借入資金は返済され，公的支払収支は90億ドルの赤字に転化した．1971年夏までに同赤字は300億ドルに膨張した．流出したドルは黒字国の対外準備として累積され，インフレーションを加速させた．西ドイツのマネーサプライの増加率は1971年には6.4％から12％に上昇し，インフレ率は69年の1.8％から1971年には5.3％に上昇した．マルクに対する切り上げ圧力が加速され，ドイツ連邦銀行は外国為替市場での（ドル買）介入操作を停止しマルクをフロートにゆだねた．オーストリア，ベルギー，オランダ，スイスがマルクに追随した．

　その後の数か月は，金・ドル交換の停止を主張する者が現れはじめた．1971年4月には，米国の貿易収支がはじめて赤字に転落した．金・ドル交換停止決定の引き金になったのは8月はじめのフランスと英国による保有ドルの金交換要求であった．8月15日ニクソン大統領はドルの金およびその他準備資産への交換性の停止を表明した．同時に提示された政策パッケージには，賃金・価格の90日間の凍結，10％の輸入課徴金，そして10％の投資税額控除が含まれていた．

　金・ドル交換停止はブレトンウッズ体制の基軸の崩壊であった．同体制のもうひとつの契機であるアジャスタブル・ペッグ制は19か月後，1973年3月の変動相場制への移行によって消滅する．

5. 変動相場制下のユーロダラー市場

(1) 変動相場制と国際銀行業

　1971年8月金・ドル交換停止，同年12月のスミソニアン協定を経て，73年2月以降，先進国では変動相場制が採用された．変動相場制は企業にとって為替リスクのエクスポージャーを増大させた．企業の為替リスク・ヘッジを銀行が仲介する場合，銀行は先渡しポジション（forward position）のカバー取引をインターバンク預金市場を利用して行う場合が多い．現地通貨（円を想定する）とドルの先渡し取引を想定した場合，顧客企業の売り予約に対して銀行は先渡しドルの買い持ち（long position）となるが，為替の先渡し市場で直接，売り埋めずに，ユーロダラー・インターバンク預金市場からドルを調達して，買いのカバーを取り，為替市場では直物・先渡しの同時取引であるスワップ取引を，円建て金融市場では転換後の円資金運用を行う．ドル資金調達から円資金運用のところを取り出してみれば，カバー付き金利裁定取引であるが，問題は変動相場制移行後，顧客の為替リスク管理に銀行が受動的に対応した場合でもインターバンクのドル建て預金＝ユーロダラー取引と為替取引が追加的に引き出されていることである．変動相場制以降，外国為替市場とユーロダラー市場とが急膨張した基本的な構造である．

　変動相場制は金利のボラティリティ＝不安定性を上昇させ，国際銀行業の金利リスク管理を要請した[14]．ユーロ市場で活動する銀行の貸付期間と金利期間を区別して貸付金利の一定期間（通例6か月）ごとの更改，すなわち変動金利制＝ロールオーバー・クレジットの導入によって対処した．しかし依然として残る期間のミスマッチから発生する金利リスクはインターバンク市場を利用してヘッジする．具体的には，例えば顧客から受け入れた預金の期間3か月に対して，顧客向け貸付期間6か月である場合に発生する金利リスクを，受け入れた3か月預金をインターバンクへ投下し，同時に6か月の貸付のためのファンディング＝資金調達を6か月預金受入れによってヘッジす

る．銀行のこのような金利リスク管理が資産・負債管理上，新しいのは3か月で受け入れた預金をそのままインターバンクへ投下した点である．6か月の貸付のファンディングをインターバンクに求めるのは以前の「負債管理」と形態上は同一である．「負債管理」から「ALM（資産・負債管理）」への転換といわれる所以である．同時に注目されるのは，銀行の金利リスク管理がユーロカレンシー・インターバンク市場を膨張させている点である[15]．

(2) 変動相場制とディリバティブ市場

　第二次大戦後，通貨や金利を原資産とする先物（futures）やオプション（option）などいわゆる金融ディリバティブが登場するのは変動相場制移行後の1970年代初頭である．当初は，シカゴの取引所で導入されたことにみられるように，取引所取引が主流であった．ディリバティブの店頭取引が比重を増すのは，国際的な商業銀行がスワップなど新しい金融ディリバティブに参入する1980年代半ば以降である（第2章参照）．

　ユーロ・セキュリタイゼーション[16]の一角を形成しながら登場した（金利・通貨）スワップは当初，新規の証券発行と結合して契約され，しかも金融市場間の裁定機会を利用した取引が主流を占めた．たとえば，異なる金融市場において，個々の資本調達主体の信用力に対する評価の較差が存在する場合，借り手は相対的に有利な金融市場でそれぞれの負債を発行するとともに，負債をスワップして，金利コストを節約するのが典型であった．証券発行からみれば，スワップによって生み出された証券（swap-driven issuance）ということができる．信用力に対する較差がユーロ市場に対する国内金融市場の規制から生じている場合にはスワップ取引による裁定機会の利用の増加が規制緩和を促進する場合があった．しかし，スワップ市場は成熟してくると，国際的な商業銀行によって金利リスクのヘッジや投機に利用される比重が高くなってきた．

　変動相場制下では，国際銀行業が国際インターバンク市場を駆使して流動性の管理や金利リスクの管理を行っていることは既述した．しかしインター

バンク市場を利用した両建て的な方法によるALMは，資産・負債を膨張させるという点で，したがってROA，ROEなどの収益率を引き下げるという点で限界をもっている．米・英銀行が主導した自己資本比率規制もこの点を焦点化した．1980年代末から90年代初頭以降，金利スワップやFRA（金利先渡し契約）など店頭ディリバティブの銀行による利用は，金利リスク管理に関して，それまでのインターバンク預金市場に代替して増加した．元本を交換せずに金利のみを交換する金利スワップは，銀行のファンディング＝流動性管理と金利リスク管理を分離するのに最適であった．銀行の国際インターバンク信用（預金・貸付）比率の低下は金利スワップなどの店頭ディリバティブの取引増加の反映である，といってよい[17]．

(3) オイルマネー・リサイクルとシンジケートローン

1973年以降，二度にわたる原油価格の値上げによる経常収支不均衡の発生は国際金融市場にオイルマネー・リサイクル問題の解決を要請した．石油輸出国の経常収支は国内投資や輸入の停滞から外貨準備が積み上がり，他方，途上国，先進国を含めて経常収支のファイナンスの必要性を増大させた．国際金融市場はユーロ債や伝統的外債など債券の形態ではなく銀行ローンの形態でこの問題を処理することになる．直接金融としてのユーロ債などの信用リスクは最終的には投資家が負う．一方，間接金融仲介としてのユーロダラー市場は貸付のリスクは仲介銀行が負うのであって，最終的資金供給者は預金者として銀行宛ての定期預金債権を取得する．ユーロダラー市場で銀行は短期資金を最終の借り手に対する中・長期債権に転換する．この短期借り・長期貸しの満期転換機能は1960年末に開発されたロールオーバー・クレジット（中長期の貸付を与える一方で6か月ないしそれ以下の期間ごとに金利が更新される銀行信用であり，更新のさい貸付金利はあらかじめ決められたインターバンク預金金利（LIBOR：ロンドン銀行間出し手金利）を基準に連動して，一定のプレミアムが付加される）やロールオーバー・クレジットが組み込まれたシンジケートローンなどの金融イノベーションを採用するこ

とによって確実にされた．シンジケートローンはシンジケート方式での債券引受の場合と同じく融資を引受・分売し，大銀行にとどまらず中小の銀行を動員して大量の資金調達を可能にした．しかし 1970 年代から 1980 年代にかけて，シンジケートローンを主流としたオイルマネー・リサイクル問題の解決方法は確かにシンジケート方式の採用によって個々の銀行の信用リスクは分散されはしたが市場全体の信用リスクを低減することにはならなかった．また金利変動方式であるロールオーバー・クレジットは 1970 年代以降の高金利下での金利リスクを銀行に対しては回避させたが，借り手に金利リスクを転嫁したのである．1970 年代型国際銀行業の限界は 1982 年夏，メキシコを端緒とする途上国債務問題の顕在化＝国際金融危機となって露呈した．

注
1) 本項は西倉（1998）おおむね 27-33 ページに拠る．
2) 基金協定の第 1 部第 4 条「通貨の平価」では各加盟国の通貨は「金もしくは 1944 年 7 月 1 日現在の量目および純分を有する合衆国ドル」のどちらかで表示されると記されているが，ホワイトはその意味について，1945 年 4 月 19 日の米国議会で委員会のメンバーから尋ねられると，2 つが同じ意味であることを強調して，「われわれ（米国）にとって，そして世界にとって」「米ドルと金は同じものです……意味の違いはなく，便宜上そのように表現したにすぎません．ドルと金は実質的に同じだという事実を繰り返しておきます」と答えたという．ここには，加盟国通貨の平等性は強調されているが，条文に埋め込まれたドルとその他加盟国通貨の非対称性はあくまでも「隠された」ままになっている．スティル（2014）331 ページ．
3) 本項は西倉（1998）第 7 章を，本章の文脈に沿って要約的に叙述したものである．
4) BIS（1954），*24th Annual Report*, p.124『第 24 次年次報告』200 ページ．
5) セイヤーズは欧州の外国為替市場の自由化に関して次のように述べる．「1950 年代を通じて，外国為替管理のかなりの緩和が行われた．その意図は外国為替の最終的使用者に自由を与えようとしたものではなく，権限を与えられた銀行に諸取引の相殺を許し，主要な外貨の活発な市場をつくり出そうとしたものであった．欧州支払同盟（EPU）によってカバーされている通貨についてはとくに大きな緩和措置がとられた．」セイヤーズ（1957）156 ページ．
6) Shenk（1998）pp.227-8．
7) やや後のことであるが，1960 年 6 月，ニューヨーク連銀のクロップストックは

欧州でおこなった調査に基づいて次のように述べている．「この（ドル預金）市場がいかに機能するかを十全に理解するためには，市場が交換性の回復以降，欧州において出現した短期の国際市場の一部に過ぎないということに留意すべきである．欧州の銀行は多くの外国通貨――ドルの他，ポンド，スイス・フラン，ドイツ・マルク，オランダ・ギルダー――建て預金を受け入れる用意がある．しかし多くの理由によってドル預金市場が最も重要である．まず第一にドルは指導的な国際通貨である．第二にドルは外国為替市場でいつでも大量の出会いがとれる．これは過去10年間の米国の国際収支の赤字を反映している．第三に欧州の中央銀行が準備通貨として使用する事実上，唯一の通貨である．自国通貨の価値の安定化のために為替市場で行う中央銀行の操作は EMA（欧州通貨協定）のもとでドルによってのみ行われる．したがってその結果，欧州の中央銀行は為替市場での残余の買い手または売り手である．」Klopstock（1960）p. 198. 通貨の対外交換性の回復以降，欧州の銀行ではドルだけでなく，その他の欧州通貨を外貨預金（ユーロ預金）として受け入れていること，しかしそのなかでもユーロダラー預金が最も重要である点を指摘し，その背景にはドルが外国為替市場でいつでも出会いの取れる通貨である点が強調される．さらにその背景にはブレトンウッズ体制の下でドルは準備通貨，介入通貨，基準通貨であることが指摘され，翻って，このような公的国際通貨の機能が，ドルを私的領域での媒介通貨機能を付与しつつあることを示唆している．そしてなによりもユーロカレンシー市場が外国為替市場と密接に関連しながら成長する姿が生き生きと映しだされている．

8) BOLSA のユーロダラー市場発展における役割については，菅原（2006）を参照．また BOLSA で重要な地位にあった Sir G. Bolton に関しては Bolton（1970）を参照．
9) ユーロカレンシー市場における銀行間取引，すなわちインターバンク市場の地位はその後も変わらず（図1-1参照），ある論者によれば，「国際金融における神経システム」と称せられ，1990年代から頻発する国際金融危機では私的分野での流動性危機の導管の役割を果たすことになる．第6章参照．
10) 第一次大戦前からの国際資本市場の発展に関しては入江（2017）を参照．
11) 本項はおもに入江（2014）178-81 ページに拠る．
12) 1960年代のスワップ協定の詳細につてはクームズ（1977）を参照．
13) ドル危機が欧州ではマルク危機，フラン危機などとして発現する構造に関しては，川合（1982）第8章「平価切上げと小国の立場―1971年5月のマルク・フロートをめぐって―」を参照．
14) 固定相場から変動相場制移行が国内の金利自由化を必然化する論理については入江（2005）を参照．
15) 深町（1987）を参照．
16) ユーロ・セキュリタイゼーションの詳細については，本書，第2章を参照．
17) この点は，BIS の国際銀行統計によって確認することができる．すなわち国際

銀行間債権・債務比率は 1980 年代後半にはそれぞれ 70%, 80% を超えるが, 1990 年代から 2000 年初頭にかけては債権ベースでは 65% を下回り, 債務ベースでは 70% 近辺まで低下する. 以上の指摘については入江 (2005) を参照.

第2章
ユーロ・セキュリタイゼーションと国際銀行業

はじめに

　戦後型の国際金融市場を象徴し代表するユーロ市場は1980年代, 特に82年以降, Securitization (証券化) 現象が一般化する (図2-1・表2-1). このユーロ・セキュリタイゼーションを, 資金フローが銀行貸出から債券など証券形態へシフトした点だけに注目すれば, シンジケートローンの発展がなされる以前の1960年代のユーロ市場が想起される. さらに, 1970年代に入ってもユーロ債にいわゆる外国債を加えた国際債ベースでみると, ユーロ・クレジットを含めた国際資本市場での資金調達額に占めるそのシェアは, 1970-72年, 1975-77年にそれぞれ50％内外となり, 1982年以降との類似性は, ある意味では循環的である. しかしいくつかの点で, 両者間には決定的な相違が存在する. すなわち1982年以降のユーロ・セキュリタイゼーションは, 資金調達形態がローン (貸付) からボンド (債券) など証券形態へシフトしたことのほかに, NIF (ノート・イシュアンス・ファシリティ), RUF (レボルビング・アンダーライティング・ファシリティ) など複合的金融ファシリティが簇生したこと, 1970年代に支配的であったシンジケートローンの第2次市場とでもいうべきローン・パーティシペーション市場が発展していること, またこれらに随伴してオフバランス・シート"簿外"取引が急拡大していることを, その主な内容としている. さらにまた, 主体的には, 商業銀行が証券の発行者, 保有者, さらには仲介者 (アレンジャー,

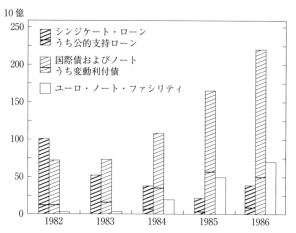
出所：BIS (1987) p. 91.

図 2-1　国際的資金調達市場の推移

表 2-1　国際資本市場における資金調達手段の構成比推移

(単位：%)

	1981-82 年	83 年	84 年	85 年	86 年	87 年
シンジケート・ローン	56.6	43.7	28.9	14.9	12.7	11.7
シンジケート・ローン	56.6	34.4	23.2	12.4	12.7	11.7
債務繰延ローン	—	9.3	5.7	2.5	—	—
国際債	37.7	50.1	56.5	59.8	59.8	68.7
普通債	27.0	32.0	29.6	33.0	38.9	57.1
FRN	7.8	12.7	19.4	20.8	13.4	3.5
株式関連債	2.1	5.2	5.5	4.1	5.9	6.0
ゼロクーポン債等	0.8	0.2	2.0	1.9	1.6	2.1
ユーロ株式	—	—	—	0.9	3.1	2.7
ファシリティ	5.7	6.2	14.6	24.5	24.4	16.9
NIF 等	5.7	6.2	14.6	16.7	7.2	4.9
ECP 等	—	—	—	7.8	17.2	12.0
合計	100.0	100.0	100.0	100.0	100.0	100.0
実額 (10 億ドル)	170.3	153.8	197.3	281.0	378.1	85.1

出所：OECD, *Financial Market Trends*, March 1986, May 1987.

アンダーライター，ディーラー）として市場に深くコミットしていることが，1970年代以前とは決定的に異なるのである．後者はユーロ・セキュリタイゼーションが，1982年夏メキシコの国際金融危機によって限界を露呈した1970年代型の国際銀行業の再調整（Re-Structuring）過程の市場面への反映であることを示唆している．この点で国際銀行業の活動を抜きにしてユーロ・セキュリタイゼーションを語ることはできないのである．

1. ローン・パーティシペーションの国際的展開と限界

(1) 国際的ローン・パーティシペーションの発展

1970年代の国際金融の形態を代表し，国際銀行業の中心を占めたのはシンジケートローンであった．ユーロ・セキュリタイゼーションが70年代型の国際金融業の転換過程での現象とすれば，82年夏のメキシコの債務累積問題の顕在化以降のシンジケートローンの停滞と，それとは対照的な第2次市場すなわちローン・パーティシペーション市場の発展は，この再調整過程の意義をよく表している．この意味でローン・パーティシペーションの発展は，証券化という点では，後述するように種々の限界をもちながらも，ローンからセキュリタイゼーションへのシフトを最もプリミティブに体現し，その結節環になっている[1]．

メキシコの金融危機が顕在化する1982年頃には，シンジケートローンは発展途上国向けにみられるように，単に新規の資金供給額が減少しているというだけでなく，第1次市場（primary market）において，事実上シンジケーションとは言いがたい相対的な直接融資であるOne-to-Oneローンやクラブディールが盛んになっていた．クラブディールとは，少数の幹事銀行の間で引受額をそのまま融資資産として保有し続け，通常のシンジケーションで行われる参加銀行への分売を伴わない方式である．73年には引受額の平均50％が主幹事以下に分売されたのに対して，82年には平均15～20％にとどまったといわれる[2]．

このようにシンジケートローンの第1次市場が量的に停滞しているだけでなく，引受ー分売の過程が欠除し非公開市場へ転化する傾向を示したのに対し，これとは対照的に第2次市場（secondary market）すなわちローン・パーティシペーション市場はブームの状態を呈している[3]．シンジケートローンの第2次市場＝ローン・パーティシペーション市場とは，幹事銀行を含む参加銀行がシンジケーションの過程（第1次市場）でいったん保有した融資資産を再度，分割して他の金融機関，投資家へ譲渡，切り売りする市場である．この市場は60年代後半以降，存在したことはしたが，いくつかの大手銀行が組織的に介在し始めたのは82年以降である．

その一般的背景としては，国際金融危機以降，貸し手（銀行）・投資家の供与する融資・投資期間がますます短期化し，借り手の求める借入期間との間にギャップがひろがったことをあげることができる．さらに具体的には，貸付債権を売却する銀行側にとっては，資産売却によって特定の借り主，借り手国に対する信用供与枠をひろげ，新たに新規ローンを引き受けることが可能になるだけでなく，また，その過程で金利のサヤを抜くこと，そのほかにさまざまな手数料収入を得ることができる．リスクの他への転嫁，資金調達源の多様化，資産管理の弾力化をはかりながら，資産収益率の向上を可能にする．一方，買い手側は，さもなければ参加銀行としてシンジケートローンの第1次市場には関与できなかったものが，残存期間が短期で，しかも原債権が分割され，売買単価が小規模化することによって参加可能になる．また，より大規模銀行の場合には，資産構成の調整のために購入することになる．

ローン・パーティシペーションの市場規模は，83年には既に，米国市場で100億ドル以上，ロンドン市場で約50億ドルと確認されている．早くから市場へ売り手銀行として登場したのは，シティバンクやバンカーズ・トラストである．シティバンクは既に83年，ニューヨーク，ロンドン，香港の3拠点から合計20億ドルのローン・パーティシペーションを売却した．そのうちニューヨークでは，主に短期の企業貸付債権を売却したのに対して，

ロンドンでは中期の政府貸付債権を売却した.バンカーズ・トラストは84年には75億ドルのローン債権を売却しているが,同行は年金基金,保険会社,大手企業など非銀行投資家への売却においてパイオニアである.同行のローン債権の購入者の30％は機関投資家だといわれる.

取引される対象ローン債権は,北米,ヨーロッパ,極東向けが中心である[4].より特殊化された市場として,ラテンアメリカ向け債権のスワップ市場や,リスケジュール債権の直接的売買市場がある.ラテンアメリカ向けなど途上国に対する外国銀行保有債権が売却されるか,より安全な資産とスワップされている[5](表2-2).

これまで伝統的なシンジケートローンの契約書は,発効後の貸付債権の譲渡性を考慮せずに作成されていた.この点の不備を補うべく84年には,最初の契約段階からローン債権の譲渡性を明示した証書(Transferable Loan Certificate Instrument)をもったローン・ファシリティが導入された.85年第3四半期には,公表された自発的な国際シンジケートローンの36％にローン債権の譲渡性が最初から明示されていた.

表2-2 途上国貸付債権の取引気配価格(対額面比)

債権対象国	1985.7	86.1	86.7	86.9	86.12	87.5
アルゼンチン	60-65	62-66	63-67	65-67	65-67	58-60
ブラジル	75-81	75-81	73-76	74-76	75-76	61-63
チリ	65-69	65-69	64-67	66-69	67-69	67-70
エクアドル	65-70	68-71	63-66	62-66	65-66	50-54
メキシコ	80-82	69-73	56-59	58-62	56-57	57-60
ナイジェリア	N.A.	N.A.	N.A.	55-91	36-42	37-40
ペルー	45-50	25-30	18-23	20-24	18-20	14-16
フィリピン	N.A.	48-52*	N.A.	57-62	72-75	68-72
ポーランド	55-60	50-53	42-45	50-53	42-44	45-47
ベネズエラ	81-83	80-82	75-78	75-77	74-75	72-74

注:＊は86年2月.
出所:Roberts, David L. et al. (1987) p.21. 原資料は,*International Financing Review*.

(2) ローン・パーティシペーションの譲渡性と限界

過去において，ローン・パーティシペーション市場の成長を阻止する要因として挙げられたのは，ローン債権に対する売り手の法的地位にたいする懸念であった．原ローン債権が不良債権化した場合に，そのリスクを売り手銀行と買い手のいずれが負うかという問題である．具体的にも，メキシコ国有の石油企業ペメックス向け債権500億ドルを Michigan National Bank of Detroit に売却していたシティコープは，このデトロイトの銀行の意志に反して，ペメックスへのローンをロール・オーバーしたとして，訴えられる事件が発生したのである[6]．

ローン債権の譲渡方式は大きくアサイメント，更改，サブパート方式に大別され，それぞれ借入人，債権の売り手，債権の買い手間の法的問題は異なり，したがってまたリスクの担い手は異なってくるのである．

アサイメントは，対抗要件を備えた，すなわち原債権者＝譲渡人から債権譲渡にさいして，借り手ないしその代理人への通知，承認を必要とする方式である．更改（Novation）というのは既存債権の譲渡というよりも，旧債権の解除と新債権の創出であり，結果的には原債権者＝売り手の権利・義務は新債権者＝買い手によって置き換わる．

アサイメントと更改とは債権の買い手＝譲受人の権利を明確にする点では共通した利点を持っている．逆に両方式とも，借り手をはじめとする利害関係者への通知，承認を条件とする点で，譲渡性への阻害因として作用している．また両方式とも借り手＝顧客との関係が直接的になるが，このことは売り手＝原債権者と借り手との顧客関係（エージェント関係など）を切断することを意味し，原債権者＝売り手側には不利に作用する．

これらの問題点をある面で解決するものとして，サブ・パーティシペーションがある．それはサイレント・パーティシペーションといわれるように，借り手への通知は行わず，債権の売り手と買い手の契約で遂行される．その法的構成は曖昧であるが，一般的には，売り手＝原債権者がローンの元利金を返済される場合にのみ，債権の買い手へ按分比例部分が支払われることを

約した，ノンリコース（遡及権なし）の契約である[7]．この契約によって，原債権＝債務の権利・義務はいささかも阻害されることはない．これを債権の売り手サイドからみれば，サブ・パーティシペーションの売却によって資金の回収を行い，しかもノンリコースという点で譲渡性は一層進展するが，一方，借り手に対しては依然として債権者の地位を保持していることになる．逆に買い手サイドからみると，彼らと借り手との直接的債権・債務関係は存在しないためか借入人が返済不能になった場合，返済請求は債権の売り手（銀行）を通じてなされなければならない．買い手は，借り手と売り手の信用リスクを同時に負うのである．以上のように，サブ・パーティシペーション方式においても，いわば資金の回収と債権＝支配権の移転への分裂，二重化がみられ，債権の譲渡性は証券性に至っていない．

　譲渡性についての中間的な性格は，金利，譲渡価格の設定についてもみられる．すなわち，証券の金利の改訂は証券価格の変動として投資家間の売買市場で行われるのに対して，パーティシペーションの金利設定は，既契約の金利が継承されるケースから，特定の市場金利が導入されるケースまである．しかも後者の場合も，最初の債権者＝売却者が両者の金利較差リスクを担うのである．証券の価格設定の場合とは異なり，金利設定＝改定のイニシャティブは最初の債権者＝売り手（銀行）に残るのである．

　ローン債権の売り手と買い手にみられるリスク，支配の担い手としての非対称的性格はローン・パーティシペーション市場の発生過程と構造を反映しているように思われる．

2．NIF・RUFのハイブリッド性と過渡期性

(1) NIFの発展と構造

　NIFは，ユーロ・セキュリタイゼーションを賑わすアクロニム（頭字語）の代表例である．その初期の試みは，既に1970年代後半に行われていた．それは，伝統的なシンジケートローンのスプレッドが急速に低下したことを

背景に，銀行資産規模の縮減，投資収益率（ROA）の最大化を動機とする銀行資産の流動化である．シンジケートローンの資産分売技術の一環として，ローン・パーティシペーションと共通性をもっている．

最初の NIF は，1978年12月にシティコープがアレンジしたニュージーランド・船舶公社向け取引であった．借り手たる同社は，6年間にわたって3か月ないし6か月期限の短期証券を発行し，シティコープは証券が発行されるたびに，それを購入するという保証を借り手に与える．LIBOR に前もって特定されたマージンを上乗せした金利で発行され，発行者（借り手）はコミットメント・フィーを支払った．シティコープは証券を自己勘定に保有するためでなく，投資家に売るために購入した．この取引は，引受がレボルビング・クレジット（回転信用）をベースに行われたので，RUF と呼ばれた．証券の売捌きもシティコープ1行で行われた．

それに対して，多数の銀行がシンジケートを組成した最初の NIF は，1981年4月に同じくシティコープがアレンジしたニュージーランド政府向けのファシリティ（期間7年，5億ドル）であった．それ以降 NIF は，投資家，発行者層，売捌き方式などの点で多様化し発展を続けた．

NIF の基本構造は，発行者（借り手）に対し一定期間（中長期），一定額の信用供与枠が設定され，その枠内で発行者が，随時短期証券（ノート，CD など）を発行し売り捌くところにある．NIF は，中長期にわたって信用供与が保証される側面と，短期の証券がくりかえし発行，売り捌かれる側面の，2つの契機から構成されている（図2-2）．

前者の機能は引受銀行グループが担う．彼らは随次発行される短期証券が売れ残った場合に買い取るか，またはスタンド・バイ・クレジットを提供することによって借り手に信用供与を保証する．この信用供与に対しては，それが実際に引き出されるか否かにかかわらず，一定の手数料を得る．

ところで NIF のアンダーライティングは，通常の債券の引受とは異なる．売れ残った短期証券を引受グループが買い取る場合は，通常の残額引受に対応しているともいえる．しかし，証券の通常の引受では債券が売り捌かれた

第2章　ユーロ・セキュリタイゼーションと国際銀行業　　　　33

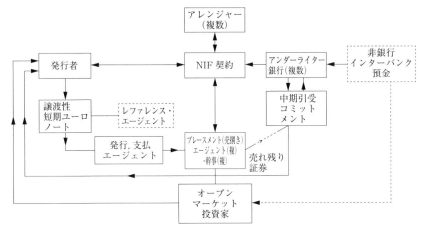

出所：Bankson, et al. (1985) p.21 より作成

図 2-2　NIF の基本構造の概念図

時点で，借り手に対して引受業者が負う信用リスクは投資家に移転する．これに対して，NIF の場合には引受業者はファシリティの期間中，借り手に対する信用リスクにさらされるのである．逆に通常の債券は引受に際して，買い入れから売り出しの過程で一時的だが大量に負う価格リスクは，NIF の引受の場合，売捌き機能との分化が進めば進むほど小さいと考えてよい．

　NIF のアンダーライティングは伝統的な証券の引受業務というよりも，むしろ通常の銀行業務に属するクレジット・ライン，バックアップ・ライン等に類似している．NIF の全体構造がボンド（債券）とローン（貸付）とのハイブリッド（混成）といわれるゆえんである．しかしそのローン的性格も伝統的銀行業務の中心たる融資業務ではなく，これまではいわば周辺業務にすぎない偶発的債務（Contingent Liability）での信用供与形態を継承している点は興味深い．

　通常の場合，それは簿外（off-balance sheet）の債権・債務となるので，引受銀行にとっては，資産の拡大を抑制しつつ収益を増大させる点で，大いに魅力的である．また一方，各国の中央銀行は，簿外・偶発債務の履行に伴う

ファンディング・リスクや，債権の質の低下による信用リスクの存在に警告を発したのである．

　一方，証券の売捌きの過程はプレースメント（売捌き）エージェントが担う．これにはさまざまな方式がある．最も初期には，引受グループが，その引受信用供与比率に応じて自動的に，個々の発行証券の売捌き権を得る，複数売捌き（Multiple Placing Agency）方式がみられた．売捌き方式をめぐる投資銀行グループと商業銀行グループの対抗がみられるのは，単独売捌き方式（Sole Placing Agency）とテンダー・パネル方式（Tender Panel）である．SPA 方式は，メリル・リンチによって開発されたものである．まずエージェントが単独で発行額の全額を引き受け，一定期間内に投資家に販売する．売れ残りが出た場合は，アンダーライターが一定価格で引き受けるか，一定利率で融資を行う．したがって売捌きエージェントは，強力なネットワークを持っていなければならない．SPA 方式によって発行された証券は，大半がエージェントによって分売されており，アンダーライターによる残額引受は，証券発行額の 10% 以下といわれる．この方式では，分売ネットワークの弱い商業銀行グループがエージェントとなる機会が少なく，それゆえ同グループからの不満は大きかった．商業銀行グループのなかには，みずからの証券分配能力を増進させるためにも，短期ノートの分売をテコとして利用したものがいる．

　これらの商業銀行グループがテンダー・パネル方式を開発した．TP 方式は，テンダー・パネル・エージェントがパネル・メンバーを公募して集め（アンダーライターも参加可能），発行のたびに，競争入札によって短期証券のビットレート（購入レート）を提示させ，条件の良いテンダー・パネル・メンバーが証券を購入することになる．入札が不成功に終わった場合には，アンダーライターが一定の比率の証券を一定価格で引き受ける．

　これらの SPA 方式や TP 方式はいわば典型形態であって，さまざまな中間形態がある．投資銀行ディーン・ウィンター社の CTP（Continuous Tender Panel）方式や，シティコープの CTP（Committed Tender Panel）方式な

どが登場している．

(2) NIF の分極化

　NIF の発行規模は，1981年約8億ドル，翌82年には3倍化し27億ドル，83年には35億ドルに達した．NIF 市場が大きく成長したのは84年であり，174億ドルを超えるに至った．85年にはさらに倍の363億ドルにも達した．発行主体も，83年までは銀行の比重が高かったのに対し，84年以降は企業の比率が拡大している．NIF ノートの投資家サイドの資料は少ないが，84年頃までは80%以上が銀行，とくに日本の銀行によって保有されているという．そのほか非銀行投資家（年金基金，その他の金融機関，中央銀行，少数の会社）が個々の NIF ノートの売捌きにさいし，平均（20%）以上に進んでいる場合もある[8]．これらを総合すると，これまでの NIF は，発行の増大にもかかわらず，貸付の変形にすぎない，とくに銀行の発行シェアの高かった83年まではインターバンク市場の単なる形態変化であるという評価もなりたつ．しかし後者の点は，84年以降，企業，政府のシェアが増大し，変化が読みとれる．しかも，84年以降，NIF のアレンジャーやアンダーライターをめぐる競争が一層激化するにともない，信用力の低い企業，とくに米国系企業が発行主体に登場するようになった．欧州からの企業は一般に信用力が高いのに対して，市場に登場する米系企業には BBB, BB, B, AA, など低い格付け企業が含まれていた．これら米系企業のユーロノートは，有力銀行の CD を買う投資家には魅力がなく，代替的でない一方，これら企業のノートは銀行に売り捌くのには適している．84年には既に，信用力が高く最終投資家に売り捌かれるユーロノートと，短期ローンとして銀行に売られるノートの分極化がみられたのである[9]．

　NIF における分極化は，違った側面からも進行している．

　1985年以降の NIF にみられる急速な変化は，引受ファシリティを全く供与されなかったり，部分的にしか保証されない件数が大きく，増大した点である．84年には公表された NIF のうち，4%足らずがこのようなケースだ

った．しかし，1985年には3分の1が引受ファシリティのないケースであり，しかも第4四半期以降，この比率は半分以上に上昇した（表2-3）．このうちまったく引受保証のつかないノートの発行は，通常ユーロCPプログラムと呼ばれており，1985年には多くのユーロCPがアレンジされた．

以上のユーロCPを含めたバックアップ・ファシリティによって支持されないNIFの急増は，確かに，1985年4月以降のイングランド銀行をはじめとする，各国金融当局のNIFやRUFに対する銀行簿外債務規制によって加速された面が大きい．と同時に，NIFに内在した2つの契機，すなわち銀行信用によってバックアップされた引受の過程と短期証券（ノート）発行，売捌きの過程が分化したものと考えられる．ユーロCPの再登場は，ユーロ・ファシリティのハイブリット化の歴史のなかから，純粋な短期証券市場が産み落とされたことを意味する．

表2-3 NIF, ECPと国際的バックアップ・ファシリティ

（単位：10億ドル，％）

	1982		1983		1984		1985		1986		1987.6まで	
NIF	2.7	50.0	3.5	36.8	17.4	60.4	36.3	52.9	21.4	23.2	7.9	22.0
その他バックアップ・ファシリティ	2.7	50.0	6.0	63.2	11.4	39.6	10.5	15.3	5.6	6.1	1.8	5.0
ECP	—		—		—		11.2	16.3	56.7	61.5	23.3	64.9
その他非引受ファシリティ	—		—		—		10.6	15.5	8.5	9.2	2.9	8.1
総計	5.4	100.0	9.5	100.0	28.8	100.0	68.6	100.0	92.2	100.0	35.9	100.0
（参考）合併関連スタンドバイ・クレジット	—		4.0		26.5		7.1		0.7			
既存ファシリティの借り換え					—		3.0		5.1		2.7	

出所：OECD, *Financial Market Trends*, March 1986, May 1987.

3. ユーロ CP 市場の成長

(1) NIF・RUF からユーロ CP へ

1987年末わが国へ導入されたように，CP（Commercial Paper）はもはや各国の金融市場にとってなじみの薄いものではない．長い歴史と他市場を圧倒する残高（約3,200億ドル——86年末時点）をもつ米国市場を別にしても，カナダ，オーストラリア，スペイン，香港，スウェーデン，シンガポール，ノルウェー，フランス，オランダ，英国，韓国などにおいても，CP市場導入への関心が高まっている．

一方，ここわずか2年余りの間に急速な成長をみたユーロCPは，やや特異な歴史をもっている．ユーロ市場におけるCP発行の試みは，既に1970年代初頭，米系多国籍企業によってなされた．しかし，その試みは米国の一連の対外投資融資規制に対応して行われたため，それらの規制が解除される70年代中頃までには消滅した[10]．長い中断の後，1980年に米企業ICインダストリーが，1億ドルのユーロCPを，メリル・リンチのアレンジによって発行することになる．この時のユーロCPは，第2次市場での取引・決済方法はCDに似たものであり，銀行市場に依存した短期銀行貸付の変形であった[11]．

その後CPが本格的に再登場してくるのは，銀行信用と短期証券発行が結び付いたNIFやRUFなどハイブリッドな金融手段のはなばなしい跳梁の後であり，それらの属性の一側面を受け継ぐかたちで産み落とされ，成長することになる．ユーロCPとは通常，NIFの場合にみられる資金のアベイラビリティの保証＝引受をそれ自体ともなわない，短期証券発行を指している．さらにそれは，無担保，無記名の短期約束手形（ノート）CPの一般的な性格のほかに，次のような属性をもつ．①NIFの償還期間は引受銀行のミスマッチをさけるために，1か月，3か月，6か月，1年等のバンク・デートにしばられるのに対して，より弾力的なブロークン・デート・マチュリティも

可能である．②ユーロ市場の伝統的な 2 日目決済に対して，資金の同日決済 (same-date settlement) が一般化しつつある．③金利の設定方法が，LIBOR や LIBID など（ロンドン）インターバンクの基準金利に一定のスプレッドを上下させる方式から，絶対的な金利ベースに移行しつつある．④NIF のように一定のメンバーのなかから競争入札によって発行利回りを決め，ノートの分売を行うテンダー・パネル方式とは異なり，ディーラーシップ・プレースメントがユーロ CP の一般的な分売方法である．

　現在，ほぼ以上のような性格を形づくり，NIF からもさらに米国 CP 市場からも区別された独自の発展を促したのは，1986 年の急速な量的な拡大であった．なかでもエポック・メーキングであったのは，ほぼ米国 CP 市場発行残高の約 10%，約 300 億ドルをもつ GM の金融子会社 GMAC による，86 年 6 月以降のユーロ CP（発行枠は無制限）の利用であった．GMAC によるユーロ CP 発行残高は 2 か月足らずのうちに 10 億ドルに達した．それは，ユーロ CP 市場の発展にいくつかの点で寄与することになる．まず，GMAC は米国市場で大量の CP 発行を継続していることから，ユーロ CP 市場は米国 CP 市場に対して競争的な市場であることを要求される．CP の支配的な償還期間が両市場で異なる（平均的な償還期間はそれぞれ 30 日，90 日）ことから単純な比較はむずかしいが，ある調査によれば，86 年中のユーロ CP 市場の資金調達コストは，米国市場のそれをしばしば下回ることができた[12]．第 2 に，米国 CP 市場との競争はユーロ CP の金利設定をそれまでの LIBOR ないし LIBID など銀行間市場金利を基準にしたものを無効にし，独自の基準金利を要求することになった．86 年 12 月，イングランド銀行とユーロ・ノートの同業者協会は，ユーロ CP の基準インデックスを設定することで同意した（*Financial Times*, Dec. 3, 1983）．そして，第 3 に，以上のことは投資家層の拡大をもとめ，また逆に，投資家層の拡大によって可能になる．すなわち，それまでのユーロ CP が銀行間市場に依存したもの（言いかえれば銀行のファンディング・コスト＝LIBOR ないし LIBID に一定のスプレッドを上乗せした銀行短期貸付の変形したもの）から，機関投資

家，企業投資家，マネー・マーケット・ファンド，などの非銀行投資家に依存した，真のディスインターメディエーションが出現することになる．

(2) ユーロ CP と国際銀行業

　ユーロ市場の独自の発展が，せんじつめれば銀行間市場からの自立＝ディスインターメディエーションを意味するとすれば，国際銀行業と CP 市場との関わりは，どこに求められるのであろうか．

　先述したように，ユーロ CP は米国 CP の多くのケースとは異なり，資金のアベイラビリティを保証する，バックアップ・ラインをともなわない．確かに NIF, ユーロ CP を含む全短期信用ファシリティのうち，資金供与の保証のないもの（ユーロ CP など）の比率は，1984年の3％から85年，86年にはそれぞれ，3分の1, 4分の3に増大し，逆に伝統的な NIF の比率は低下している．しかし，見逃してはならないのは，伝統的な NIF をもっぱら，スタンドバイ・クレジット・ライン，バックアップ・ラインとして使用する例が多いということである．例えば，86年10月にアメリカン航空は，総額5億ドルのユーロ CP の発行を予定する一方，バンク・オブ・アメリカをエージェントとして NIF を2億ドル設定している．アメリカン航空は，それまで銀行回転信用を利用していたが，より安い NIF をスタンドバイ・クレジットとして利用したわけである[13]．商業銀行は，この分野でユーロ CP 業務を事実上，補完することになる．

　国際銀行業と CP 市場との関わりの第2の局面は，CP 市場の投資家層が非銀行部門へシフトし，さらには同市場がネーム市場から格付市場へ移行するなかで，投資を非上級の高利回銘柄，したがって銀行のファンディング・コストを十分上回るユーロ CP へ集中している点である．この点では，ユーロ CP 市場の階層化が進展しているとみてよい．

　国際銀行業とユーロ CP 市場をめぐる第3の，もっとも重要な関連は，ユーロ CP のディーラーの地位を獲得することである（表2-4）．しかしこの部面では，米国 CP 市場が5, 6行の業者によって支配されているのに対し

表 2-4 ユーロ CP のディーラー・ランキング

順位	銀　行	金額 (100万ドル)	件　数
1	Citicorp Investment Bank	17,776.00	82
2	Credit Suisse First Boston	17,923.10	77
3	Swiss Bank Corporation Intenational	18,858.00	68
4	Merril Lynch Capital Markets	17,105.00	61
5	Morgan Guaranty Ltd	12,854.00	53
6	Morgan Stanley International	13,374.00	46
7	Shearson Lehman Brothers International	8,124.00	34
8	SG Warburg & Co.	6,801.06	34
9	SEB／Enskilda Securities	3,235.00	33
10	Chase Investment Bank	4,806.00	28
	その他計	54,432.18	301

出所：*Euromoney Corporate Finance*, Supplement, March 1987, p. 14.

て，ユーロ市場では依然として 40 行以上が市場へ参加している．市場の一致した見方では，ディーラーシップをめぐる過当競争のゆえに，未だ利益を生み出すまでにはいたらない，創業的な市場である．少数の業者へ集中化するであろうという予想も一般的である．にもかかわらず，大量の業者がユーロ CP 市場に進出しているのは，顧客関係の維持ないし拡張を求めてである．この点でユーロ CP 市場への国際銀行業者の接近は「攻撃的であると同時に防御的でも」ある．

またこれまで特定のディーラーが成功したかどうかは，ある程度，将来の市場構造に対する考えに依存している．すなわち，ユーロ CP 市場の初期にわきおこった，トレーディング市場にすべきか，最終投資家への売捌き市場（placement-market）にすべきか，という論争はほとんど決着をみたといわれる（*Financial Times*, April 21 1987）．もっとも成功したディーラーの見解は，CP を業者間で取引すべきではなく，これを最終投資家に売り捌くべきであり，もし投資家が償還前に売りたい場合にはディーラーが買い戻す体制にすべきだ，というものである．この点では米国 CP 市場の慣行に類似することになった．

4. 変動利付債（FRN）市場の隆盛と破綻

(1) 変動利付債市場の発展[14]

1970年に最初に発行されたイタリア政府保証付イタリア電力公社（ENEL）債以来数年間に，主に事業会社によって発行されたFRNは，長期のユーロ債と中期の銀行によるシンジケートローン双方の特質を結びつけたものであった．

しかし，第1次石油危機を契機としたユーロ市場の混乱後，変動利付債が担わされた役割は大きく変化した．すなわち1970年から75年8月にかけて，FRNの起債は，2つの例外を除いて，事業会社によるものであった．これに対して75年8月以降，起債主体の中心は銀行に移った．しかもこれらの銀行は，ユーロダラー・シンジケートローン市場において活躍する銀行であり，かつ米ドル資金の調達力に疑問をもたれた銀行であった．ゆえに最初は，米ドルの本源的調達源をもたない非米国系銀行がFRN発行主体の主流を占めた．それは，ユーロ・シンジケートローンの大半が米ドル建てで行われることからくる非対称性による．米銀がユーロ市場で最初にFRNを発行したのは，78年のAmex債まで下る．70年代後半を通してFRN市場は，銀行債市場といっても大過ない．70年代前半までの同市場がもっぱら企業か政府に限定され，しばしば二流の信用力の発行体による変形されたシンジケートローン市場と見なされ，流通市場を介した真の流動性を持たないものだったことからすれば，劇的な変化であった．

1980年代前半を支配した金融環境は，20%にも達しようという短期金利の高騰であった．短期金利が長期金利を上回る，いわゆる負の利回り曲線の状態が，78年から82年前半まで続いた（図2-3参照）．このような環境下では，長期確定利付債への投資は見送られ，FRN市場の相対的な堅調さが目立つことになる．

1982年，しかも特定国の債務問題が顕在化した8月以降，国際金融のパ

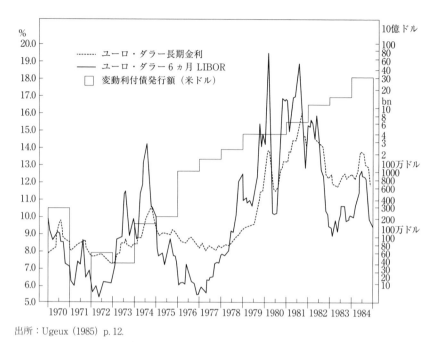

出所:Ugeux (1985) p. 12.

図 2-3 変動利付債の発行額と金利の推移 (1970-84)

ターンは大きく変わることになる．銀行は大型のシンジケートローンのリスク評価の再検討を急速に進め，工業国や債務返済問題を抱えないその他の途上国への貸出機会を探し始め，さらに銀行資産構成の管理を強化するような貸出形態を模索し始める．一方，投資家は銀行預金を以前よりもリスキーな投資先と考え，信用力の高い借り手との直接的関係を求め始めた．OPECの余剰資金の停滞や欧州の余剰資金の顕在化など，82年以降の国際収支パターンの展開は，証券選好の強い投資家からの資金供給を増加させた．国際債市場への資金供給のこのような変化は，最も有利な借り手の債券発行コストを引き下げた．さらに，82年以来のインフレや金利の低下は，国際債市場の長い活況を刺激し，固定利付債，変動利付債ともに記録的な発行額をもたらした．82年1年間だけのFRN発行額で70年代の発行総額に達した．

1982年以降のFRN市場に影響力を持ったもうひとつの事態は，（負債）

スワップ市場の発達である．スワップ技術の発展は一流の国際的銀行に直接，FRN発行によるよりも有利な変動金利で，中長期の資金調達を可能にした．多くの一流国際銀行は固定利付債を発行し，それによる負債額を変動金利負債とスワップするのである．その傾向はかなり浸透しており，83年の最初には，銀行によるユーロ固定利付債市場は飽和状態となった．

それ以降の借り手市場の進行は発行額，期間（永久債を含む），スプレッド，手数料などの各方面で記録を更新し，ミスマッチ債，上限金利を決めたキャップ付FRNなど枚挙にいとまがないほどのイノベーションを生み出した．

(2) 変動利付債市場の構造

以下では，変動利付債の発行主体，保有主体別の実態を，推計をまじえながら明らかにする．第1の特徴は発行，保有両サイドにおける銀行の関与度の高さである．

1) 変動利付債市場の発行主体

前述したように，変動利付債の発行主体は，最初1970年代前半までは事業会社を中心に発展し，第1次石油危機の75年9月を境に銀行が他を圧倒した．80年代に入ると，政府，国際機関など公共部門に比重が相対的に高くなる．企業部門が概して低迷しているのは一般的には，企業の国際的な資金調達が特定のプロジェクトと結びついているためか資金コストを確定できる固定金利債券が選好されるためである．

公共部門による変動利付債の発行は，1982年を境に2極化ないし選別化されている．すなわち，途上国のシェアは70年代の12%から84年までの通年で5.9%と，80年代の停滞を示している．84年をとると，非OECD諸国の変動利付債発行はマレーシア，韓国，ハンガリー，南アフリカ，タイによるもので，シェアは2.6%にすぎない．一方，工業国の公共部門による変動利付債発行は，70年代の7.5%から80年代には43%へと，シェアを急激に上昇させている．工業国の公共部門の変動利付債発行が急増しているのは，

市場自体の発展，すなわち 70 年代には起債金額，コストともいずれも信用市場に劣っていたものが，80 年代に入るとローン市場に優越し，いわば「借り手市場」化したことによる．しかしこのような変動利付債市場の発展をもたらした背景には，国際銀行業が経済不況による企業融資やラテン・アメリカ向け融資で打撃をうけるという，82 年以降の国際金融市場の状況がある．これらの諸要因のもとで，国際銀行業に流動性および信用力の高い資産を求めざるをえなかった．工業国向け変動利付債市場の「借り手市場」化は，途上国向け市場の「貸し手市場」化と表裏である．既述したように，変動利付債市場が歴史的に定着するようになるのは，75 年 9 月以降，銀行が発行主体として参入するに至ってからであった．変動利付債市場の発生以前には，銀行が国際債市場に借り手の常連として登場することはなかった．変動利付債市場の発展と，国際債市場における銀行の借り手常連化は，相即的である．以上の事態は，最近の銀行による固定利付債発行の増加によっても，基本的に変わらない．固定利付債の発行は，変動金利負債とスワップされるのである．

　当初，銀行に変動利付債発行を促す契機となったのは，1974 年ヘルシュタット銀行の倒産と，それに続くインターバンク市場での取入れ金利の階層化であった．インターバンク市場の危機を契機に，銀行の資金調達力の弱さが意識され，その一応の解決が銀行の変動利付債の発行である．多くの大手銀行は既に 60 年代央から，シンジケートローンに大きくコミットし，その対象も 70 年代に入ると多国籍企業から，途上国を中心とした政府へと拡充されていた．さらに大手の商業銀行は，関係会社，子会社の形態で国際資本市場へと進出を行っていた．これら国際的投融資活動は，長期固定的債権としていずれも資産側に固定化されるが，負債側の大宗は依然として，70 年代央まではインターバンク預金であり，その借り換えによって流動性を維持していたのである．シティバンクによって，60 年代初期米国で開発された CD が，72 年にユーロ市場に導入されたのは，このような資産，負債の期間のミスマッチに対応するためであった．しかし FRN が CD や借入に対して

もつ決定的な優越的差異は，通例，FRN は銀行以外の投資家に売り捌かれるから，インターバンク取引の場合のように，他銀行からのクレジット・ラインを喰いつぶすことがない点である[15]．少なくとも理論上はそのように想定されていた．さらに FRN の対銀行負債（預金）との関連で見逃すことができないのは，預金担保保証機能としての「資本」的性格である．FRN の「資本」的性格は，CD や借入負債によって果たしえない機能であるが，英国においては，早くも 1970 年代半ばから，預金債務に劣後する資本（subordinated capital）としてイングランド銀行によって認められていた[16]．同様な規定が米国，カナダ，ベルギー，アイルランド，ノルウェー，フィンランド，オーストラリアの銀行に適用されており，それを認めない西ドイツ，フランス，日本の銀行の方が例外的でさえあった．FRN のこの「劣後資本」規定は永久債へ引き継がれることになる．

2) 変動利付債市場の保有主体

国際債に共通することであるが，変動利付債についても，その売捌き先や保有主体に関する正確な統計は存在しない．市場関係者からの聞き取りなどによる推計に依ると，注目されるのは銀行がこれまで変動利付債の主要な投資家であり，そのシェアは 4 分の 3 と推定される点である．個人投資家は全くの限界的存在であり，機関投資家は銀行発行による変動利付債への投資比率が高い[17]．

変動利付債の投資家としての銀行について焦点を当ててみよう．まず銀行がその他の投資家から区別されるのは，利回りという観点からではなく利鞘（スプレッド）という観点から投資を行うことである．そのうえで変動利付債への投資形態は，シンジケートローンの代替物とインターバンク取引の一種という 2 つの性格に大きく区分できる．前者はソブリン（政府）もの変動利付債への投資に代表される．シンジケートローンとの相違は流動性の違いにある．1982 年以降は対象国の変化のほかに，銀行資産の流動性への懸念から変動利付債が一層選好された．一種のインターバンク取引とみられるのは，いうまでもなく銀行発行 FRN への銀行投資である．

表 2-5　英国所在銀行の変動利付債保有額　　(単位:億ドル)

	83/11	84/11	85/11	86/10	87/1	増加額 (83/11−86/10)
邦　銀　系	58	118	177	215	216	157
米　銀　系	9	8	12	15	14	6
英　　　銀	8	9	29	31	29	23
コンソーシアム	7	7	8	7	9	0
その他海外銀行	19	29	70	92	88	73
計	101	171	296	361	357	260

注:85年までは月央,86年以降は月末の計数.
出所:*Bank of England Quarterly Bulletin*, March 1986, May 1987.

表2-5は,英国所在の銀行による変動利付債の保有状況である.邦銀の保有意欲の旺盛さが目立っており,86年10月までの約3年間の純増の約60%,保有残高の約60%を占めている.邦銀は高いテコ率を利用して資産を拡大させている.

(3)　変動利付債市場の破綻[18]
1)　変動利付・永久債の暴落から期限付 FRN の低迷

変動利付・永久債市場は,1986年12月の第1週に,84年初めの誕生以来,最大の打撃を受ける.その流通市場は全面的に,かつてない2~3%ポイントの下落をこうむり,取引は,たいていの業者によって中断された.12月3日の取引停止後,3日,4日と2回にわたって,30~40社のマーケット・メーカーによる特別会議が開かれたが,市場の底入れに失敗し,再び同程度の価格下落に直面することになる.

明けて1987年1月7日,永久債は再び,一部の投資家がまとまった売り物を出したことがきっかけになって,業者間で一気に不安心理が高まり,市場は一種のパニック状態に陥った.英国の大手市中銀行であるナショナル・ウェストミンスター銀行やロイズ銀行の永久債は1日だけで3.5~4.4%ポイント値下げし,なかには5ポイント以上の下げを記録する銘柄もあった

(『日本経済新聞社』1987年1月8日)．その原因については多くのうわさが流れたが，主な引き金になったのは専門業者の手仕舞いだったといわれた[19]．この時点でこれまで最高約40社が存在していた永久債のマーケット・メーカーは，わずか約10社を残すのみとなった．さらにそのうち邦銀系現地法人である住友ファイナンス・インター，第一勧業インターは2月17日までに同市場からの撤退を表明した．それによって邦銀系現地法人は86年から87年にかけて，全て撤退したことになった(『日本経済新聞』1987年2月18日)．

全FRNの発行残高の約15％を占め(表2-6)，約170億ドルに達する永久債市場は，それ以後も流動性のマヒにさらされ，いくども取引の停止をくりかえしながら，現在に至っている．

2月の終わりから3月にかけて，永久債の暴落は，期限付FRNへ波及するに至った．その契機は，ブラジル対外債務の利払停止による途上国債務問題への再懸念である．シティコープをはじめとする米国商業銀行の期限付FRNの下落の程度が最も激しかったことは，そのことの表明であった．3月13日には，シティコープの20年ものFRNは，1日で2％ポイントの下げを示し，これによって利回りは約LIBORプラス約65ベーシスポイントに上昇した(*Financial Times*, March 16, 1987)．

このような期限付FRNの価格の低落は，最終投資家不在の業者間売買によって拍車をかけられたという．それによって価格の低迷は，米銀のFRNにとどまらず，英国政府債など第1級の信用力をもつソブリンものFRNなどへも波及することになった．

表2-6 変動利付債の形態と発行主体別構成

(単位：％)

		1984	1985	1986
形態	永久債	11.7	14.6	13.1
	ミスマッチ債	7.0	10.0	0.9
	キャップ付債	—	10.6	3.6
	普通債	79.9	61.8	82.4
	その他	—	3.0	1.4
発行者	銀行	39.8	63.0	75.3
	政府および機関	38.4	24.0	16.5
	国際機関	12.0	4.3	2.3
	その他	9.8	8.7	5.9

注：1986年の数字は12月12日までのもの．
出所：*The Banker*, Jan. 1987.

2) FRN 市場の破綻の背景

　FRN 市場全般の停滞の背景には，いくつかの要因が指摘されている．流通市場での価格低下がパニックのかたちをとったことから，最終投資家不在の業者間の様々な売買仕法（ランピング）などもその一因とされた．さらに，業者が大量のポジションを取った背景には，過当な引受競争の存在があげられる．FRN 発行条件の競争圧力は，ユーロ CD や，借り手に固定金利資金と変動金利資金の交換を可能にする金利スワップなど代替的な調達源泉の存在によっても加重されることになった．しかし，過剰発行の最大の原因は，最大の投資家である商業銀行のファンディングのコストに較べて，FRN の発行条件（利回り）が押し下げられたことにある．機関投資家，企業，中央銀行，さらには米国の貯蓄貸付組合などは，調達コストの安全性から LIBOR 以下の，例えば TB などを投資採算にのせることが可能であった．これに対し，FRN の最大の投資家であった商業銀行のファンディングは，基本的にはインターバンク資金である LIBOR なり LIBID であった．FRN 市場の成熟＝競争圧力とともに，発行金利は LIBOR プラス α から LIBID マイナス α へと推移していたのである．このような傾向は 1985 年には既にみられたが[20]，86 年に入ると，春には新規の第一級銘柄案件が LIBOR プラス 12 ベーシスポイント（100 ベーシスポイント＝1%）だったものが，夏には LIBOR フラットになり，秋までには優良な政府もの FRN は LIBOR 以下 25 ベーシスポイントになり，なかには LIBID 以下で発行される銘柄（英国債，デンマーク債）もあらわれるようになった（*Financial Times*, April 21, 1987）．いうまでもなく，これらの FRN は，ファンディングをインターバンク資金（預金・借入）に依存している投資家＝商業銀行にとっては，逆ざやとなって忌避される他はない．このことを背景として，FRN 市場の全般的な流動性は次第に失われていたのである．引受業者は大量の在庫＝ポジションをかかえ込むことになる．それ自体としては期限付 FRN に較べて，投資サイドからは有利な発行金利をもつ変動利付・永久債は，86 年の後半期には前半期の 215% の増加を示す 64 億ドル発行されることになる．相対的

に投資家にとって有利であった永久債の利回りも86年中に次第に失われ，その過剰発行が，86年12月に露呈することになる（図2-4）．

流動性のマヒという形で顕在化したFRNの過剰発行の背景を探っていくと，FRN市場の構造的特徴が指摘できる．すなわちFRN市場の支配的投資家は，ファンディングの基盤をインターバンク資金（LIBOR等）に依存する国際商業銀行である．邦銀はそ

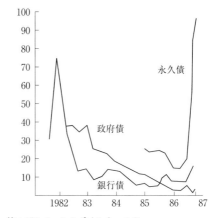

注：100ベーシスポイント＝1％
出所：*The Economist*, May 16, 1987.

図 2-4 変動利付債平均利回りの推移
　　　　（LIBOR プラスベーシスポイント）

の典型だといってよい．このことはきわめて狭い金利体系上での均衡を意味した．FRNの発行＝引受競争は発行利回りを引き下げ，このような投資家＝銀行のファンディング・コストと衝突することになる．他方，FRNの発行主体の多くは，これまた国際的商業銀行である．本来ならば満期構成のミスマッチなど流動性リスクや劣後「資本」規定を受けることによって，信用リスクの転嫁先として「投資家」が想定された．しかし現実には，FRN保有者の大宗も銀行であり，問題点をかかえることになる．すなわちその場合のFRN市場はインターバンク市場の一環であることを意味する．国際的インターバンク市場は，長期的に安定的な比率を示すが，短期的には常に収縮のリスクにさらされているのである．FRN市場の危機は，ユーロ・セキュリタイゼーションが依然として国際的インターバンク資金を基盤とした国際銀行業に依存していること，ならびにその限界を共に示したのではないか．

5. スワップの機能と市場の現状

スワップ市場の発展は，その取引の性格上，国際，国内金融・資本市場の各部門，市場間の架橋，仲介，裁定を行うことから，各市場の発展と密接に関連し合い，相互に発展を推進し合う関係にある．以下では，スワップ市場をユーロ・セキュリタイゼーションおよび国際銀行業との関連に焦点を当ててみよう．

スワップ市場の発展の歴史で指示されるように[21]，スワップ取引には，新規の証券（主に国際債）発行と結びついた領域と，既存の負債・資産を対象としている点で一応それとは独自な ALM の一環をなす領域とがある．通貨スワップと金利スワップでは濃淡の違いはあるが，それぞれ2つの領域での活動に関連をもっている．

(1) ユーロ・セキュリタイゼーションとスワップ市場

通貨スワップは，輸出債権をヘッジしたり，既存の負債構成を変えるために利用されるが，取引の多くはユーロ債発行と結びついている．表2-7 はイングランド銀行の推計による，通貨スワップ取引額と通貨スワップと結びついたユーロ債発行の推移であるが，その比率はきわめて高い．表2-8 は角度を変えて，全ユーロ普通（固定金利）債発行との対比で，スワップ付ユーロ債を発行通貨別にみたものである．スワップ付国際債に占めるシェアではドル建て債が 34.1% と最も高く，つづいて円建て債の 31.1% である．しかし，それぞれの通貨建て債券発行額との対比でスワップ付比率の高いのは，ニュージーランド・ドル債（91%），オーストラリア・ドル債（72%），円建て債（47%），ECU 債（37%）など非ドルの周辺通貨建て債であるこれらの通貨建て債券はいずれも，（通貨）スワップによって推進された新規発行（swap-driven issuance）だということができる．86年に新しくユーロ債市場に登場し，そのシェアを高めたフランス・フラン，デンマーク・クローネ，

表 2-7　通貨スワップとユーロ債発行

(フロー，単位：10億ドル)

	(1) 通貨スワップ	(2) 通貨スワップに関連するユーロ債発行	構成比 (2)/(1)
1981	1.5	1	66.7%
1982	3	2	66.7
1983	6	3	50.0
1984	13	6	46.2
1985	24	20	83.3
1986	40-45	33	82.5-73.3

出所：*Bank of England Quarterly Bulletin*, Feb. 1987.

表 2-8　スワップ付固定利付国際債の通貨建別構成（1986年）

(単位：10億ドル)

	スワップ合計額	国際債発行合計額	スワップ付発行額構成比(%)	全スワップ額に占めるシェア(%)
U.S. ドル	11.3	82.3	14	34.1
円	10.3	21.9	47	31.1
スイス・フラン	3.3	23.2	14	9.8
オーストラリア・ドル	2.4	3.4	72	7.4
ECU	2.1	3.8	37	3.5
カナダ・ドル	1.2	5.9	20	3.6
ドイツ・マルク	1.0	14.6	7	3.1
フランス・フラン	0.5	3.2	17	1.7
ニュージーランド・ドル	0.4	0.4	91	1.2
U.K. ポンド	0.2	5.4	3	0.5
デンマーク・クローネ	0.2	1.3	13	0.5
オランダ・ギルダー	0.1	3.2	5	0.4
その他	―	0.8	―	―
合計	33.2	172.6	19	100

出所：表2-7に同じ．

オランダ・ギルダー建ての各債券と合わせて，通貨スワップはユーロ債発行市場の多様化を促進していることになる．

それぞれの通貨スワップ取引の背景は，どのようなものであろうか．スワップ取引が裁定取引の側面をもつかぎり，裁定機会を前提とする．裁定機会は様々の源泉から生じるが，最も一般的なものは，異なる金融・資本市場で

の個々の借り手の信用力に対する評価の格差である．これに関連して，信用力の低い（最上級以下）借り手に対して要求される投資家のリスク・プレミアム（追加的利子）は，ユーロダラー債市場でよりも非ドル建て・ユーロ債市場での方がより低い，という一般化が広く支持されている[22]．そしてこの典型例を，個人投資家が信用の格付よりもネーム（よく知られた発行体）を好むスイス・フラン債市場とユーロダラー債市場，ECU 債市場とユーロダラー債市場との関係にみることができる．

　また規制された国内市場とより自由化された国際資本市場の併存が，豊富なスワップ取引の機会を与えている例として，ユーロ円債発行と結びついた通貨スワップ取引がある．民間非居住者へのユーロ円債発行の開放やスワップ取引の許可など，84 年 12 月に始まる一連の規制緩和は，1984 年の 2,250 億円から 86 年 3 兆 4,000 億円へ大幅な発行増をもたらした．非居住発行者にとっては，円資金の必要はほとんどないので，非円建て負債へのスワップの可否がユーロ円債発行の鍵を握っている．典型的なユーロ円にかかわる通貨スワップでは，裁定の源泉は規制金利＝長期プライムと比較的自由なユーロ円金利との差にある．

　スワップとの結びつきの比率が高いニュージーランド・ドル債とオーストラリア・ドル債のケースは，背景に多少の違いはあるが，共通しているのは，債券利子に対する源泉徴収税が課せられる国内債金利と源泉徴収税が免除されるユーロ債金利との裁定である．

　いずれにせよ，種々の要因から生じる裁定機会の存在がスワップ取引の背景になっている．スワップ比率の高い通貨の場合には，部分的に規制緩和が国内市場とユーロ債市場間の裁定機会を生み出し，スワップ取引によってユーロ債市場の多様化を生み出している．他方，部分的な規制緩和によって機会を与えられたスワップ取引が，逆に，市場間の競争に促迫されて，各国金融・資本市場の規制緩和を一層，促進しているとみることができる．あるいは利用可能な借り手主体を介して国際的な各資本市場の「統合化」が進展しているのである．しかし，ユーロ市場の多様化や国際資本市場の統合化を進

める通貨スワップ取引も，通貨別に対等の関係として進行しているわけではない．といのは，スワップ付債券の通貨別構成を示す表 2-8 からは必ずしも明らかでないが，非ドル建て固定金利負債のスワップの交換は，何らかの形でドル LIBOR 負債に対して行われている．

たとえば，最終的なカウンターパートとして実際にドル LIBOR 負債の調達が行われる場合（ユーロ・オーストラリア・ドル債などのケース），最終的なカウンターパートとしての性格と仲介銀行の性格が区別されずに，ドル LIBOR 負債が国際的なファンディングの一環に組み込まれている場合（ユーロ円債のケース），あるいは Circus スワップとして，非ドル固定金利負債間あるいはそれとドル固定金利負債の間のスワップに LIBOR 負債が介在する場合，などがある．通貨スワップにおけるドル LIBOR 負債の非対称性は，再度，強調されるべきである．

(2) スワップ市場と国際銀行業

スワップ市場と国際銀行業とのかかわりには，いくつかの局面がある．まず銀行自体が最終利用者となって，スワップ取引へ参加する場合である．この局面は，銀行の ALM の一環といってよい．銀行の ALM は，1960 年代には資産側のターム・ローンと結び付いた「負債」管理として行われたものが，変動相場制以降，特に 70 年代末から，金利，為替の乱高下に対応して，「資産・負債」の総合管理として行われるようになる．

ユーロ市場での ALM で最初に注目されるのは，銀行間預金など短期資金を調達源泉としながら，シンジケートローンなどの重要な契機となったロールオーバー・クレジット（すなわち 3 か月ないし 6 か月の短期での金利の更改をくりかえす）変動金利制の採用である．ロールオーバー・クレジット＝変動金利制によって，金利リスクは借り手に転嫁されることとなる．銀行サイドでは貸付の契約期間と金利期間の意識的な乖離によって，満期のミスマッチ（＝短期借・長期貸）から生じる金利リスクを回避することになる．しかもなお残る，貸付の金利期間と預金（借入）の金利期間の不一致からの金

利リスクに対しては，それぞれの金利期間に一致する相殺的な資産，負債を，主にインターバンク市場を利用して造出することが一般的となりつつある[23]．しかしこの両建な方法による ALM は，資産・負債の拡大・膨張という点で，最終的には収益性という点で問題を持っている．

既存の負債（と資産）構成を変えることなく，それゆえ，帳簿上の資産・負債額を増大させることなく，期間のミスマッチを埋めることを可能にするのがスワップ取引である．負債スワップから資産スワップへの拡充によって，国際銀行業の ALM の弾力性は一層，増大したといえる．またこの領域でのスワップ取引は，銀行にとって金利先物やオプション取引と代替的ないし補完的である．契約期間の面で，スワップ取引の方が，金利先物取引より長期のスペクトラムを持っている．

国際銀行業がスワップ市場にかかわる第 2 の局面は，スワップ取引の仲介者としての参加である．この場合もあらゆるリスクを負わずに単なる仲介を行うブローカーから，みずからリスクを負ってディーラー機能を果たすものまである．スワップのディーラーは契約期間中，カウンターパートの債務不履行のリスク＝信用リスクを負うと同時に，金利や為替相場の契約後の変動によるポジション・リスクを負うことになる．スワップ・ディーラーの中心は米国系を先頭に大手の商業銀行や投資銀行で占められている（表 2-9）．初期の頃にいわれた，資金力で優る大手商業銀行のスワップ卸売業者としての優位性は，金利先物市場などのスワップのリスク・ヘッジ市場の発展とその利用によって，次第に失われつつある．

仲介業者としてスワップ取引へ参入する場合の国際銀行業の動機には，取引自体にかかる手数料収入や値鞘収入のほかに，スワップ取引が他の金融取引を促進するという側面の利用がある．こうした取引の複合化の要としてのスワップ取引の性格は，その発生から終始，市場間取引として発展したことによる．国際銀行業が国際債の引受業務とスワップ業務とを同時に行うことは，最も典型的な複合的取引の具体化である．スワップ取引の建値という点からみると，他の一連の取引（債券の引受など）を含めた収益の最大化をめ

ざして,スワップの建値を市場価格以下に引き下げたり,引き上げたりすることが行われる.このような業務間のいわば補助金供与は,ユーロ円債発行をめぐるスワップ・レートの引き下げなど日本の銀行・証券会社について多く指摘されている[24].スワップ・レートの市場価格以下への引き下げは,スワップ市場での単なるシェア拡大をめぐる競争にとどまらず,ユーロ債市場とスワップ市場にまたがる顧客関係を維持・拡大するという,国際銀行業の強い競争圧力が作用していると思われる.

表2-9 主要なスワップ仲介業者の新規契約額(1986年)

(単位:10億ドル)

シティコープ	30-45
バンカーズ・トラスト	30-45
ソロモン・ブラザース*	30-45
モルガン・ギャランティ	15-25
チェース・マンハッタン	15-25
ケミカル・バンク	15-25
ファースト・シカゴ	15-25
プルデンシャル・ベーチェ	15-25
ファースト・ボストン*	13-15
バンク・オブ・アメリカ	13-15
セキュリティー・パシフィック	13-15
クライオート・ベンソン	13-15
マニファクチャーズ・ハノーバー	10-12
メリル・リンチ*	10-12
バンク・パリバ*	10-12
ユニオン・バンク・オブ・スイス	10-12
野村証券*	

注:*は推計.
出所:*The Economist*, May 16, 1987.

おわりに

1986年末の永久債市場のマヒを端緒としたFRN市場全般の停滞に象徴されるように,ユーロ・セキュリタイゼーションは86年から87年にかけて様々な部門で見直しをせまられている.イングランド銀行によればFRN市場の破綻のほか,86年には,米国から導入された中期ノート(MTN),アセット・バックト・ユーロ債を除いて新たな金融イノベーションは出現しなかったこと,また,ユーロ・ローン市場とは異なるユーロ債市場でのリスケジューリングが多発し,年間の発生額はユーロ債市場のこれまで歴史で経験した総額に匹敵する規模に達したことなどが,指摘されている[25].一方,このようなユーロ市場の動向に対して,87年の秋には,ソロモン・ブラザースやケミカル・バンクなど,米国の大手投資銀行や商業銀行がユーロ債市場の引受,マーケット・メーカー業務の縮小を含めた再編を発表した(*Finan-*

cial Times, Oct. 12, 1987). 82年以来5年にしてユーロ・セキュリタイゼーションは, 市場レベルでも, それを担った資本レベルでも転機をむかえている.

今後の展望のためにもユーロ・セキュリタイゼーションの背景ないし意義をまとめておこう.

第1次石油危機から途上国債務問題が顕在化する1982年までの国際資金循環パターンは, 経常収支の地域的不均衡を均衡化させるものであり, それはおおむね, 先進工業国および石油輸出国 (OPEC) から非産油途上国へのネットの資金の流入であった. 経常収支不均衡のパターンは, 異なる地域の資金調達者と供給者の負債, 金融資産選好のありようと結びついて, 国際的資金仲介形態の変化をひきおこすことになる. この時期まではユーロ市場を経由する預金-貸出の形態が支配的であった. これに対して82年以降は, 米国の大幅赤字化, 石油輸出国にかわる日本の大幅黒字化など, 経常収支の地域的不均衡の変化は, それぞれ, 借入から証券発行, 貸出から証券投資へのシフトを促したといえる. しかし82年以降になると, 国際資金循環のパターンは経常収支の地域的不均衡に必ずしも一致しない. 途上国経常収支の赤字を民間借入資金によってファイナンスすることが, 債務累積問題の持続によって, むずかしくなったという点は別にしても, 日本など経常収支の大幅黒字国が国際証券投資を行う一方で, 国際金融市場で大量の証券発行や借入を行って資金導入を行っている. ユーロ債市場など国際資本市場において, 同一地域の資金供給者から調達者へ資金が循環する現象は"Circle Flow"と呼ばれている[25]. その含意は, 市場参加者が多様化することによってユーロ市場が, 単なる国際収支均衡化の市場から, 文字どおりグローバルな資金仲介の場に転化したという点にある. そうした状況では, なお何らかの規制が残存する各国の金融・資本市場は不断の競争圧力にさらされることになる. "Circle Flow"は規制回避の表れでもある.

ユーロ・セキュリタイゼーションの第2の背景は, 1982年以降の資金過剰, 大幅な金融緩和である. これにもいくつかの局面があるけれども, まず

第1にBISの統計によると[26]，あらゆる二重計算を控除したネットの新規資金調達が81年の1,900億ドルを超えたのは，ようやく86年（2,400億ドル）になってからであり，この間の新規需要の停滞をあらわしている．第2に，この二重計算の内容こそが，ユーロ・セキュリタイゼーションの実態でもある．国際債の償還や買戻額は82年の132億ドルから86年には643億ドルに達し，グロス新規発行に占める比率も18％から29％へと上昇している．証券発行の資金使途を正確に把握することはできないが，このほかにも既存銀行借入債務，その他既存ファシリティ債務の置き換えが指摘されている．この広義の借換＝リファンディングを動機とした国際債，ノート・ファシリティ発行は，FRN市場のところで指摘したように国際銀行業において，一層顕著である．

　82年夏以降の長期金利の低下基調と，短期金利が長期金利を下回る正の利回り曲線の持続は，キャピタル・ゲインの機会を投資家に与え，マーケット・メーカーにも有利な在庫機会を与えた．それは証券市場全般に順調な局面をもたらした．この要因はある意味では古典的であり，循環的であった．

　債務累積問題の顕在化は，大量の途上国向け債権をかかえる大手の国際銀行業自体の信用力を低下させることになり，投資家の預金選好を阻害し，証券投資へのシフトを促した．こうしたなかで，大手の優良企業は銀行よりも有利な条件，低コストで証券を発行することが可能になる．ユーロ市場でのディスインターミディエーションである．

　このディスインターミディエーションは，ユーロCP市場でみたように，一方のベクトルとして今後も持続する可能性はある．しかし他方では国際銀行業が，証券発行者，証券保有者，あるいは仲介者として，ユーロ・セキュリタイゼーションに大きくコミットしてきたことも事実である．ユーロ市場のディスインターミディエーションとは反対に作用する要因を含んであるのである．FRN市場のところでみたように，国際銀行業のファンディングの基礎は，依然としてインターバンク預金市場であった．流動性リスクを投資家に転嫁すべく銀行によって，大量に発行されたFRN，国際債も，その保

有サイドに銀行が登場することによって，それが変形されたインターバンク市場にすぎないことが明らかとなった．FRN市場の破綻はせんじつめれば，戦後型の国際金融市場＝ユーロカレンシー市場の資金的基礎たるユーロ・インターバンク市場＝LIBORとディスインターミディエーションの2つの力の衝突といってもよい．

　スワップ取引を含むユーロ・セキュリタイゼーションによる競争圧力に促迫されて，各国金融市場の統合化＝ユーロ化は，様々なファシリティの部門市場の基準金利を，LIBORからTBレートなど各国内基準金利への移行させている．このことは，今後の国際銀行業の活動が単なるユーロ市場からより高次で文字どおりグローバルな市場を舞台として展開されることを意味する．

注

1) シンジケート・ローンの停滞とローン・パーティシペーションの隆盛という見事な対照は，1982年夏のメキシコの国際金融危機の直後に既に『ユーロ・マネー』誌のカバー・ストーリーで展開されている．Grant (1982).
2) *Ibid.*, p.36. また82年のユーロ・シンジケート・ローンのクラブディール方式は225件，15％に達した．対中南米地域では60件，19％が，クラブディール方式であり，そのほとんどがリスケジュールの始まる前に遂行された．例えばブラジルへのシンジケート・ローンは101件中26件がクラブディールに分類されている．*Euromoney* (1983), Annual Financing Report.
3) 以下本節の叙述は次の文献に拠る．Grant (1982) (1983) (1984), Hurn (1985), Kirkland (1986).
4) 米国国内の商工業貸付債権の売買市場も，1983年頃から新たな拡大をみせている．貸付債権の売却は米国の銀行，特に金融中心地の銀行にとって新しい事態ではないが，1984-85年以降の売却規模は，それが金融中心地の銀行の自立的で発展的な業務にまでたかまったことを示している．推計によると，シティコープ，チェース，マニファクチャラーズ，J.P.モルガン，ケミカル，バンカーズ・トラストの売却貸付残高は合計177億ドル（1985年9月末現在）に達し，貸付残高に占める構成比はシティコープの67％を最高に，その他5行平均で22％である．また貸付債権の売却の理由＝論理は，①保有貸付債権の低収益性，②債権の証券化，投資銀行業への参入，③流動資産の形成，④自立的な収益業務，⑤顧客関係の維持などが指摘されている．Salem (1986).

第2章　ユーロ・セキュリタイゼーションと国際銀行業　　　　　　　59

5) 途上国向け債権のスワップ，売買市場は，1986年頃を転機にして債務の株式化という新しい事態を迎える．Ollard (1986), Roberts et al. (1987) を参照．
6) *Ibid.*, p. 133.
7) Hughes et al. (1984), Bray (1984).
8) Shirreff (1984) p. 41, Shack (1985) p. 5, Campbell (1985) p. 6.
9) Bankson et al. (1985) p. 6.
10) 当時のCP導入の試みについては，Asseily (1971), Freebooter (1972) などを参照．
11) Hildebrand (1979).
12) Bank of England (1987) May, p. 239.
13) *Euromoney* (1986) p. 44.
14) 本節は，フィッシャー (1983), Ramsden (1984), Ugeux (1985) に拠る．
15) Mendelsohn (1980) p. 159.
16) Bank of England (1975).
17) Ugeux, *op. cit.*, p. 59.
18) 以下 Cohen (1987), *The Economist* (1986) (1987).
19) *IFR*, Jan. 10, p. 140.
20) Maruri, V. (1985).
21) この点については，Antl ed. (1986), 小林・清水 (1986) などを参照．
22) Hammound (1987) を参照．
23) この点については，深町郁彌 (1987), Wilson (1986) を参照．
24) *The Economist* (1987).
25) Bank of England (1987).
26) BIS (1987) pp. 93-94.

第3章
日本のベンチャー・キャピタルと対アジア投資

はじめに

　米国に起源をもつベンチャー・キャピタル（以下 VC と略す）システムは，それが米国経済，ことにハイテク産業の勃興・発展に寄与したという事実を受けて，欧州およびアジア諸国へと国際的な伝播の過程を辿る．同システムは，日本へも1970年代初頭以降，移植されることになるが，その過程で，米国とは異なる日本の経済・社会的諸条件に規定されて，さまざまな部面で変質し，いわば日本的 VC システムが構築されることになる．その導入から20年近くを経て，産業としての市民権を得ようとしている VC も，その過程は必ずしも平坦なものではなく，そして現在（注．1990年代初頭）も 3 度目の苦境を迎えている．しかし一方，米国からの移植が示すように，当初より国際性を帯びた VC システムをアジア的パースペクティブにおくならば，日木の VC は，規模において他のアジア諸国の VC を圧倒しているだけでなく，80年代後半以降の日本企業のアジア向け直接投資，アジア NIEs・ASEAN 諸国の経済成長，アジアの株式市場の勃興・発展と連動して独自の役割を果たそうとしている．

　以下では，日本への移植過程で変質した VC システムを日本の VC システムの特徴として述べた後，日本の VC のアジア向け投資を ASEAN 向け投資の実態を中心に分析し，最後に VC と受入現地国株式市場との関連を，タイを事例に検討しよう．

1. 日本のベンチャー・キャピタルの特質

(1) ベンチャー・キャピタル・システムの原型：米国の VC

1960年代の米国に起源をもち，70年代にかけて定着をみる VC システムは，高度技術をもち潜在的には高成長が期待される企業，長期的なハイリスク・ハイリターンを分担する投資家，投資家であると同時にそれら投資を仲介・管理する VC 企業から構成される（図3-1）．具体的には，VC 企業が投資家からの資金を有限組合（limited partnership）形態のファンドに集中し，創業まもないベンチャー企業に株式資本の形態で投資し，数年後，投資先企業の株式公開を主なルート[1]として投資株式のキャピタル・ゲインを実現する．

VC 企業のなかには大企業，金融機関の系列会社も存在するが，大半はパートナーシップ形態の独立系企業である．それら VC 企業は，パートナーに企業家を擁しており，したがって，投資先企業に対しては資金の提供だけではなく，経営ノウハウの提供などによって，積極的に経営に関与し，また出

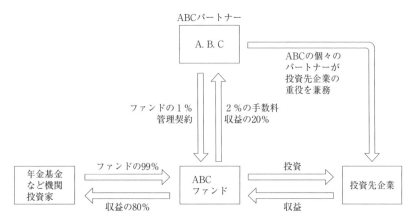

出所：Clark, R., *Venture Capital in Britain, America and Japan*, p. 6.

図 3-1 米国のベンチャーキャピタル・システムの理念型

身企業や大学さらには他の VC とのネットワークを使って必要な人材を斡旋する．米国の典型的な VC 企業は単なる金融仲介機関ではなく，投資先企業の共同経営者という性格をもっている．

また米国の VC の投資手法はしだいに成熟段階（mezzanine stage）以降のベンチャー企業への投資が増えているとはいえ，創業期（start-up stage）の企業への投資の比重が高い．後者の場合には，最初の投資を行った後，公開までに企業の成長に応じて，何回（round）かの漸増的な株価での増資に部分的に応じながら，既存投資の滞在価値を高めていく．VC 企業の収益源泉は，一般組合員という資格で投資したファンドからの持ち分に応じた収益のほかに，業務執行組合員（general partner）としてファンドの管理・運営を行うことに対する手数料（年間 2%）およびファンドの解散時に最終的に実現されたキャピタル・ゲインの一定割合（20% 以上）である．

米国の VC システムが制度として成熟した背景には，このほかにも，①株式公開のための店頭市場，Nasdaq システムの発展（Nasdaq での株式公開企業の創業から公開までの期間は平均 4.7 年である[2]），②広範で多様な機関投資家の存在および投資政策における規制緩和，③キャピタル・ゲイン課税の撤廃など優遇制度がある．78 年以降のアメリカの VC ファンド急拡大の背景には，税制の改定および年金基金の投資規制に関する規制緩和があった．

(2) 日本のベンチャー・キャピタルの導入と発展

私的[3]な VC 企業が日本へ導入されるのは 70 年代初頭である．72 年から 74 年にかけて，銀行，証券会社が米国のベンチャー・ブームに触発されて，それぞれ系列の VC 企業 8 社を設立した（表 3-1 参照）．しかし，設立後すぐに第 1 次石油危機が発生し，未上場企業の公開市場の未整備とも相俟って，そのうちの 1 社が VC 市場から撤退した．その後すぐに，残りの 1 社がファクタリング会社へ転身した．残りの 6 社も，危機を乗り切るため，多角化を強いられ，その他の金融業務，とくに融資業務への比重を高めることになった．未上場企業へ投資する場合も，より安全な規模の大きな，ある程度成熟

表 3-1 日本の主要な VC（設立年，資本規模，系列関係）

(1992 年 3 月末現在，資本金の単位：100 万円)

	銀行系		証券会社系		独立系		外資系		合　計	
	会社数	資本金	会社数	資本金	会社数	資本金	会社数	資本金	会社数	資本金
1972	1	4,400	—	—	—	—	—	—	1	4,400
1973		—	2	27,462	—	—	—	—	2	27,462
1974	3	1,950		—	1	500	—	—	4	2,450
1980			—	—	—	—	1	40	1	40
1982		—	6	3,618	1	100	1	6	8	3,724
1983	2	550	7	2,320	5	420	—	30	14	3,290
1984	22	3,530	1	320	3	74	1	5	27	3,954
1985	15	1,550	2	700	2	60	1	—	20	2,315
1986	4	520		—	1	90	—	—	5	610
1987		—	1	300	—	—	—	—	1	300
1988	1	500		—	2	60	—	—	3	560
1989	3	550	1	300	—	—	—	—	4	850
1990	7	2,580	2	300	4	2,850	—	—	13	5,730
1991	5	700	1	200	3	700	—	—	9	1,630
計	65	17,290	23	35,580	23	7,880	4	81	115	60,831

注：以下の諸機関は含まれない．
1) 研究開発型企業育成センター（VEC）．
2) 中小企業投資育成会社（東京，大阪，名古屋）およびその系列ファンド．
3) ベンチャー・ビジネス開発基金（三和銀行，福岡銀行，北海道拓殖銀行）．
4) その他．

出所：Venture Enterprise Center, *Promotion of Venture Businesses and the Venture Capital Industry*, Revised 1992, p. 13.

した企業へ投資する傾向がみられた[4]．

　日本の VC は，80 年代前半に第 2 のブームを迎え，その契機の 1 つも米国の 70 年代末からのベンチャー・ブームであったが，既存 VC が業務を拡大する一方で，数十の小規模な VC が主に銀行，証券会社によって設立された．そのほかに，独立系の VC が主に総合商社，事業会社によって設立されたが，なかには米国の VC に類似するベンチャー・ビジネス企業による設立もみられた．しかしその数，規模ともに限られている．また米国を中心とした外資系 VC 数社がこの時期に日本へ進出した．

　この時期の日本の VC で特筆されるのは，投資資金を有限組合の形態で調

達する投資事業組合の設定が最大手の日本合同ファイナンス（JAFCO）によって，はじめて行われたことである．それまでの資金調達・運用は VC 本体で行っていたが，一定の年限（10 年）で設定される投資事業組合は米国の投資組合ファンドと類似しており，それを運用・管理する VC 企業＝業務執行組合員には管理手数料と投資事業組合の解散時のキャピタル・ゲインの 20％がもたらされる．しかしこの時期の投資保有組合の調達資金は，外国投資家に依存する比重がきわめて高かった[5]．

またこの時期の VC ブームの背景になったのは，83 年の株式店頭市場の大幅な制度改革である．制度改革の内容は①登録基準の緩和，②公開時・公開後の資金調達における規制の緩和，③市場機能の整備・改善が挙げられるが，①登録基準の緩和については，配当基準・設立後経過年限基準の廃止，利益基準の引き下げがある．②に関しては，従来，店頭市場では公開時には既発行株式の売出しのみが認められていたが，改革後は公開時の公募による資金調達が新たに認められ，公開後の公募回数の制限も撤廃された．

80 年代末から 90 年代初頭にかけての第 3 のブームは，この制度改革による店頭公開ラッシュに誘因されたところがある．以前と同じく，銀行，証券会社による新たな VC の設立がみられたが，既存企業の業務拡大が中心である．またこの時期，新規に設立された VC 企業では事業会社によるものの比率が，以前に比べて高い．ミネベアのアジア投資，CSK の CSK・VC，ソフトバンクのソフト・VC などである．

日本の VC は 100 社以上にのぼり，その投資先企業数は 8,000 社以上を数える．その総投融資残高は 82 年末の 920 億円から 91 年末の 1 兆 7,448 億円へと約 19 倍に増加した．しかし融資の比率が高く，株式投資（ワラント付社債，転換社債，を含む）は 91 年末現在，6,989 億円で投融資残高の 40％にすぎない．しかも，第 2 次ブームの 80 年代前半には株式投資の成長率が融資の伸び率を上回っていたのに対して 80 年代後半は逆転して，後者が前者を圧倒した．株式投資の成長率はわずかに鈍化したとはいえ，融資の増加率の急上昇が融資比率上昇に寄与している（表 3-2）．

表 3-2　主要な VC の投融資残高

投融資	1982	1983	1984	1985	1986	1987
投　資						
1　株式	14,118	35,378	72,808	99,292	117,620	153,032
①公開会社	1,848	2,131	3,698	4,597	9,425	16,825
②未公開会社	12,270	33,247	69,110	94,695	108,195	136,207
2　新株引受権付社債	1,209	8,876	25,832	45,252	55,081	62,718
①カム・ワラント	378	2,013	5,083	6,840	7,684	9,334
②エックス・ワラント	831	6,863	20,749	38,412	47,397	53,384
3　転換社債	1,853	2,016	6,000	8,302	8,002	8,154
4　計（1〜3）	17,180	46,270	104,640	152,846	180,703	223,904
自己勘定	15,429	33,608	71,896	100,413	118,164	141,372
投資事業組合	1,751	12,662	32,744	52,433	62,539	82,532
融　資　等						
5　社　債	2,540	15,102	9,089	10,600	11,319	4,744
6　融　資	72,360	103,382	147,916	142,907	193,314	301,802
7　計（5, 6）	74,900	118,484	157,005	153,507	204,633	306,546
合　　計	92,080	164,754	261,645	306,363	385,336	530,450

出所：　VEC, 1992, *Ibid.*, p. 12.

　株式投資の投資経路別内訳をみると，VC 企業自体が資金調達し，自己の勘定で投資する自己勘定投資が 5,113 億円で，株式投資残高の 73％を占め，投資事業組合の投資残高は 27％，1,875 億円である（91 年末現在）．ここでも 80 年代前半は投資事業組合による投資の成長率が自己勘定投資の成長率を上回ったのに対して，80 年代後半は，両者の投資とも成長率を鈍化させながら，後者が前者を上回った．

　したがって，以上からも推測されるように，VC 本体の自己勘定投融資に占める株式投資の比率は，85 年末の 40％から 91 年末の 33％に下落している．

　VC 企業の資金調達の 75.2％は，長・短の借入金であり，自己資本比率は 14.7％にすぎない（92 年 3 月末）．一方，運用形態の過半は融資であり，61.7％を占めるが，VC 勘定の株式投資は資産残高の 16.8％を占めている[6]．自己資本を上回る株式投資は借入金によってファイナンスされておりこの部

(単位：100万円)

1988	1989	1990	1991
176,657	219,719	359,719	488,634
20,901	29,875	54,964	78,554
155,756	189,844	304,247	410,080
71,307	99,210	152,985	194,334
9,279	9,454	12,759	15,521
62,028	89,756	140,226	178,813
9,656	10,861	14,744	15,990
257,620	329,790	526,940	698,958
175,449	233,094	385,042	511,367
82,171	96,696	141,898	187,591
4,063	6,045	10,486	8,060
560,863	614,635	996,125	1,037,855
564,926	620,680	1,006,611	1,045,915
822,546	950,470	1,533,551	1,744,873

分は，リスク・キャピタルを元本の返済を保証された負債で賄うというミスマッチが発生していることになる．先の包括的な資料で示された，下落したとはいえ，VC自己勘定からの株式投資比率33％は，資金調達の中心が銀行借入であることを考慮すれば，きわめてリスキーな構造といわざるを得ない．

(3) 日本のベンチャー・キャピタルの投資手法の特徴

日本のVCの投資手法の特徴の第1は，新設会社への投資はまれで，株式公開を数年後に控えた成長中期段階にある企業，2～3年後に公開可能な成長後期段階の企業を中心に投資する傾向である．この傾向は以前からのものである[7]．最近の調査では，VC企業の86％が成長中期段階以降の投資を最も重視すると答え，成長初期を最も重視すると答えたものは14％にすぎない[8]．この理由には次のものが挙げられる．すなわち第1に日本の中小企業，さらにベンチャー企業にとっても，公開・上場までの期間が長いことである．先に示したように米国のスモール・ビジネス企業の場合，平均4.7年に対して日本のベンチャー企業の場合，29年という調査がある[9]．この点は83年の店頭登録基準の緩和によって，今後，短期化が予想されるが，現在までのところ，その効果は確認できない．理由の第2は，日本のVC企業が銀行，証券会社の系列企業が支配的なことと関連がある．日本のVCは，投資先企業株式の公開市場での売却による収益の実現のほか，親会社金融機関と投資先企業の取引関係を作り出す役割を担っている．周知のように，日本の銀行，証券会社は大企業との間でそれぞ

れメーンバンク関係,幹事証券関係を結んでいるが,VC はその関係を結ぶための,いわば前線に立っているといえよう.

　日本の VC の投資手法の第2の特徴も,支配的な VC が金融機関系列という点と関連がある.米国の支配的な VC は,上述したようにそれ自体ベンチャー企業的性格をもって,投資先企業の経営に積極的に関与するのに対して,日本の VC はあくまでも資金の供与が業務の中心である.もっとも,日本の VC は独占禁止法の持株会社規定によって,投資先企業の経営権への関与を法的に禁じられているが,たとえその法的規制がなくても,その出自からも,能力からも不可能である,と思われる.その意味では,日本の VC は一種の金融仲介機関に純化しているといえよう.しかし,資金の供与が主要な業務という特徴は,日本経済が低成長期に入って,とくに金融緩和期の80年代半ば以降,ベンチャー企業の資金調達方法が多様化した下では,否定的に作用せざるを得ない.事実,最近のベンチャー企業の設備資金調達に関する調査では,VC からの資金供給は全体のわずか1％にすぎない[10].

　VEC(研究開発型企業育成センター)がベンチャー企業を対象に行った調査によると,ベンチャー企業のうちで VC を過去に利用したおよび現在利用しているのは17.9％である.平均を上回って VC の利用の高い業種は,情報・ソフトウェア,輸送・精密機械,化学・ガラス・鉄鋼である.逆に,平均を下回って VC の利用の低い業種は,食料品・繊維・木材,印刷・その他製造業,電子・電機,流通・その他サービスである.一方,同じ対象のベンチャー企業のうち,具体的な目標を設定して(2年,5年,10年以内に)株式公開を目指しているのは21.8％の企業であるが,平均以上に公開意欲を示す業種は,情報・ソフトウェア,流通・その他サービス,印刷・その他製造業,輸送・精密機械,電子・電機である.ここで,株式公開に意欲的なベンチャー企業と VC を利用しているベンチャー企業を相関させて,業種別に比較してみると,きわめて興味深い事実を指摘できる(図3-2).すなわち,ベンチャー企業のうち株式公開に意欲的で,しかも VC の利用度の高いのは,言い換えればベンチャー企業と VC の利害が一致するのは,情報・ソフトウ

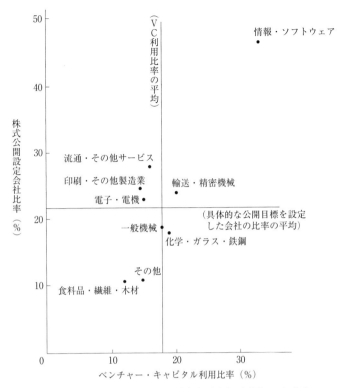

出所：VEC『ベンチャービジネス動向調査報告（平成4年版）』より作成．

図 3-2 ベンチャー企業の VC 利用比率と株式公開希望会社比率

ェア，輸送・精密機械の業種だけである．平均以上に株式公開に意欲的な業種のうち流通・その他サービス，印刷・その他製造業，電子・電機のベンチャー企業は VC の利用に比較的，消極的であり，逆に，株式公開にそれほど意欲的でない業種のうち化学・ガラス・鉄鋼に対して VC は比較的・積極的に投資していることになる．

以上の事実は，ベンチャー企業による VC の利用が全般的に低いだけでなく，将来の株式公開に意欲的な企業との関係で，少数の例外的な業種を除いて，VC の立場の弱さを示している．ベンチャー企業との関係における VC

のこの立場の弱さは，実際の株式公開を分析すれば，いっそう明らかになる．

VCの投資先企業の公開数は，80年代後半の店頭公開企業数の急増を背景に，86年度の125社から91年度の331社に増加した（図3-3）．しかし公開企業に対するVCの地位は決して高くない．最近の一定期間に株式公開した企業のうち，VCが公開前までに投資を行っていた企業は42％であり，残り58％の公開企業にはVCからの投資は存在しなかった．さらに公開前までにVCからの投資を受け入れていた公開企業41社のうち，VCの出資比率が20％以上だったものは，わずか4社，9.7％であり，反対に，同比率が10％未満だった公開企業が25社，60.9％にも達する（表3-3）．

VCの投資先企業への出資比率の低さは，日本のVCの投資手法の特徴の1つとして，従来から指摘されていたが[11]，公開企業を通してこの点が実証された，といえる．このことはVCによる投資先企業公開数の増加とは裏腹に，日本のVCのベンチャー企業との関係を象徴しているように思われる．

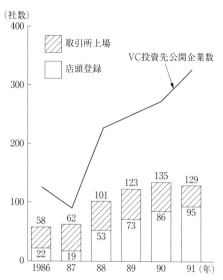

注：VC投資先公開企業数はのべ数であり，その対象期間は年度．
出所：日本証券業協会『店頭株式統計年報』1992年版；『日経ベンチャー』1992年6月号，より作成．

図3-3 公開企業数とVC投資先公開企業数の推移

表 3-3 新規店頭公開企業に対する公開直前時 VC の出資比率の分布状況

出資比率	社数（構成比，％）
30％以上	1 社（2.4）
20％以上 30％未満	3 社（7.3）
10％以上 20％未満	12 社（29.3）
5％以上 10％未満	11 社（26.8）
0.1％以上 5％未満	14 社（34.1）
小計	41 社（100）
	〔42〕
0％	56 社〔58〕
合計	97 社〔100〕

注：1）（ ）内は小計を 100 とした構成比．
　　2）〔 〕内は合計を 100 とした構成比．
　　3）対象は 90 年 9 月から 91 年 8 月の期間に店頭公開した 97 社．
出所：代田純『証研レポート』1478 号，1991 年 9 月，ただし一部変更した．

2. 日本のベンチャー・キャピタルの対アジア投資

(1) ベンチャー・キャピタルの国際化の諸局面と対アジア投資

　日本の VC の国際化は，VC の母国米国の VC システムのネットワークに組み込まれるという形で開始された．すなわち，米国の VC からの日本向け投資がなされる一方で，米国向け VC 投資のための資金が日本の投資家から調達されたのである．これら投資家には，三井物産，日本興業銀行など大手商社，銀行だけではなく，テクノベンチャーなど日本の VC 企業が含まれていた．また米国の VC のなかには，日本での投資活動のための資金調達を日本の投資家に直接求めるものもあった．さらに富士通，京セラ，キリンビールなどの日本企業が新技術を求めて米国のベンチャー企業に直接，資本参加するケースもあった[12]．

　日本の VC のイニシャティブで国際化を進めるのは 80 年代半ば以降である．海外市場への投資を進める一方で，投資事業組合を通じて，海外からの資金調達を行う VC が現れてきた．また，VC のなかには投資先企業の発

掘・紹介，投資事業組合の管理のための現地法人を海外市場に設立するもの，さらには海外の VC と連携するものも現れてきた．

たとえば，最大手 VC である JAFCO は，1983 年 3 月，JAFCO インターナショナル（アジア）を香港に設立した．続いて 84 年 7 月，米国に JAFCO アメリカを設立し，86 年 2 月，ロンドンに駐在員事務所を設置した．この時点で，アジア，米国，欧州の 3 拠点が整ったといえる．しかし 90 年代に入ると，JAFCO はアジアへ注力しはじめるようになる．同社は 90 年，シンガポールに，野村證券と合弁で，野村・JAFCO インベストメントを設立した．さらに 91 年，後者を拠点にして，インドネシア，マレーシアに，現地資本との合弁でそれぞれ，BNI・ノムラ・JAFCO・インベストメント，PNB・ノムラ・JAFCO・ホールディングを設立して ASEAN 地域への進出を図っている．

日本の VC による海外企業向け投資は 80 年代半ばに開始され，90 年代に入って急増した．ある調査によると，92 年 3 月末の投資残高は 1,242 億円で，前年同期の 815 億円に比べて，1.5 倍に増加している．全投資残高に占める割合も 11.1％から 13.6％に上昇している[13]．

カバレッジの異なる既出の VEC による調査によって投資経路別の内訳をみると（ただし 91 年末現在），VC 本体により一般投資に占める海外企業向け投資の割合が 4.6％であるのに対して，投資事業組合を経由する同割合は 12.5％であり，また VC による海外企業向け投資に占める一般投資，投資事業組合の内訳はそれぞれ 50.1％，49.9％である[14]．投資事業組合を経由した海外企業向け投資の比重が，相対的に高いことがわかる．

海外企業向け投資の地域別内訳の詳細は不明だが，当初は対米国向けの比重が高かったことが推測される．先に言及したテクノベンチャーは 91 年度に 22 社の投資先企業を新規公開させ，新規公開企業数において，日本の VC 企業中 2 位の地位を占めたが，公開企業はすべて米国企業であった[15]．このことは米国企業への投資が回収期に入ったことを示すとともに，80 年代半ばの日本の VC による海外企業向け投資の中心が，対米国向けであった

ことを裏付けている．しかし 80 年代末から 90 年代にかけて，VC の対アジア向け投資は急増し，それにともなって海外企業向け投資に占めるアジア地域所在企業の比重は急上昇している．表 3-4 は日本の VC 47 社を対象として，VC の選好する対外投資地域を調査したものだが，北米（米国，カナダ），欧州に比べて，アジア，しかもとくにアジア NIES および ASEAN の比重が高い[16]．

アジア向け投資に関していえば，日本国内からの直接的投資のほかに，先述したアジアに設立した現地法人を通じた投資が存在するが，それを含めると，合計 1,000 億円内外の投資残高になると思われる．同残高は日本からの上場アジア株式投資残高のほぼ半分に，また日本で設定されたアジア株関連の投資信託の純資産残高のほぼ 3 分の 1 に匹敵する．

表3-4　日本の主要 VC の投資選好地域

投資対象国	VC 企業数
オーストラリア	3
中国	1
ニュージーランド	1
スリランカ	1
香港	6
韓国	8
台湾	8
シンガポール	9
NIES 計	31
タイ	7
インドネシア	5
マレーシア	7
フィリピン	3
ASEAN 計	22
カナダ	3
米国	10
欧州	4
その他	28
合計	104

注：1）VC の企業数は 47 社の複数回答．
　　2）投資対象地域には日本を除く．
出所：*The Guide to Venture Capital in Asia*, 1992/93 edition, pp. 252-53 より作成．

(2) 日本のベンチャー・キャピタルのアジア向け投資の実態

残高 1,000 億円程度と推測される日本の VC によるアジア向け投資であるが，その実態を知り得る資料はきわめて限られている．以下では，当初，ASEAN 諸国への官民一体の資金還流を主たる目的で再編・設立された VC である日本アジア投資株式会社（JAIC，旧社名日本アセアン投資株式会社）の投資実績によりながら，その一端に接近してみよう．

旧 JAIC は経済同友会を母体として，ASEAN 諸国の経済発展を支援する目的の資金協力機関として 81 年 7 月，発足した．それ以降，85 年 12 月には，海外経済協力基金からの出資を受け入れ，ASEAN との合弁会社 AJDC (ASEAN Japan Development Corporation) を通じて ASEAN の民間プロジェクトに対する投融資業務を行っていたが，業務の中心はこれら民間企業に対する円建て融資であった．しかし ASEAN 側からは，85 年秋以降の円高の進行につれて，日本と ASEAN との合弁の設立や，ローカルの民間企業への直接投資の要請が高まってきた．他方，日本政府は，87 年に急増する経常収支黒字，増大する対外経済摩擦に対処するため，200 億ドル以上の世界的な資金還流計画を打ち出し，ASEAN 諸国に対しては総額 20 億ドルの資金還流計画を決定した[17]．

　この ASEAN への資金還流計画は 2 つの方式で実行されることになった．1 つは，ASEAN 各国の政府系金融機関に対して円建て融資を行い，それから民間企業に再融資するツーステップ・ローンであり，この場合には，為替リスクはそれら金融機関が負うことになるが，融資先は同金融機関に一任する方式である[18]．

　他の 1 つが株式保有による直接的投資であり，具体的には総額 20 億ドルのうち 2 億ドルについては，VC の投資方式である投資事業組合を通じた株式による投資が決定され，同時に投資事業組合の設立，管理には JAIC が選定された．

　88 年 1 月には日本政府は JAIC に 11.5 億円の追加投資を行い，同社の投資事業組合を支援することになった．JAIC はこの時点で，VC として再編成されたわけだが，同月，政府および経済同友会の協力の下に，ジャイク 1 号投資事業組合（資金総額 70 億円）が 47 社 47 組合員の参加を得て発足した．JAIC による投資事業組合の設立はその後，ジャイク 2 号（88 年 8 月，同 129 億円），同 3 号（89 年 12 月，同 210 億円）と続き，その資金総額は 394 億円と当初の還流計画規模 2 億ドルを上回った．

　89 年 10 月，海外経済協力基金が保有する JAIC 株式全株を日本の民間企

業に放出したことによって，JAICは私的企業として再編成され，その後91年10月までに新たに3つの投資事業組合を募集設立している．VC本体からの自己勘定投資が全く存在せず，投資事業組合のみを通じて投資を行うJAICの運営方式は，それが本来のVCのスキームに近いものとはいえ，日本のVCのなかではむしろ特異な存在になっている．しかし，組合員の構成，すなわち資金源泉の構成は，銀行を含む金融機関の比率は63％と高く，続いて事業法人が33％を占め，個人の比率はきわめて低い．

91年6月の社名変更に示されるように，JAICの投資対象は日本を含むアジア全域に拡大されたが，設立の経緯からしてこれまでの業務の中心はASEAN地域を対象とした投資である．アジアの拠点としては88年4月にシンガポールに駐在員事務所を開設したのを皮切りに，88年11月にはバンコク駐在員事務所を設置した．さらに翌89年9月にはクアラルンプール駐在員事務所とマニラ駐在員事務所を，同年12月にはジャカルタ駐在員事務所を設置してASEANにおける拠点作りをほぼ完了した．

JAICの92年5月末の対アジア投資残高は73件，312億円であり，推定された日本のVC全体の対アジア投資の約3割を占めている（表3-5）．投資対象地域は設立の経緯からASEAN諸国に集中している．なかでもタイ向け投資の比重が高く，ASEAN向け投資のなかで，会社数で35％，金額

表3-5 JAICの対アジア投資実績合計

(1992年5月末現在)（単位：1000）

	会社数	現地通貨	日本円換算	構成比（％）
シンガポール	9	S$ 52,300	¥3,944,730	12.6
マレーシア	17	M$ 113,355	¥5,734,613	18.4
タイ	25	B 2,460,010	¥13,349,153	42.8
フィリピン	11	P 754,320	¥4,253,183	13.6
インドネシア	9	US$ 15,074 Rp 15,331,720	¥3,140,565	10.1
香港	1	US$ 4,750	¥650,307	2.1
台湾	1	NT$ 23,000	¥120,840	0.4
合計	73	***	¥31,193,390	100.0

出所：JAIC資料による．

で43%を占めている．

ASEAN向け投資でまず目につくのは，投資対象会社のなかでの日本企業の関係会社（子会社，関連会社－以下日系企業と略す）の多さである（表3-6）．現地企業との合弁会社形態が一般的だが，なかにはVCの出資分を含めると，日本企業の事実上の「子会社」のケースも多い．日系企業をその親会社の上場の有無によって区分すると，日系企業54社中21社の親会社が上場企業である．残り33社の親会社は未上場の中堅・中小企業である（ただし店頭登録企業1社を含む）．

ASEAN全体では，7割以上が日系企業向けだが，対マレーシア，シンガポールではさらにその比重が高い．逆に現地企業の比重が相対的に高いのはタイ向け投資である．といっても，7件，金額で38%であり，日系企業が投

表3-6 JAIC対ASEAN投資先企業の構成

投資国対象	投資先企業	会社数	億円	構成比（%）
タ　　　　イ	日系企業	18	82.91	62.1
	現地企業	7	50.58	37.9
	小計	25	133.49	100.0
マ　レ　ー　シ　ア	日系企業	14	50.49	88.0
	現地企業	3	6.88	12.0
	小計	17	57.37	100.0
シ　ン　ガ　ポ　ー　ル	日系企業	7	33.29	84.4
	現地企業	2	6.16	15.6
	小計	9	39.45	100.0
イ　ン　ド　ネ　シ　ア	日系企業	6	21.69	69.1
	現地企業	3	9.72	30.9
	小計	9	31.41	100.0
フ　ィ　リ　ピ　ン	日系企業	9	33.13	77.9
	現地企業	2	9.4	22.1
	小計	11	42.53	100.0
合計	日系企業	54	221.51	72.8
	現地企業	17	82.74	27.2
	合計	71	304.25	100.0

注：ここで現地企業とは日本企業の出資のない企業を指す．
出所：JAIC資料より作成．

資対象の主流であることに変わりはない．ASEAN 向け投資における特徴の第1に挙げることのできる現地企業の少なさは，リスク・キャピタルとしての VC が国際的に現地業務を行うことの困難さを示している．このことは，銀行が国際金融業務を行う際にも，インターバンク取引を中心とした国際金融市場取引とは異なり，進出各国での現地取引業務が最も遅れ，最も困難なことと対比される．投融資案件のための情報ネットワークや現地企業に対する審査能力の蓄積は短期間では不可能である．

次に，投資対象企業の産業別分布だが，ASEAN 各国別に特徴がみられる（表 3-7）．ASEAN とともに，アジア NIES にも属するシンガポールでの対象企業では電子工業の比重が高く，ソフトウェア開発会社も 1 社含まれる．電子工業への投資の比重が高いのは，マレーシア，フィリピンである．後者のケースは，同一の親会社をもつ 2 企業への投資が比較的大きいためである．インドネシアでは資源開発型の化学企業への投資が 1 件だが，規模の大きさが目につく．タイでは日系企業に関しては，製造業へまんべんなく投資されているが，タイ現地企業に関しては，繊維，食品企業の各 1 社を除いて，残りはすべて不動産，リゾート開発である．

食品企業への投資は規模は小さいが，タイの 3 件のほか，インドネシア，フィリピンにそれぞれ 1 件，2 件みられ，この地域の特色となっている．産業的分布において ASEAN 各国別の特徴がみられる一方で，電子工業などのように同質化の傾向もみられるが，その理由の 1 つは JAIC の投資先企業に，同一の親会社（5 社）をもつ日系企業が複数（14 社）含まれているからである．

次に出資比率についていくつかの視点からみよう．ASEAN 全体の投資対象企業 71 社のうち JAIC の出資比率が入手可能な 67 社に関する出資比率の分布は（表 3-8）のとおりだが，平均では 1 社当り，投資金額（以下同じ）4.3 億円，出資比率（以下同じ）26.2% である．日系企業 51 社平均では 4.1 億円，26.9% であるのに対して，現地企業 16 社平均では 5.0 億円，23.9% である．日本国内の店頭公開企業に関して既述したように，国内企業への VC

表 3-7a　投資先企業の産業別構成（タイ）

業　種	合計			日系企業			現地企業		
	件数	億バーツ	構成比(%)	件数	億バーツ	構成比(%)	件数	億バーツ	構成比(%)
電子工業	2	3.0	12.2	2	3	19.7	0	0	0.0
機械工業	2	1.3	5.3	2	1.2	7.9	0	0	0.0
繊維工業	1	0.1	0.4	0	0	0.0	1	0.1	1.1
食品工業	3	0.6	2.6	2	0.3	2.0	1	0.3	3.2
その他製造業	11	8.1	33.0	11	8.1	53.3	0	0	0.0
不動産	4	8.5	34.4	0	0	0.0	4	8.5	91.4
リゾート	1	0.4	1.6	0	0	0.0	1	0.4	4.3
ホテル	1	2.6	10.6	1	2.6	17.1	0	0	0.0
合計	25	24.6	100.0	18	15.2	100.0	7	9.3	100.0

出所：JAIC資料より作成（表3-7-a〜7-e）．

表 3-7b　投資先企業の産業別構成（マレーシア）

業　種	件数	億円	構成比(%)
電子工業	5	40.43	71.3
化学工業	3	4.07	7.2
機械工業	1	1.15	2.0
その他製造業	7	11.02	19.4
持株会社	1	0.67	1.2
合計	17	56.67	100.0

表 3-7c　投資先企業の産業別構成（シンガポール）

業　種	件数	億円	構成比(%)
電子工業	5	20.09	50.9
機械工業	1	9.51	24.1
その他製造業	1	3.19	8.1
ソフト開発	1	2.41	6.1
持株会社	1	4.25	10.8
合計	9	39.45	100.0

表 3-7d　投資先企業の産業別構成（フィリピン）

業　種	件数	億円	構成比(%)
化学工業	1	0.52	1.2
食品工業	2	5.39	12.7
電子工業	2	25.73	60.5
機械工業	1	1.06	2.5
その他製造業	5	9.83	23.1
合計	11	42.53	100.0

表 3-7e　投資先企業の産業別構成（インドネシア）

業　種	件数	億円	構成比(%)
化学工業	1	16.04	51.1
食品工業	1	0.57	1.8
その他製造業	7	14.8	47.1
合計	9	31.41	100.0

表 3-8　対 ASEAN 投資先企業への JAIC 出資比率

出資比率（%）	日系企業		現地企業		合計	
	会社数	構成比（%）	会社数	構成比（%）	会社数	構成比（%）
0 超 10 以下	4	7.5	2	12.5	6	8.7
10 超 20 以下	15	28.3	4	25.0	19	27.5
20 超 30 以下	14	26.4	7	43.8	21	30.4
30 超 40 以下	9	17.0	1	6.3	10	14.5
40 超 50 以下	9	17.0	2	12.5	11	15.9
合計	51	100.0	16	100.0	67	100.0

出所：JAIC 資料より作成.

の出資比率が概して低水準であることと対比すると[19]，ASEAN 向け投資の出資比率は相対的に高い．日系企業のうち，親会社が上場企業のもの20社平均では5.1億円，22.4%であるのに対して，未上場企業のもの31社平均では，3.4億円，29.7%である．親会社が未上場企業の現地法人の方が，概して資本金規模が小さく，したがってVCのより小さい投資規模にもかかわらず，VCの出資比率が高いことがわかる．

　VCの出資時の株価についての情報が入手可能なタイ所在企業22社についてみてみよう．22社のうち，17社に対しては，VCが額面で出資したのに対して，残り5社は額面超過の株価で出資が行われている．その際，額面で出資した17社の平均投資金額は4.0億円であり，平均出資比率は27.4%であるのに対して，額面超過の株価で投資した5社に対しては，1社当り平均6.3億円を投資したにもかかわらず，平均持株比率は17.5%である．

　日系およびアジア系のベンチャー企業が公開までに何度か増資を行う際，株価は創業から初期の段階では額面で，公開直前までは額面超過価格で行われるのが一般的だが，個々的には，企業のリスクやVCとの力関係によって決定され，額面超過の株価で出資が行われたタイ所在の5社のケースはVCとベンチャー企業との関係が後者に有利に作用したことを示している．

　次にVCの投資時期と投資対象企業の現地での設立時期のわかる23社について，設立時期と出資時期との間の期間の長さによって区分すると，23

表3-9 JAIC 対 ASEAN 投資先企業への投資段階

企業の設立期からの期間	企業数	構成比（％）
0～1年	14	60.9
1～3年	3	13.0
3～5年	2	8.7
5年以上	4	17.4
合計	23	100.0

出所： JAIC 資料などより作成．

社中14社は設立から1年以内に投資されている（表3-9）．なかでも現地への設立時期と出資時期が同時のケースが多く含まれている．逆に，同期間が5年以上に分類される4ケースは実際はすべて日系企業が現地で操業を開始して9年以上経た段階で投資が行われている．設立時期と投資＝出資時期がきわめて接近しているケースは，既存の日系企業による設立＝創業という限定はあるものの，本来のVCのビヘイビアーに近いといえよう．

以上を要約すると，JAICのASEAN向け投資は日系企業向け投資が中心であり，しかもその投資＝出資は日系企業の現地設立時期に重なるものが大半である．そしてまたその出資比率は対国内企業投資と比較すると，全般的に高い．日本のVCが国内企業に対してとる投資行動とは異なる様式が検出されるが，以下では，ASEANへ直接投資を展開している日系企業サイドからこの点をみてみよう．

(3) 現地日系企業の企業財務とベンチャー・キャピタル

図3-4は，日本輸出入銀行が海外に生産・販売拠点を3か所以上もつ日本企業を対象に行ったアンケート調査による，海外に進出した現地法人の資金調達構造を示したものである[20]．92年度の資金調達計画によると，大企業（資本金10億円以上）の海外現地法人では，親会社の自己資金からの調達は全体の4分の1程度で，残余は現地法人が現地市場から調達する資金および親会社が国内調達のものの構成が高い．一方中堅・中小企業（資本金10億円未満）の場合も，親会社の自己資金は1割以下であり，残りで最も多いのは親会社が国内調達する資金であり，続いて，現地法人が現地市場調達する資金である．いずれにしろ，海外現地法人の資金調達に占める親会社自己資

第3章　日本のベンチャー・キャピタルと対アジア投資　　　　81

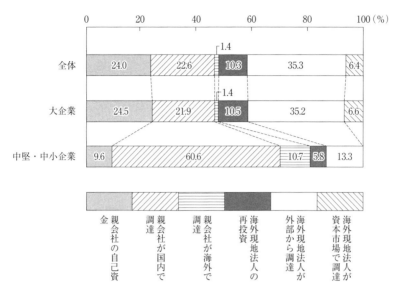

注：大企業：資本金10億円以上，中堅・中小企業：資本金10億円未満．
出所：日本輸出入銀行『海外投資研究所報』1992年1月，47ページ．

図 3-4　海外現地日系企業の資金調達構造（1992年度計画）

金の低さは，海外直接投資が，本国企業の余剰資金の受入国への，単なるトランスファー（移転）ではないことを明らかに示すものである．さらに海外直接投資を積極的に定義すれば，海外に現地法人を設置し，同所有権・経営権を支配しながら，技術等競争上の優位性を維持・展開することである．競争上の優位性を確保するためには技術移転をともなうのが普通だが，その場合にはいっそう現地法人に対する支配権の確保は死活的な問題となる．おそらく親会社の自己資金から調達部分が，現地法人の経営支配権を確保するのに必要な資金ないしその一部として充当されるのであろう．この調査では，海外現地法人の資金調達が新規設立時のものか，設立後，一定期間経過後の操業過程のものか区別されていない．新規設立時，設立後を区分（同時に地域的内訳も明らかに）している経済企画庁の調査[21]によると，ASEANの海外現地法人の設立後の資金調達方法で最大の比重を占めるのは現地金融機関

からの借入であるのに対し，新規設立時には，親会社の内部資金が最大の資金源となっており（表3-10），その背景には設立時における海外現地法人の資本所有権の獲得の必要性がある．

表3-11はタイに進出した日本企業（合弁会社を含む）の出資比率をみたものだが，86年以降，87，88年にかけて日本側出資比率は増加している[22]．その背景には，86年以降，タイ政府における外資導入政策の転換があり[23]，投資委員会（BOI）の投資奨励策において，製品の50％以上の輸出企業は外国資本マジョリティでも認められたことがある．日本側出資比率が100％の

表3-10a　海外現地法人の最も多い資金の調達先（海外拠点設置時）

	米国	EC	NIES	ASEAN	大洋州
1. 本国親会社の内部資金	80 (71.4)	46 (79.3)	66 (70.2)	47 (66.2)	19 (76.0)
2. 現地金融子会社からの調達	6 (5.4)	1 (1.7)	2 (2.1)	1 (1.4)	0 (0.0)
3. 現地金融機関からの借入	2 (1.8)	4 (6.9)	14 (14.9)	12 (16.9)	3 (12.0)
4. 現地日系金融機関からの借入	14 (12.5)	3 (5.2)	5 (5.3)	3 (4.2)	0 (0.0)
5. 本国金融機関からの借入	4 (3.6)	1 (1.7)	6 (6.4)	6 (8.5)	2 (8.0)
6. 本国資本市場からの調達	0 (0.0)	0 (0.0)	1 (1.1)	1 (1.4)	0 (0.0)
7. 現地資本市場からの調達	1 (0.9)	3 (5.2)	0 (0.0)	1 (1.4)	0 (0.0)
8. 他国資本市場からの調達	3 (2.7)	0 (0.0)	0 (0.0)	0 (0.0)	1 (4.0)
9. その他	2 (1.8)	0 (0.0)	0 (0.0)	0 (0.0)	0 (0.0)
回答件数	112社	58社	94社	71社	25社

出所：経済企画庁調整局編『日本と世界を変える海外直接投資』1990年11月，140ページ．

表3-10b　海外現地法人の最も多い必要資金の調達先（海外拠点設置後）

	米国	EC	NIES	ASEAN	大洋州
1. 本国親会社の内部資金	50 (45.9)	28 (48.3)	33 (34.7)	23 (32.9)	13 (54.2)
2. 現地金融子会社からの調達	4 (3.7)	3 (5.2)	3 (3.2)	3 (4.3)	0 (0.0)
3. 現地金融機関からの借入	19 (17.4)	12 (20.7)	29 (30.5)	25 (35.7)	5 (20.8)
4. 現地日系金融機関からの借入	25 (22.9)	9 (15.5)	16 (16.8)	10 (14.3)	1 (4.2)
5. 本国金融機関からの借入	3 (2.8)	1 (1.7)	4 (4.2)	4 (5.7)	0 (0.0)
6. 現地資本市場からの調達	0 (0.0)	1 (1.7)	3 (3.2)	1 (1.4)	0 (0.0)
7. 自己の内部資金	7 (6.4)	4 (6.9)	7 (7.4)	4 (5.7)	5 (20.8)
8. その他	1 (1.9)	0 (0.0)	0 (0.0)	0 (0.0)	0 (0.0)
回答件数	109社	58社	95社	70社	24社

出所：経済企画庁，前掲書，141ページ．

企業数割合をみると，電気・電子機器，鉄・非鉄・金属，一般機械などの輸出比率の高い業種で高く，また高まっている．いずれにせよ，これらを背景とした日本側出資比率の上昇には，日本企業の直接投資の動機が反映されている．そして ASEAN に進出した日本企業が VC を利用した動機には，単なる外部資金の動員や将来の事業展開のためのリスクの分担にとどまらず，VC の出資による経営支配権の補強があったことは明らかである．日本企業による VC の利用が現地法人の新規設立時に集中していることはこのことを裏付けている．さらに現地法人設置後に VC を利用する場合には，通常の運転資金としてではなく，設備，新規プロジェクト投資資金として調達されたのであり，その際にも日本サイドの資本構成＝出資比率の維持が重要な動機である．そして，日本の VC は法的にも実態的にも投資＝出資企業への経営関与は抑制されているのであって，この点は VC は現地法人のいわばサイレント・パートナーとして機能するのである．

　日本企業が海外現地法人の新規設立時に，経営支配権の維持のために親会社からの資金が中心となって調達され，そしてその際，VC を利用する企業が存在することは既述したとおりであるが，それではなぜ VC を含めて外部の投資家に出資を分散させる必要があるのだろうか．考えられる第１の理由は親会社内部資金の絶対的不足である．とくに中堅・中小企業の場合は，先の図3-4で示されたように，親会社の自己資金からの比率は１割にも満たないのであって，これを単純に現地企業法人の資本金比率とすると，受入国，たとえばタイなどのように，BOI の投資認可を受ける際，負債・資本金比率を5：1に抑制するという借入比率規制を大幅に下回ることになるのである．その場合には，親会社が国内および海外で資金を調達して現地法人への出資へ充当し，負債・資本金比率規制をクリアすると考えられる．事実，中堅・中小企業の所有する現地法人の資金調達の最大の資金源泉は親会社の国内での調達資金である．しかし国内での調達を銀行借入などの形態で行えば，親会社の負債の増大という，財務上の問題のほかに，親会社は現地法人出資・債権に対して為替リスクを負うことになる．

表 3-11　日系企業の資本金と日本側出資

	86年					87年			
	資本金	日本側出資比率(%)	資本構成別企業数割合 (%) (日本側資本金が)			資本金	日本側出資比率(%)	資本構成別企業割合 (%) (日本側資本金)	
			100%	99〜50%	49〜1%			100%	99〜50%
食品	373	69.2	0	67	33	400	71.0	25	50
繊維	1,478	47.8	0	20	80	1,580	58.0	9	22
化学	975	44.7	9	9	82	1,444	43.4	12	12
鉄・非鉄・金属	1,240	91.3	37	13	50	1,999	94.6	50	10
電気・電子機械	1,249	82.4	5	16	79	2,023	86.7	20	28
一般機械	51	21.1	0	0	100	200	73.7	22	11
輸送機械	824	50.3	6	39	56	1,080	55.1	5	33
その他	72	49.0	0	0	100	592	61.9	0	20
製造業　計	6,261	65.2	7	19	74	9,317	70.6	17	22
商業・貿易	376	59.1	25	0	75	426	57.3	23	0
その他	1,411	78.3	12	6	82	1,776	89.0	11	8
非製造業　計	1,787	74.2	18	3	79	2,202	82.9	16	4
合計	8,047	67.2	11	13	76	11,519	73.0	16	16

出所：バンコク日本人商工会議所『日本企業の実態（貢献度）調査』1990年12月，6ページ．

　これに対処する有力な方法は，資金調達の現地化を進めることである．先の日本輸出入銀行の調査は，海外現地法人の資金調達面での自立化が進展していることを示している．

　92年度の資金調達計画では，大企業（資本金10億円以上）の場合，海外現地法人が親会社から調達した資金（親会社自己資金プラス親会社が国内および海外で調達資金）は47.8％と5割を切り（91年度計画では52.5％），逆に海外現地法人による調達（現地法人再投資プラス外部調達分）が52.3％（91年度計画では47.5％）に上昇し，海外現地法人の資金調達面における自立化を示している．一方，中堅・中小企業（資本金10億円未満）でも，海外現地法人自身による調達分が，前回の調査時点の2.9％から19.1％にまで上昇し，ある程度，資金面における自立化の傾向を示している．海外現地法

比率　　　　　　　　　　　　(100万バーツ)

業数が) 49〜1%	資本金	日本側出資比率(%)	資本構成別企業数割合(%) (日本側資本金が)		
			100%	99〜50%	49〜1%
25	439	70.5	25	50	25
70	2,046	49.6	8	24	68
75	2,015	48.9	7	26	67
40	3,884	96.4	50	21	29
52	4,854	89.6	36	31	33
67	552	87.1	29	21	50
62	1,205	55.0	4	35	61
80	1,206	78.2	0	33	67
61	16,200	77.1	23	28	49
77	437	56.5	21	0	79
81	2,427	87.6	10	7	83
79	2,864	82.9	15	4	81
68	19,064	77.9	21	20	59

(88年)

人の資金調達における自立化, 現地化は, 逆にいえば, 親会社から現地法人に対する債権・出資額の相対的縮小を意味するが, とくにASEAN向け投資の場合, あくまで経営支配権の確保という限定のうえだが, 親会社の対現地法人出資額を過小化しようという圧力が働くことになる[24].

ASEAN諸国政府は, 外資導入政策の一環としてさまざまな投資奨励策を導入してきた. 投資奨励策には, 法人税および輸入原材料に対する関税の免除・縮減, 固定資産投資に対する加速度償却などの特典がある. しかし, これら投資奨励策には一定の期限があり, しかも奨励策の内容や条件はしばしば変更されることがある. 不確実な投資環境の下では, 経営政策の変更や, ときには生産拠点の再配置を可能にするために現地への投下資本をできるだけ過小にし, 一定の条件の下で与えられる投資奨励のための特典を享受するためには, 資本を早期に回収しなければならない[25].

現地法人の過小資本は, 資金調達の現地化によっても可能だが, VC等の導入によって, 資本の分散を行うこともう1つの方策である. VCの利用による事業リスクの分担という一般的原則は, ASEAN向け投資の場合には, 新たな意味をもつのである. 一方, 対外直接投資における資本の回収は, 具体的には利益・配当の本国送金の形をとり, また対ASEAN諸国の場合には, さまざまな投資奨励策がその早期の回収を可能にする. しかし, VCを

導入した現地法人の資本の回収方法は，早期回収と必ずしも相いれるものではない，否むしろそれとは全く異なる方式である．いうまでもなく，VCの出資した資本の回収方式は，投資先企業の利益・配当によるのではなく，公開された株式市場におけるキャピタル・ゲインの実現をともなう回収である．VCの投資先となった現地法人企業の利益は内部資金として再投資されるのが原則である．VCの現地法人，あるいは対外直接投資における役割と限界はこの点に集約されているといえる[26]．

3. ベンチャー・キャピタルと現地株式市場：タイのケース

(1) タイの株式市場と株式公開

VCによる投下資金は公開・上場を主要なルートとして流動化，回収される．したがって，投資対象国の現地株式市場の一定の発展を前提にしている．また逆に，VCによる株式投資は現地株式市場の発展を促す契機になることが期待されている．タイの株式市場を中心にこれらの問題をみてみよう．

タイ株式市場は86年後半以降，第2次の[27]ブームともいえる発展を続けている．流通市場に関するあらゆる指標は過去のピークをことごとく上回り，さらに年々一時的な後退はあるものの，いくつかの指標は前年の記録を更新し続けている．

株価の指標である，SET（タイ証券取引所）指数は，過去のピーク258ポイント（78年）を87年に抜いた後，91年末には711ポイントを記録した．同じくPER（株価収益率）は80年代前半では6.40～1.83のレンジだったものが，9.31～26.39（89年）にシフトした．タイ証券取引所の開設時，75年には21社であった上場企業数（authorized company＝公認企業を含む）は81年までに約4倍化して80社になった後，80年代前半にはやや低迷していたが，87年以降急増し91年末には276社に達した．したがって，上場株式時価総額は85年末の495億バーツから91年末には約17倍の8,472億バーツに急増した．さらに流通市場の急成長を代表するのは株式売買高である．

年間株式売買高（金額）は86年の250億バーツから91年の7,930億バーツへと実に約32倍に増加した（表3-12）.

　一方，発行市場であるが，上場企業の株式発行による資金調達は87年以降急増し，同年には過去最高の65億バーツ（84年）の2倍強の145億バーツに達し，その後も順調に増加を続けている．90年には87年のさらに3倍強の449億バーツが株式発行によって資金調達された．しかし企業の外部資金調達の主流は銀行借入であって，株式発行は，依然として限界的な外部資金源泉にとどまっている．企業の外部資金調達に占める，銀行借入，増資の内訳を示す包括的な資料はないが，商業銀行の貸出純増額と株式発行額の合計額に占める後者の構成比によってその目安とすると，株式発行額の急増した87年に，ようやく10%を超え（10.9%）その後も1割内外で推移している．さらに，いわゆる間接金融優位という点で注目すべき点は，株式発行企業に占める銀行を含む金融機関の比重の高さである．90年の上場企業による株式発行額のうち銀行によるものは43%であり，その他ファイナンス・カンパニー，証券会社，保険会社を含めると金融機関による調達額比率は実に64%になる．

　株式の募集形態は株主割当で主流であり，公募は，最近その比率が高まったとはいえ，最高で3分の1程度である．ただし株主割当の場合も，額面発行より額面超過価格でのいわゆる中間発行のケースの方が多い．一方，公募の場合は，タイ国内投資家向けと外国人投資家向けを同時に発行するケースがあり，その際には，後者の公募価格は前者の公募価格にさらに一定のプレミアムを上乗せされるのが通例である．外国人投資家向け公募価格にプレミアムが付けられるのは，上場企業のなかに外国人保有枠の上限が規定されているものが存在するからである．内外無差別の公募を最もオープンな募集形態であるとすると，タイの株式募集形態は多様化がみられる一方で，まだ閉鎖性を残すものといえよう．

　VCの流動化に直接関連する株式公開市場についてやや詳しくみてみよう．タイの株式公開はタイ証券取引所における上場基準の異なる listed company

表 3-12 タイ株式主要指標の推移

		1975	1978	1981	1984	1985	1986	1987
年間売買高（株数）	百万株	2.94	178.3	30.0	83.3	99.3	153.7	923.6
（金額）	10億バーツ	0.56	57.1	2.52	10.6	75.3	25.0	122.1
SET指数（年末）		84	258	107	142	135	207	285
配当利回り	%	10.16	5.74	9.57	9.07	8.15	4.30	3.86
P E R	倍	4.98	8.46	9.52	7.19	9.59	12.34	9.31
取引企業数	社	21	61	80	96	97	93	109
（上場企業）	社	16	57	76	93	95	102	122
（公認企業）	社	5	4	4	3	2	1	7
上場会社増資額	百万バーツ	108	3,998	1,084	6,500	4,143	2,168	14,515
時価総額	10億バーツ	5.39	33.1	23.5	47.4	49.5	75.2	138.2
売買回転率	倍	不明	2.18	0.10	0.26	0.32	0.40	1.14

注：取引企業は，狭義の上場企業（listed company）と，必要株主数などの基準が緩い公認企業る．
出所：Stock Exchange of Thailand, *The Stock Market in Thailand* などより．

と authorized company として申請し，登録される過程を通じて行われる（表3-13参照）．最近の公開では，上場基準の緩い authorized company としての登録が，90年，91年にそれぞれ26社，40社といずれの年も，新規全上場企業数の3分の2を占めている．

新規公開・上場企業が87年以降急増したことは上述したが，91年には年間60社にも達し，その60社による新規公開募集（IPO）額は合計233億バーツであり，同額は同年の上場企業による株式発行による資金調達額の43％にあたる．新規上場企業数は34社であったが，新規公募額が91年を上回った89年には同額の対上場企業株式発行額比率は108％にもなっていた．80年代前半までの低調な既存上場企業による資金調達に対比して，新規上場企業によるものの割合が高いことが指摘されたことがあるが[28]，80年代後半以降もタイ株式市場が，株式公開にともなう資金の動員（調達および流動化）機構という性格を強くもっていることはあらためて留意しておく必要がある．

株式公開市場は公開の方法か新株の発行か，既発行株式の売出しかによって，それぞれ発行市場，流通市場という規定を受けるが，タイの場合，法的

	1988	1989	1990	1991
	1,580	3,254	8,244	10,425
	156.5	377.0	627.2	793.0
	387	879	613	711
	3.84	2.07	3.63	3.59
	12.03	26.39	13.81	15.59
	141	175	214	276
	145	159	178	
	19	30	55	98
	10,881	24,967	44,865	55,486
	223.7	659.5	613.5	847.2
	0.86	0.85	0.99	1.05

な未整備もあって，やや特異な形態で行われていた．しかも，新規公開募集に関する法的未整備は 92 年 5 月に施行された新しい証券取引法（The Securities and Exchange Act）において大幅な改定を受け，統一的な規定が与えられた．

タイの会社は民商法典（Civil and Commercial Gode, 略称 CCC）と公開株式会社法（Limited Public Companies Act, 略称 LPC）という 2 つの異なる法律によって法的規定を与えられるが，公開株式会社法が施行され，民商法典が改定された 78 年以降も，株式会社（limited companies）は株式の新規公開募集を公衆に対して行う(authorised company) の 2 種類があうことは認められず，新株の募集は既存株主に限定されていた．一方，公開株式会社法に基づく公開株式会社（limited public companies）は株式の新規公募は可能であったが，同法の厳格な規定およびいくつかの欠陥のために，同法施行 10 年後も，公開株式会社となったのはわずか 33 社であった．このような株式公開に関する法的障害を除去するために，84 年には，タイ証券取引所法（Securities Exchange of Thailand Act）によって民商法典と公開株式会社法の該当する規定を無効にして，上位規定を導入した．それによって，タイ証券取引所に登録された上場会社（listed companies），公認会社（authorized companies）およびこの 2 種の企業として取引所によって仮承認され，大蔵省の最終承認を待っている企業は公募が可能となった．しかしながら証券取引所法は基本的には流通市場の証券取引を規制するものであって，発行市場の規制が目的ではない．さらに株式公募を規定した公開株式会社法にしろ，タイ証券取引所法にしろ，両法には，取引所に上場していない株式会社法（limited companies）の既存株主の所有する既発行株の売出し公募に関する規定は存在しない．したがって，それらの株式会社は新規発行株式を既存株主に売り，後にこれら株主が入手株式を再販売することで，株式新規公募

表 3-13　タイ株式市場上場基準

項　目		listed company	authorized company
1. 資本金・自己資本等			
(1) 資本金　　申請時		3,000万バーツ以上	1,500万バーツ以上
公開時		6,000万バーツ以上	3,000万バーツ以上
(2) 自己資本　申請時		8,000万バーツ以上	4,000万バーツ以上
公開後		2億バーツ以上	1億バーツ以上
(3) 公開後の発行済株式数		600万株以上	300万以上
2. 株式分布の状況	浮動株	浮動株式（注1）は600名以上 浮動株式数は発行済株式数の30％以上（注2）	浮動株主は300名以上 浮動株式数は発行済株式数の20％以上（注2）
3. 株式の種類		1株につき額面10バーツの普通株式もしくは優先株式であること	
4. 設立後経過年数		少なくとも3年以上操業していること	新設会社でも可（注3）
5. 利益動向等		・過去3年間の当期利益の累計が2,500バーツ以上であること ・繰越損失がないこと	・過去3年間の累計または直近1年間で利益をあげていること ・繰越損失がある場合，自己資本は1億バーツを超え繰越損失は3年以内に解消されなければならない

注：1)　浮動株主：100株以上かつ発行済株式数の0.5％以下を保有する株主．
　　2)　ただし，企業の規模により，浮動株式数規定には若干の違いがある．
　　3)　新設会社の場合，証券取引所は次の点を考慮したうえで認可する．
　　　① 政府や政府系機関（投資委員会［Board of Investment：BOI］など）の援助があること．
　　　② 信頼のおける第三者によってフィージビリティスタディが行われていること．
　　　③ 証券取引所への申請時に操業していること．
　　　④ 事業の順調な見通しがあり，利益率が適当であること．
出所：日本アジア投資株式会社編『アジアの証券市場と株式公開』109-10ページより．

に関する規制を回避することが可能であった[29]．

　以上要するに，これまで（1992年5月）は，タイの支配的な株式会社形態である limited companies による株式公開は，取引所上場への仮承認を得て，新規発行株式を公募するか，それ以外の場合は既発行株の売出しの形態で行われ，後者のなかには，事実上の新規発行株式の公募が含まれていたのである．

新たに施行された証券取引法は，公開株式会社法および民商法典の改定をともなっており，新たに創設された監督機関たる証券取引委員会（The Securities Exchange Commission）の下に，新規発行証券の募集および既発行証券の売出しによる株式公開が統一的に規定された．

最後に，最近の株式公開市場で注目されるのは，民営化の一環として，国営企業による株式公開募集が含まれていることである．有力な国営企業タイ航空（資産額は，銀行を除くタイ国営企業中2位）は91年7月，株式所有の15％に当たる9,500万株を1株当り60バーツで公募した．公募に際しては，76社が引受業者に選定され，そのうちタイ国内の証券会社4社が主幹事を担当した[30]．タイ航空の株式公開は，最初の決定から7年後に実現したといわれるが[31]，タイの民営化が本格的に始まるのは，第6次国家経済社会発展計画（87-91年）以降である．しかしタイの民営化は，他のASEAN諸国に比べると遅れており，しかも，民営化の方法では営業権の供与（franchising）やリース，業務の外部委託（contraction-out），合弁企業が主流であって，株式公開はマイナーな方法でしかなかった[32]．その意味ではタイ航空による市場への大量の株式売却は，民営化にともなう株式公開の本格的な幕開けであった．株式公開による資本市場を通じた内外資金の動員は，国営企業の対外借入を削減し，対外債務問題を解決しようとする，タイ政府の民営化に対して与えた目的にも沿うものである[33]．

(2) タイのベンチャー・キャピタルとその役割

日本のVCのASEAN向け投資が現地日系企業を主な対象に行われていること，すなわちVCと対外直接投資とが密接な関連をもっていることは既述のとおりである．しかしVCの対外投資自体は証券投資であり，しかも直接的な証券投資というよりも，特定国向け投資信託たるカントリーファンドなどと類似性をもっている．以下ではカントリーファンドとの類似性を念頭におきつつ，VCのタイでの役割をみてみよう．その前にタイ国内およびタイ向けVCの編成について概観しておこう[34]（表3-14参照）．

表 3-14 タイ向け投資を志向するベンチャー・キャピタルの編成

管理会社	VC ファンド	設立年	ファンドの規模 (100万)
タイ所在 VC			
BVP	自己勘定	1987	160 バーツ
Citicapital	自己勘定	1989	26 バーツ
RBDP	自己勘定	不明	140 バーツ
Rural Capital Partner	自己勘定	1989	10 バーツ
SEAMICO	INVEST	1989	250 バーツ
オフショア／ファンド			
Crosby Asset Management	Thai Development Capital Fund	1990	15 米ドル
Finansa Group	South Asia Frontier Fund	1992	20 米ドル
H&Q BVI	Siam Ventures NV	1990	30 米ドル
McDonell & Co. (Asia)	Thai First Industrial Parthnership Fund	1991	20 米ドル
SEAVI	SEAVI Thailand Venture Fund	1991	不明
Thai Joint Venture	Siam Deelopment Issue NV	1990	30 米ドル

駐在員事務所をもつ VC	管理ファンドの規模
AIA Capial Co. (Thailand)	1 億ドル
アジア投資	3 億円
JAIC	800 億円
NIF Management Singapore	0.35 億ドル
Prudential Asset Manaagement Asia	5 億ドル
SEAVI	1.05 億ドル

タイ向け投資に関心をもつアジアの VC

Arral & Partners (Asia) Ltd. (香港)
ASC Advisory Pte. Ltd. (シンガポール)
Asian Oceanic Asset Management Ltd. (香港)
Bokwang Investment Corporation. (韓国)
CEF Enterprise Capital Ltd. (香港)
CEF New Asia Partners Ltd. (香港)
China Venture Management Inc. (台湾)
DBS Capital Investments Led. (シンガポール)
Dongbang Venture Investment Finance Corporation. (韓国)
Dongbu Venture Capital Co. Ltd. (韓国)
First Taiwan Venture Capital Inc. (台湾)
H & Q Asia Pacific Venture Management Pte. Ltd. (シンガポール)
Hanil Venture Capital Co. Ltd. (韓国)
Inter-Asia Venture Management Ltd. (香港)
Inter Pacific Resources Ltd. (香港)
JAFCO International (Asia) Ltd. (香港)
Japan Associated Finance Co. Ltd. (日本)
Jardine Fleming Investment Management Ltd. (香港)
Korea Development Investment Corporation (韓国)
Korea Industrial Investment Corporation. (韓国)
Korea Technology Investment Corporation (韓国)
MM Worms Far East & Associates Ltd. (香港)
ORIX Investment & Management Pte. Ltd. (シンガポール)
Picamas Sanyo Asset Management Sdn Bhd. (マレーシア)
Rothschild Ventures Asia Pte. Ltd. (シンガポール)
Ryugin Venture Capital Co. Ltd. (日本)
Security Pacific Asian Equity Holdings. (香港)
Seed Ventures Management Pte. Ltd. (シンガポール)
Suez Asia Capital Management Ltd. (香港)
Transpac Capital Pte. Ltd. (シンガポール)
Techonology Associates Corporation. (台湾)
Wardley Direct Investment Management Ltd. (香港)
Walden Management Singapore Pte. Ltd. (シンガポール)

出所:*Asian Venture Capital Journal*, April 1992. p. 19.

タイのVCは，政府系の産業金融会社（IFCT）が産業向け直接投資を開始した79年にすでに存在していたとみることもできる．しかし制度化された私的なVCでは，国内の商業銀行6行合弁で，87年に設立されたBusiness Venture Promotion Company（BVP）が最初である．BVPは資金的に強力な株主をもち，したがってBVPはそれらの株主の投資窓口として機能している．BVPに続いて，89年には現地の金融機関9社合弁のVenture Capital Company，英・米か香港のVCを株主にもつINVESTおよび米国の商業銀行シティバンク系列のCiticapital Limitedがタイ国内に設立されたが，最初のVCはその後，解散している．

一方，タイ向け投資を専門としたオフショア・ファンドはその第1号が，89年初め，米国の投資銀行メリル・リンチ系列のVCによって，国際的に私募の形態で募集されたが90年半ばに解散した．90年には2つのタイ向けオフショア・ファンドSiam Ventures NV, Thai Development Capital Fundがそれぞれ米国のVC（Hambrecht & Quist），香港のVC（Crosby Securities）によって募集設立された．同じく91年初めには，シンガポールの有力なVC，SEAVIによって，SEAVI Thailand Venture Fundが設立されている．

以上のタイ国内所在のVCおよびタイ向けオフショア・ファンドのほかに，現地に駐在員事務所を設立して，タイ向け投資を行っている外国VCおよび今後のタイ向け投資に関心をもつアジア系のVCが多数存在する．

タイのVCは，設立時期の新しさ，解散事例の存在などからいまだ揺籃期といえよう．しかも①国内資金より対外資金に依存するオフショア・ファンドおよび外国VCからの対内投資の比重が高く，②国内所在VCの場合も，米国をはじめとして外国のVCの影響力が強いといえよう．

92年3月現在で，確認されたタイ向けの国内およびオフショア・ファンドの合計は10ファンド，1億4,600万米ドルである．同額は，ほぼ同時期のタイ向けのクローズ・エンド型国際投資信託であるカントリーファンド，16ファンドの総資産額の約1割に当たる[35]．VCに対しては，カントリーファ

ンドに対してと同様に，経常収支赤字，貯蓄・投資ギャップを埋めるというマクロ的な役割のほかに，①投資先企業の担保，資本ベースの増大を通じた外部資金（銀行借入，社債など）調達力の増強，②財務的および経営的・販売的支援による企業家精神の育成，③投資先企業の公開に際しての引受，販売による株式市場の発展，規模拡大などVC特有の役割が，期待されている[36]．このうち株式市場と直接関連する，VCの投資先企業の株式公開はこれまで5件存在した．またカントリーファンドの投資銘柄が金融株，王室系企業など優良銘柄に集中する傾向[37]と対比すると未上場企業を中心としたVCの投資行動は，その量的な格差以上の影響をタイの株式市場に与える可能性があるといえよう．

注

1) VCの投資資金の回収方法としては，このほかに非公開市場での買収，およびその特殊の形態であるMBO（経営陣による買収）にともなう株式譲渡などがある．
2) Terazono, E., "Venture capital becomes a scarece resource," *Financial Times*, Sep. 30, 1992.
3) 日本のVCには，ここで問題とする私的VCのほかに，公的VC企業が存在する．中小企業投資育成株式会社法（1963年）の下に，東京，大阪，名古屋にそれぞれ設立されている中小企業投資育成会社がそれである．この投資育成会社の主要株主には，自治体が含まれており，また同会社の主要業務は融資ではなく，中小企業向け株式投資である．
4) Clark, R., *Venture Capital in Britain, America and Japan*, 1987, pp. 42-45.
5) *Ibid.*, p. 44.
6) 日本合同ファイナンス株式会社（JAFCO），有価証券報告書，平成4年版，15-27ページ．
7) 原田「日本ベンチャーキャピタルの最近の動向」，『投資月報』1985年8月，14ページ．
8) 「'92日経ベンチャーキャピタル調査調査」，『日経ベンチャー』1992年6月，106ページ．
9) Terazono, *op. cit.*, p. 20. また別の調査では，91年の新規公開企業の公開時の社歴は新規登録企業が28年，新規上場企業は31年と報告されている（木野比佐司ほか「日本の店頭市場」，『財界観測』1992年6月，8ページ．
10) VEC（研究開発型企業育成センター）『ベンチャービジネス動向調査報告（平

成4年版)』83ページ.
11) Clark, *op, cit.*, p. 52.
12) *Ibid.*, p. 63.
13) 前掲『日経ベンチャー』103ページ.
14) VEC, *Promotion of Venture Businesses and the Venture Copital Industry*, Revised 1992, p. 13.
15) 前掲『日経ベンチャー』103ページ.
16) *The Guide to Venture Capital in Asia*, 1992/93ed., pp. 252-53.
17) 日本アジア投資株式会社『10年の歩み』.以下も基本的には同パンフレットによる.
18) 平松健治「資本市場を通ずる資金の流れ」,柳原透編『経済開発支援としての資金還流』1989年,95ページ.
19) JAICの日本国内企業向け投資3社(92年5月末)の出資比率はそれぞれ,1.4%,9.4%,10.0%であり,きわめて低い.
20) 日本輸出入銀行『海外投資研究所報』1992年1月,47ページ.
21) 経済企画庁調整局編『日本と世界を変える海外直接投資』1990年11月,140-41ページ.
22) バンコク日本人商工会議所『日系企業の実態(貢献度)調査』1990年12月,5-6ページ.
23) 86年以降のタイおよびASEAN諸国の外資導入政策の転換については,パスク・ポンパイチット,松本保美訳『日本のアセアン投資:その新しい潮流』文真堂,1991年,65-98ページ参照.
24) 徳永正二郎「ASEAN金融市場の課題と日本の役割」,『金融ジャーナル』1990年2月,14ページ.
25) Tokunaga, S., "Moneyless Direct Investment and Development of Asian Financial Markets : Financial Linkages Between Local Maarkets and Offshore Centers," in Tokunaga, S. ed., *Japan's Foreign Investment and Asian Economic Interdependence*, pp. 166-167.
26) 筆者とのインタビューにおいて「現地での法人税減免を伴い,最も収益性の高い投資プロジェクトに対しては親会社からの全額出資を原則とし,本国還流による資本の早期回収を図り,同プロジェクトを含む現地法人に対してはVCを含む外部資本を排除する」という,日系企業,財務担当者の発言はこの点で印象的である.
27) 第1次株式ブームは1977年から78年の過剰流動性期に発生し,SET指数は78年11月に記録的な高値266.20ポイントを付けた.
28) アンソニー・ローリイ,石埼一二訳『アジアの株式市場』日本経済新聞社,1987年,227ページ.
29) Trairatevorakul, P. & Punyashthiti, P., *The Implications of The SEC Act on*

Financial Reform in Thailand, Bank of Thailand, Sep. 1991, pp. 1-7. ; Suksthien, P. & Lertsukeekasem, N., "The Securities and Exchange Act : Its Impact on Financial Businesses," *Bangkok Bank Monthly Review*, Vol. 33, Sep. 1992, pp. 11-13.

30) Phonggam, S., "Privatization of State Enterprises in Thailand-An Update," *Bangkok Bank Monthly Peview*, Vol. 33, May 1992, pp. 12-13.

31) Handley, P., "Privated parts," *Far Eastern Economic Review*, 27, Jun. 1991, pp. 48-51.

32) Dhiratayakinant, K., "Privatisation of Public Enterprises : The Case of Thailand," in Gour, G. edited, *Privatisation and Public Enterprise, The Asian-Pacific Experience*, 1991, pp. 687-719.

33) Phongam, S., "Privatization in Thailand," *Bangkok Bank Monthly Review*, Vol. 32, Jul. 1991, pp. 260-64., Viravan, A., "Privatization : Choices and Opportunities", *Bangkok Bank Monthly Review*, Vol. 32, Nov. 1991, pp. 438-43.

34) 以下は Asian Venture Capital, *The Guide to Venture Capital in Asia*, 1991ed., 1992ed. ; "Venture capital in Thailand : growth and growing pains," *Asian Venture Capital Journal*, Apr. 1992, pp. 14-19 による.

35) The Stock Exchange of Thailan, *The Stock Market in Thailand* 1991, pp. 32-34. ただし, 総資産は 1990 年末現在の数字.

36) International Finance Corporation, *Capital Markets*, pp. 14-15.

37) 大阪市立大学経済研究所濱田博男編『アジアの証券市場』東京大学出版会, 1993 年, 294-297 ページ (北條裕雄稿) 参照.

第4章
アジア通貨・金融危機
―金融グローバル化の代償―

はじめに：双子の危機＝通貨危機と銀行危機

　1990年代のアジア危機を世界に向けて最初に知らしめたのは，1997年7月2日，タイ金融当局が事実上ドルにペッグされていたバーツ（リンクされていたバスケット通貨の構成比の80％をドルが占めていたといわれる）をフロート（為替相場を自由に変動）され，バーツが直後に大幅な下落に見舞われたことである．しかしこれは序曲に過ぎなかった．タイ・バーツの下落後たちまち近隣の東南アジア諸国の通貨に伝播し，マレーシア・リンギット，フィリピン・ペソ（いずれも7月半ば），インドネシア・ルピア（8月半ば）はそれぞれフロートを余儀なくされた．この4通貨はすべて，6月から11月末の間に25〜30％下落した．その後，ルピーは暴落への第2局面に突入し，97年11月末から98年1月末の間にさらに3分の2下落する．その際，インドネシア中央銀行は破綻しつつある金融システムを救済するために商業銀行への貸出を増加し，さらにこれら商業銀行は顧客のなかの不振企業に貸出を同程度，追加した[1]．

　東南アジアから地理的にはやや飛んで，いまや先進国入り（OECD加盟）した韓国では97年に主要な財閥（チョボル）の倒産が増加して企業部門の健全性への懸念を掻き立てていた．国際的銀行が大量の短期債権のロールオーバー（借り換え）を拒んだことからウォンは11月末に切り下げを強いられ，2か月で50％下落した（図4-1）．ウォンへのアタックとともに資本流

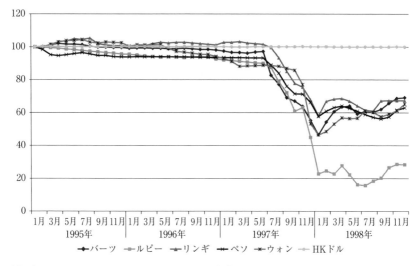

(出所) IMF *International Financial Statistics* より作成

図 4-1 アジア各国の対ドル為替レートの推移（ただし外貨建て，1995 年 1 月＝100）

出と通貨投機圧力はアジア域内——香港，台湾——へ，さらにアジア域外——アルゼンチン，ブラジル，メキシコそしてロシア——に拡大した．ここで注目したいのは，インドネシアのケースにみられるように通貨危機とともに銀行破綻や金融システムの危機が随伴している点である．タイの場合にはフロート＝通貨下落以前の 96 年 12 月から中央銀行は不振な銀行ないしファイナンス・カンパニーを支援するため，資金投入が開始され，つづく 6 か月で，実質 4 倍，さらに 97 年末までの通算 1 年間では中央銀行信用は GDP の 2％から 15％に増加させている[2]．アジア危機が通貨危機と銀行危機[3]を併発する双子の危機といわれる所以である．

それではそのような双子の危機はどのようにして発生・展開したのであろうか．

1. マクロ・ファンダメンタル指標の健全性とアジア金融危機の特徴

　タイをはじめ最大の金融危機を被ることになる，マレーシア，インドネシア，韓国の主要なマクロ経済指標の推移をみると（表4-1），若干の差異を含みながらもこれまでの通貨危機を経験した国にはない共通性を有していた．90年から96年にかけては「東アジアの奇跡」という名をほしいままに2桁近い成長率を続け，相対的に低い1桁台のインフレ率を維持していた．後者はなによりも財政収支の黒字基調に支えられていたといってよい．またこれら諸国は同時代の南米諸国・新興国などとは異なり高い貯蓄率を維持していることも共通した特徴の1つである．ただ，国内の貯蓄額を上回る投資額の過剰を意味する経常収支赤字基調が90年から（特に，タイ，マレーシアで）みられ95年から96年にさらに顕著になっている．このような経常収支の拡大，ないしそれを根拠とした投機によってアジア通貨危機を説明する見解がないわけではない．それまで途上国が陥ってきた国際収支危機は経常収支赤字が過大になって，自国が保有する外貨準備でその赤字を埋めることができなくなって生じてきた（経常収支危機→通貨危機）．その場合の経常収支の赤字の増加は大きな財政赤字，高いインフレ率，低い貯蓄率などマクロ経済上の要因を原因としていた．財政赤字は国債の発行によってまかなわれることが多く，貯蓄率が低く，国債市場が未発達なことから中央銀行が引き受けるケースが多く，マネタリゼーション（国債の貨幣化）などによってインフレ率が高まる．インフレ率が諸外国より高まれば，一方で価格競争力が落ち輸出が減少し，他方，競争力の高い外国商品の輸入が増加して貿易収支≒経常収支の赤字は拡大する．あるいはまたインフレによる価格効果からではなく，国内の貯蓄が国内の投資を下回る場合にも経常収支は赤字化する．

　こうして，財政赤字，高インフレ，低い貯蓄率は経常収支の赤字を大きくする．その赤字を支えるには海外資本によるファイナンスが必要になるが，

表 4-1 アジア危機主要 4 カ国の主要マクロ指標の推移

		1990	1991	1992	1993	1994	1995	1996
タイ	成長率	11.2	8.6	8.1	8.3	9.0	9.2	5.9
	消費者物価	6.0	5.6	4.2	3.3	5.0	5.9	5.8
	失業率	2.2	3.1	2.9	2.6	2.6	1.7	1.5
	財政収支/GPD	4.7	4.7	2.6	1.8	1.9	2.6	2.2
	国内総貯蓄	34.0	35.8	35.3	35.3	36.3	36.9	36.0
	経常収支/GDP	-8.4	-7.5	-5.5	-4.9	-5.4	-7.9	-7.9
	金融収支/GDP	11.4	11.5	8.7	8.4	8.4	13.1	10.7
マレーシア	成長率	9.0	9.5	8.9	9.9	9.2	9.8	10.0
	消費者物価	3.1	4.4	4.6	3.6	3.1	4.0	3.4
	失業率	5.1	4.3	3.7	3.0	2.9	3.1	2.5
	財政収支/GPD	-2.9	-2.0	-0.8	0.2	2.3	0.8	0.7
	国内総貯蓄	34.4	34.1	36.7	39.1	39.6	39.7	42.9
	経常収支/GDP	-2.1	-8.6	-3.7	-4.6	-7.6	-9.8	-4.4
	金融収支/GDP	4.5	2.5	11.1	17.0	-4.7	-1.9	2.5
インドネシア	成長率	9.0	8.9	7.2	7.3	7.5	8.2	7.8
	消費者物価	…	9.3	7.6	9.7	8.5	9.5	7.9
	失業率	2.5	2.6	2.7	2.8	4.4	7.2	4.9
	財政収支/GPD	-0.8	-0.7	-1.1	-0.5	1.0	3.0	1.0
	国内総貯蓄	32.3	33.5	35.3	32.5	32.2	30.6	30.1
	経常収支/GDP	-2.6	-3.3	-2.0	-1.3	-1.6	-3.2	-3.4
	金融収支/GDP	3.9	4.4	4.4	3.7	2.0	5.0	-0.2
韓国	成長率	\	9.7	5.8	6.3	8.8	8.9	7.2
	消費者物価	8.6	9.4	6.3	4.8	6.2	4.4	5.0
	失業率	2.4	2.4	2.5	2.9	2.5	2.1	2.0
	財政収支/GPD	-0.6	-1.5	-0.4	0.6	0.3	0.3	0.2
	国内総貯蓄	37.6	37.8	36.9	36.9	36.4	36.5	35.1
	経常収支/GDP	-0.7	-2.7	-1.2	0.2	-0.9	-1.6	-4.0
	金融収支/GDP	1.1	2.1	2.1	0.9	2.5	3.3	4.2

出所:ADB, *Key Indicators for Asia and the Pacific* 2010 より作成.

しかしこのようなマクロ経済上の基本があまりにも悪化すると外国資本は入って来なくなる.したかって国際収支(経常収支+資本(金融)収支=総合収支)は赤字になる.国際収支赤字は外貨準備から払っていくしかなく,経常収支が赤字のままだと外貨準備は枯渇して通貨危機が勃発する.典型的な経常収支危機のパターンである.

アジアのこれら諸国は既述のように,典型的な経常収支危機国のような財

		(単位%)
1997	1998	1999
−1.4	−10.5	4.4
5.6	8.1	0.3
1.5	4.4	4.2
−2.2	−7.1	−9.9
35.3	34.8	32.5
−2.1	12.8	10.2
−2.9	−8.7	−6.4
7.3	−7.4	6.1
2.8	5.2	2.8
2.4	3.2	3.4
2.4	−1.8	−3.2
43.9	48.7	47.4
−5.9	13.2	15.9
−3.9	14.2	5.9
4.7	−13.1	0.8
6.2	58.5	20.3
4.7	5.5	6.4
0.5	−1.7	−2.5
31.5	26.5	19.5
−2.3	4.3	4.1
−10.1	−4.2	−4.8
5.8	−5.7	10.7
4.4	7.5	0.8
2.6	7.0	6.3
−1.4	−3.7	−2.4
35.0	37.1	35.1
−1.6	11.3	5.3
0.4	−0.9	0.5

政赤字,高インフレ,低い貯蓄率などのマクロ経済指標を伴っていなかった.しかし経常収支は90年代以降,赤字基調となり,さらに95・96年にはその赤字幅を拡大させていた.だが各国の経常収支(対GDP)の下段の金融収支(対GDP)は,例外の年もあるが概して経常収支の赤字幅を上回る黒字幅で推移している.

国際収支の恒等式は移転収支および誤差・脱漏を省略すると以下のように簡単化できる.

経常収支+金融収支(資本収支)
　=外貨準備増減　　　　　　　(1)

経常収支,金融収支(資本収支)をそれぞれ左辺に移項して

経常収支=−金融収支(資本収支)
　+外貨準備増減　　　　　　　(2)

金融収支(資本収支)=−経常収支
　+外貨準備増減　　　　　　　(3)

となる.いずれも恒等式であるが左辺の変数を自律的に変化すると仮定して右辺の変数がそれに応じて受動的に調整をおこなうと読むとすると,(3)式ではアジア諸国が見舞われた通貨危機は資本(金融)勘定が自律的に増加してその後急激に落ち込むことによって右辺の経常収支などもそれに応じて変動する.資本収支危機といわれる所以である[4].

収支の展開は留保して,資本勘定(IMF統計では2008年以降,金融勘定という用語が使用されている)の債務(Liability)側の項目,つまり資本流入の形態別の四半期ごとの推移を確認しておこう(図4-2a, b, c).資本流入は直接投資,証券投資,その他投資から構成され,その他投資の中心は銀行

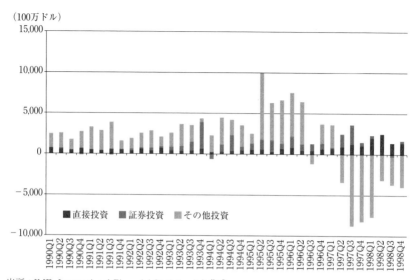

出所：IMF, *International Financial Statistics* より作成

図 4-2a タイの金融勘定債務（資本流入）の内訳

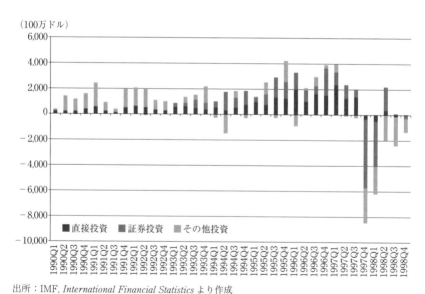

出所：IMF, *International Financial Statistics* より作成

図 4-2b インドネシアの金融勘定債務（資本流入）の内訳推移

第 4 章　アジア通貨・金融危機　　　103

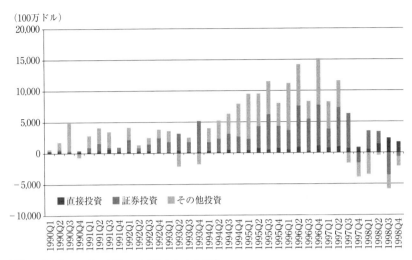

出所：IMF, *International Financial Statstis* より作成

図 4-2c　韓国の金融勘定債務（資本流入）の推移

融資（借入）である．直接投資は韓国を例外として安定的に推移しているのに対して，証券投資，その他投資は変動が激しい．通貨危機が先行したタイではその他投資（≒銀行借入）の割合が大きく，90 年代初頭から増加基調にあるが既に 95 年第 2 四半期でピークを付け，96 年第 3 四半期にはマイナスに転化している．さらにフロート以前の 97 年第 2 四半期からマイナス＝資本流出が再開され 98 年末まで大量の流失が続いている．これに対して，インドネシアでは通貨危機が勃発する以前にもその他資本の流出を通算 5 四半期にわたって経験するが，資本流出が本格化するのは 97 年第 4 四半期以降であり，当初半年は証券投資がその他投資形態による流出額を上回った．その後は後者の流出が支配的になる．また韓国では，94 年以降資本流入が 3 国の中で最大になり 96 年第 4 四半期のピーク時には 150 億ドルに達した．その内訳は証券投資とその他投資に二分される．資本流出を開始するのは 97 年第 3 四半期で最初はその他投資が支配的であるが証券投資の流出＝回収超もそれ以降，顕著である．

2. 国際銀行による金融危機諸国への信用供与

(1) 国際銀行による対内信用供与

　ここでは焦点を絞って,「その他投資」の中心を占める銀行借入を, BIS (国際決済銀行) の定義する国際的に活動する報告銀行 (以下国際銀行と略す) 側から危機諸国への信用供与の構成をみてみよう (表4-2). 貸出部門別では, 言われているほど銀行向け貸出の割合は高くない. これはこの統計が関連銀行向け信用 (いわゆるイントラ勘定) を除いた連結ベースだからであるが, それでも, 韓国では危機前には, 65％以上が現地銀行向けである. つづいてインターバンク信用 (貸付・預金) の割合が高いのはタイであり, 同じく危機前には4割近くになっている. 一方, 銀行向け信用割合が低く, 非銀行向け企業への信用供与の割合が高いのはインドネシアである. マレーシアもインドネシアほどではないが類似の傾向を示している. ここで注意を要するのは非銀行企業には非銀行金融機関が含まれており, これらは分離できないが, タイのファイナンス・カンパニー, および韓国のマーチャントバンク向けなどへの国際信用供与は無視できない. 公的部門向けはインネシアを除き概して低位であり, 80年代初頭に顕在化する南米の累積債務問題の場合とは全く異なる様相である. アジア危機は民間部門が主導した金融危機である.

　次に, 連結ベースの外国債権 (クロスボーダー債権＋現地債権 (外貨建て＋現地通貨建て)) の内訳をみると現地通貨建て債権はマレーシア (20％強) を除くと概して低く10％内外であり残り約90％は外貨建てである. さらにその外貨建て債権の償還期間をみると4国とも危機直前では1年以下の短期債権の割合が1年超の長期債権のそれを上回り, 前者が60％以上となっているのはタイ, 韓国であり, 最も低いマレーシアでも56％となっている. 外国銀行の危機諸国への外国債権はこれまで指摘されてきたとおり, 外貨建て・短期債権が特徴になっている[5] (表4-3).

表 4-2 危機 4 か国向け国際銀行債権（連結ベース）

	債権残高 (億ドル)	銀行 (%)	公的部門 (%)	非銀行 私的部門 (%)
タイ				
1996 年 6 月	694	40.3	3.1	56.4
1996 年 12 月	701	36.9	3.2	59.6
1997 年 6 月	694	37.6	2.8	59.5
1997 年 12 月	588	30.2	3.0	66.6
1998 年 6 月	464	26.1	4.3	69.6
1998 年 12 月	412	22.0	4.7	73.2
1999 年 6 月	347	19.4	6.2	74.4
インドネシア				
1996 年 6 月	493	20.5	13.3	66.2
1996 年 12 月	555	21.2	12.5	66.2
1997 年 6 月	587	21.1	11.1	67.7
1997 年 12 月	584	20.1	11.8	68.1
1998 年 6 月	484	13.7	15.7	70.7
1998 年 12 月	450	11.8	14.8	73.4
1999 年 6 月	438	10.1	21.0	68.8
マレーシア				
1996 年 6 月	201	28.1	11.4	60.5
1996 年 12 月	222	29.3	9	61.8
1997 年 6 月	288	36.4	6.4	57.1
1997 年 12 月	275	35.4	6.3	57.8
1998 年 6 月	228	30.8	6.6	62.5
1998 年 12 月	209	27.7	8.8	63.4
1999 年 6 月	186	21.7	13.8	64.3
韓国				
1996 年 6 月	880	65.7	6.7	27.4
1996 年 12 月	1000	65.9	5.7	28.3
1997 年 6 月	1041	65.3	4.2	30.4
1997 年 12 月	942	59.4	4.2	36.3
1998 年 6 月	716	56.6	6.8	36.6
1998 年 12 月	656	57	8.3	34.4
1999 年 6 月	635	57.4	8.2	33.9

出所：BIS, *International Banking and Financial Market Development and The Maturities, Sectoral and Nationality Distribution of International Bank Lending.*

表 4-3 危機 4 か国向け外国債権の内訳

	合計 (億ドル)	1年以下 (%)	1年超 (%)	現地通貨建て 現地貸し (%)
タイ				
1996 年 6 月	754	50.6	41.4	8.0
1996 年 12 月	776	56.2	34.2	9.6
1997 年 6 月	785	60.9	27.4	11.7
1997 年 12 月	730	62.6	28.2	9.2
1998 年 6 月	607	75.1	12.9	12.0
1998 年 12 月	575	66.2	15.7	18.1
1999 年 6 月	499	54.8	23.7	21.6
インドネシア				
1996 年 6 月	530	55.8	66.6	12.4
1996 年 12 月	596	57.5	62.1	11.9
1997 年 6 月	635	54.6	69.4	13.8
1997 年 12 月	634	54.4	73.5	10.2
1998 年 6 月	519	49.6	92.7	9.0
1998 年 12 月	485	47.8	96.5	12.6
1999 年 6 月	485	44.5	107.6	17.1
マレーシア				
1996 年 6 月	258	38.7	39.1	22.2
1996 年 12 月	298	37.5	37.1	25.4
1997 年 6 月	374	43.4	33.5	23.1
1997 年 12 月	335	41.6	40.1	18.4
1998 年 6 月	280	36.6	44.2	19.3
1998 年 12 月	271	31.7	44.0	24.3
1999 年 6 月	262	29.9	41.4	28.6
韓国				
1996 年 6 月	958.61	65.0	26.8	8.2
1996 年 12 月	1,080	62.5	30.0	7.5
1997 年 6 月	1,143	62.0	29.1	8.8
1997 年 12 月	986	52.2	38.7	9.1
1998 年 6 月	829	36.6	50.9	12.5
1998 年 12 月	764	36.3	49.7	14.0
1999 年 6 月	791	42.7	41.4	16.0

出所：BIS, *Statistics Exprore* より作成．

　ここで統計ベースは異なるが，クロスボーダー債権の通貨別構成をみると圧倒的に（70～80％）ドル建ての割合が高い．しかしタイ，韓国では円建てもかなりのシェアを占めそれぞれ，31％，15％になっている（図 4-3）．再

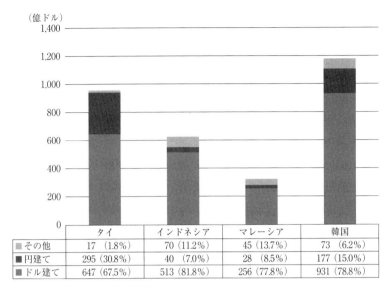

出所：BIS, *Statistics Exprore* より作成．

図 4-3 対危機 4 か国クロスボーダー債権残高通貨別区分（1997 年 6 月末）

び連結ベースの国際銀行を国籍銀行別にみると，邦銀のシェアは 4 国すべてでトップのシェアを占め危機直前の 97 年 6 月末では特に，タイでのシェアが高く 51％を占め，インドネシア，マレーシア，韓国の順でそれぞれ 39％，32％，22％となっている（図 4-4）．したがって，貸手側からみた貸出パターンは邦銀が国際金融市場≒国際インターバンク市場で短期ドル資金を調達して，現地銀行ないし現地企業へ短期ドル資金を供給するという形態が典型的であった．

(2) 資本勘定の自由化

90 年代前半にかけて国際的な銀行信用を中心として大量の資本流入がみられたのは，まず，80 年代末から 90 年代初頭にかけて推進された資本勘定取引の自由化が前提にある．タイでは，90 年，IMF 協定 8 条の規定を受け入れ，経常勘定にかかわる外国為替取引のすべての規制を撤廃した．その直

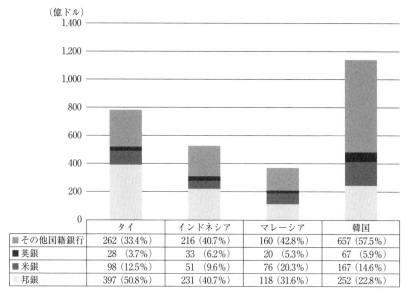

出所：BIS, *Statistics Exprore* より作成.

図 4-4 対危機 4 か国外国債権・国籍銀行別区分（1997 年 6 月末）

後から資本勘定の自由化がすすめられ，バンコクを地域の金融のハブ（中枢）にするというタイ中央銀行の計画に沿って BIBF（バンコク・インターナショナル・金融ファシリティ）の設立（93 年）はその仕上げになったと言われる．BIBF に関していえば，当初の目的であったオフショア間（いわゆる「外」―「外」）の取引よりも「外」―「内」の取引の方が圧倒的に多かった[6]．韓国は伝統的に厳しい資本取引規制が敷かれていたが，93 年，金融システムの規制緩和の一環として資本自由化がすすめられた．その背景には，経常収支赤字の増加，OECD 加盟条件，世界市場での相対的に低い金利の利用を望む経済界からの圧力などがあった．なかでも OECD 加盟に関しては短期の借入を認め，長期資金流入を規制するという政策が OECD 加盟条件の追加的な弾力化によって可能になった[7]．インドネシアでは近隣諸国と異なり，資本勘定の自由化は経常勘定取引の自由化が開始された 1980 年代

後半よりずっと以前の71年に完了していた．たしかに貿易と金融部門の自由化の順序は逆転していたことになるが，1970年代には国際証券などの浮動的な短期資金流出入はほとんどなかったなどの理由によるプラグマティックな決定であった．しかし1990年代に入ると事態は急転する[8]．

(3) 短期資金の流入誘因

　短期資本流入の最大の要因は金利較差である．米・日・欧など先進国の金利が穏やかな成長，低インフレ，金融緩和基調の金融政策に反応して低下（しかも長・短金利のイールドカーブは正）気味に対して，新興国の金利は高成長，相対的な高インフレを背景に高金利基調で金利較差はマレーシアを除いて大きかった（表4-4）．しかも新興国側の金融政策は大量な資本流入を不胎化する方法（中央銀行が短期国債などを売却して外貨の購入＝自国通貨の売却によるベースマネー増加を吸収する）がとられ，これが現地の短期金利に上昇圧力として働いていた．しかも対ドルの為替相場は事実上のペッグ制が長期にわたって安定的に持続したなどによって，また当時の陶酔的な雰囲気の下で外国銀行や投資家は為替レートの減価を無視ないし割り引いてヘッジなしの資本流入が支配的であった[9]．

　既述のように外国銀行による現地銀行ないし現地企業への外貨建て債権の支配的な部分は1年以下の短期債権であったが，短期であった背景としては

表4-4　ヘッジなし対外借入の誘因（1991年1月～1997年6月）

	金利較差	対ドル為替レート年間増価率	為替レートの変動率
タイ	4.0	-0.3	1.2
マレーシア	1.6	1.2	2.6
インドネシア	11.5	-3.8	0.7
韓国	4.1	-3.2	3.4

注：金利較差は現地預金金利-LIBOR（米ドル）．
出所：World Bank (1999), Table2-3より．

①現地銀行や現地企業へのモニターリングの容易さや②当時の BIS 規制，すなわち 1998 年の BIS 資本規制では，非 OECD 銀行への 1 年以下の国際債権は自己資本へのリスクウェイトは 20％であったのに対して長期の国際債権へは 100％のリスクウェイトが課された．また③オフショアセンターの設立が挙げられているが[10]，70 年代の変動相場制移行後，国際銀行の資金調達は一般的に国際的な銀行間市場に依存していたのであり短期信用が支配的であった．アジアのケースで言えば，邦銀が現地に信用供与す場合も既述のように円よりもドル建てが支配的であることからその資金調達は国際的な短期（LIBOR ベース）の銀行間市場に依存していたのである．

3. 国際信用と国内信用の連動性

　大量の短期外貨建て資本流入は金融危機の前提条件であってもそれだけでは十分ではない．国内の信用拡大と連動して初めてバブルへとつながる．既述のように当該諸国のインフレ率は比較的マイルドであることからすると，信用膨張は主に投資ブームを誘導して，一方では輸入を拡大させ（→経常収支の赤字化），他方では一般物価のインフレではなく資産インフレ＝バブルを引き起こすことになる．この点をみよう．

　確かに表 4-5 にみられるように対外信用の増加は 90 年以降顕著であるが，同時に国内の民間部門向け信用もそれに匹敵する増加率で膨張した．タイの場合，対国際銀行債務の 90 年から 96 年までの年平均増加率は 30.1％であったのに対し，同時期の国内民間部門向け銀行債権の増加率は 22.5％である．その他 3 国はいずれも対外信用よりも，国内信用の増加率の方が高い．韓国では国内の民間部門向け信用は年率 38.9％であった．またマレーシアは内外信用の増加率は拮抗しているが，国内信用残高の対 GDP 比は 90 年初頭から高く，危機直前には 150％にも達している．内外の信用膨張は企業の負債比率（レバレッジ）を高め，自己資本比率を低下させて様々なリスクに対する脆弱性を増加させた．韓国，タイ企業の負債（対自己資本）比率が特に高

表 4-5 アジア各国における内外銀行信用対 GDP 比率の推移 (%)

	タイ		インドネシア		マレーシア		フィリピン		韓国		台湾	
	A	B	A	B	A	B	A	B	A	B	A	B
1990 年	18.8	65.4	19.0	29.9	21.5	104.5	26.4	19.0	12.7	45.3	8.8	97.9
1991 年	22.5	69.5	20.1	31.1	21.1	112.2	20.6	17.5	13.3	108.9	10.1	106.2
1992 年	23.6	74.2	20.2	33.6	20.1	114.3	13.9	20.1	13.2	113.1	10.1	122.8
1993 年	27.8	82.6	21.1	39.1	26.0	116.0	12.2	26.0	12.9	117.1	11.3	132.3
1994 年	34.3	93.7	23.3	47.4	23.4	120.3	11.7	28.6	14.4	124.6	12.0	140.3
1995 年	41.1	100.5	28.9	56.5	23.6	128.0	13.4	36.8	16.2	128.2	12.2	142.1
1996 年	43.1	104.5	34.3	76.3	29.5	146.2	19.2	48.5	19.8	135.0	11.4	137.5
1997 年	73.3	124.7	68.8	99.8	34.0	165.7	38.5	55.3	35.7	150.4	14.5	137.8
1998 年	45.7	118.5	105.1	154.6	38.6	166.2	29.2	47.4	18.9	159.6	12.1	138.8
1999 年	37.9	112.5	87.5	66.6	46.9	153.8	28.9	41.5	16.6	150.8	12.4	135.3
2000 年	38.0	89.1	30.9	20.8	53.2	137.0	32.4	38.5	16.1	135.3	10.7	132.5
90 年〜96 年	30.1	22.5	19.0	26.1	19.7	20.0	6.6	31.5	24.6	38.9		

注：A は対国際銀行債務対 GDP 比，B は私的部門向け銀行債権対 GDP 比．
出所：ADB, *Key Indicators of Developing Asian and Pacific Countoris*, BIS, *The Consolidated Banking Statistics* より作成．

い（図 4-5）．さらに企業が外貨建て資金を直接，借り入れている場合（代表的にはインドネシアの例）には為替リスクにも曝されていることになる．

　以上の内外信用の膨張がいかなる結果をもたらしたかをタイのケースで敷衍してみよう．タイでは銀行貸出債権に占める不動産部門向け貸出シェアが 6.3%（1988 年末）から 14.8%（1995 年末）に増加し，同期間中ファイナンス・カンパニーの不動産部門向け債権シェアは 9.1% から 24.3% へ上昇した．ほとんどの銀行債権は日本のバブル時と同様に不動産を担保としていたので，不動産バブルの金融システムへの影響は見た目以上だった．タイ証券取引所（SET）指数は 1990 年 1 月の 900 から 1994 年 1 月のピーク 1,754 へ 95% 上昇し，他方同時期の不動産株式は建設ラッシュや不動産ブームに支えられて 285% ほども上昇した．しかし，1995 年から 1997 年にかけて，株式市場の時価総額は約 1,130 億ドル，GDP 比 68% が失われた．バブルが収縮し始めると株式市場や不動産市場に信用供与した弱小のファナンス・カンパニーや銀行の不良債権や損失が増加して資本が毀損しはじめ，ついにタイ中央銀行

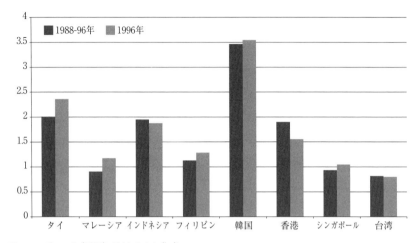

Classens, S. et al. (1998), Table6 より作成.

図 4-5 主要アジア諸国企業の自己資本対負債比率（平均）

表 4-6 銀行およびファイナンス・カンパニーの対外為替リスク

（対外債権に対する対外債務の比率 (%)）

	1990 年	1992-96 年	1996 年
タイ	265	519	775
インドネシア	108	193	143
韓国	140	149	174

出所：World Bank (1999), Table 2-2 より

が 94 年，規制を開始する．さらに 1996 年にはバンコク・バンク・コマース (BBC) やバンコク・メトロポリタン銀行 (BMB) のスキャンダルが勃発し，BBC からの預金取付け (run) も勃発し，本格的な銀行危機の前兆となった．JP モルガンの一レポートは 96 年までにタイの不動産貸付の 16% は不良債権となったと見積もっていた[11]．

　通貨危機以前に現地の銀行および企業は債務，特に短期の外貨建て債務が積み上がり（表 4-6），レバレッジの上昇＝自己資本比率の低下という脆弱なバランスシートが形成されていた．

4. 通貨危機の前兆と勃発

　タイ・バーツへの投機的攻撃は，早くも95年1月中旬，94年末のメキシコ通貨危機の伝播（＝テキーラ効果）を受けて始まっていた．その後バーツは96年11月から97年7月のフロートへの移行まで三波にわたって投機に曝された．その引き金になったのは①資産バブルの崩壊にともなう，借り手企業の自己資本や担保価値の毀損による銀行およびファイナンス・カンパニーのバランス・シートの悪化や破綻の兆候，②これまで成長を続けてきた輸出の突然の鈍化→経常収支の悪化などが挙げられている．しかし資本勘定の自由化後は国際収支の支配的要因は資本（金融）取引であって，その際には期待や信認が主要な役割を果たすことになる．輸出や経常収支の動向は資本（金融）取引の期待に影響を及ぼす限りで問題となる．さらにタイの対外債務の状況，より具体的には95年末時点で，1年以下の対外短期債務残高は441億ドルで公的対外準備369億ドルをすでに上回って，対外短期債務対対外準備比率は120％近くになっていた．このような状況の下で，96年11月バーツへの投機的攻撃が開始されたのである．しかしこの時点では資本の流入は鈍化したとはいえ，本格的に資本流出に転化するのは97年第2四半期以降である．外国為替市場の参加者には外貨建ての負債ポジションを有する企業や銀行のグループとタイに資産・負債を有していない投機家に分かれるが，ヘッジファンドなども後者のグループのなかに含まれる．後者の（売り）投機資金の源泉は①株式の空売り，②現地の銀行間市場でのバーツ借入，より重要なのは③オフショア市場でのバーツ借入，④非居住者バーツ勘定の引出，さらに⑤タイ中央銀行（BOT）が通貨防衛の一方法である為替スワップ取引（直物市場でのドル売り／バーツ買い・先渡し市場でのドル売り／バーツ買い）によるバーツ（直物市場でのバーツ売りによる）供給があった[12]．1997年5月にはバーツは激しい売り投機に曝され，5月14日には24時間で100ドルの外貨準備を失った．数日で97年初めに339億ドルあった

ネット（グロスの準備額から為替スワップ取引での外貨債務をマイナスした額）の対外準備をほとんど使い果たしてしまった．この時点でバーツの切り下げはほとんど不可避であったが，BOT は大胆に為替政策を転換して商業銀行に対して非居住者への貸出しの停止を要請した．これは海外での空売りの資金源泉を断つことになり，バーツの対ドル・レートは国内とオフショアとで較差がひろがり，時には後者のレートには 10％のプレミアムが付くことになった．しかしこの方法は時すでに遅く，わずか 6 週間しか持たなかった．6 月には事態はいっそう悪化しここに至っては，海外の投機家ではなくタイ国内居住者による取付け，資本逃避（capital flight）が始まった．ついに 7 月 2 日にフロートが始まると，97 年第 2 四半期から始まっていた資本流出が外国銀行によるロールオーバー（借り換え）の拒否などによって加速され，

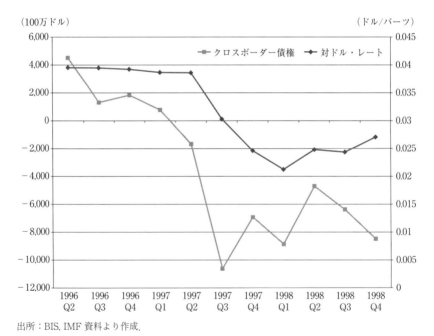

出所：BIS, IMF 資料より作成．

図 4-6 対ドル・レート（外貨建て）と対タイ・クロスボーダー債権（ネット・フロー）の推移

それにともなって現地の銀行や企業は短期の外貨建て債務を返済するために為替市場でバーツ売りを余儀なくされた．このバーツ売りによってバーツはいっそう下落した（図4-6）．

ネットのクロス・ボーダーの債権を説明変数としてバーツ対ドル・レート（外貨建て）を被説明変数として回帰させると，図4-7に示されるように，決定係数は0.7204となり有意であると判断できる．

5. 通貨危機・銀行危機・資産デフレの同時的進行

資本流出が始まり，ほぼ同時に為替相場が下落し始めると，短期・外貨建て債務を負った現地銀行は流動性リスクと為替リスクの二重のリスクを顕在化させる．まずロールオーバーの拒絶などによって短期資金の流失がはじまると，現地銀行は短期金融市場での資金調達を急増させ，短期金利の暴騰を

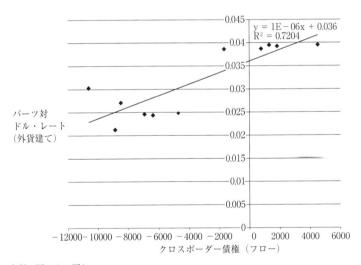

出所：図4-6に同じ．

図 4-7 ネット・クロスボーダー債権とバーツ対ドル・レートの推移
（1996年第2四半期〜1998年第4四半期）

招き，間接的に，株式市場の崩落を導く．あるいは流動化を株式売却によって行おうとすると，直接的に株式価格の暴落を引き起こす．株式や不動産などの資産デフレは銀行債権の不良債権化を増加させる．

　銀行借入にくらべて相対的に証券投資による資本流入に依存していたマレーシアの場合，97年4月より証券投資が流出に転じ，97年1年間で291億リンギットに達し，クアランプール証券取引所の指数は97年7月2日1084.9からから最安値を記録した98年9月1日262.7まで75.8%の下落であり危機4か国のなかで最大の下落幅となった[13]．

　より深刻なのは為替相場の暴落である．外貨通貨建て債務を負う現地銀行は為替リスクを顕在化させ，返済すべき現地通貨額が現地通貨価値の下落に反比例して増加し一挙に債務超過となって返済不能（insolvency）に陥る．債務超過に陥らない場合にも自己資本が大きく毀損することになる．タイの場合には，銀行およびファイナンス・カンパニーに対して為替リスクを自己資本の20%未満に限定するという規制が中央銀行によって課されていたが，ほとんどの現地銀行はBIBFに属しており，タイの企業へのドル建ての低利資金の導管の役割を果たしていた[14]．その場合，外貨建てで調達し，そのまま外貨建てで現地企業などへ貸し出している場合には為替リスクは現地企業に転化されている．為替レートの下落により銀行の場合と同じように企業の返済不能が生じて，貸出債権の不良債権化が増加し，銀行の為替リスクは信用リスクに転化する．象徴的な例としてはバーツが対ドル・レートで最安値を付けた時，サイアム・セメント・グループのような優良企業が支払い不能に陥り，事実上，破産した[15]．

　フロート前の97年6月28日，タイ政府はファイナンス・カンパニー16社の営業をすでに停止させていた．フロートからほぼ1か月経った8月5日にはさらに42社が営業停止に追い込まれ合計58社となった．その後12月，再建計画が政府に提出されたが，わずか2社のみが計画を認められ，残りの56社は永久に廃業に追い込まれた．しかしより深刻な商業銀行の問題だった．既述したように，フロート以前の96年に商業銀行一行が政府の管理下

に入っていたが98年までにさらに4行が破綻して再建計画に組み込まれた．しかし商業銀行システム全体の中心問題は銀行資産の質の悪化であり，原因の最大のものがバーツ価値の下落であった[16]．

6. 双子の危機・資産デフレ下でのクレジット・クランチ，内需の激減

大量の外貨建て短期資本の引き上げによって，流動性の危機と為替リスクの顕在化による債務超過・自己資本毀損に陥った地場銀行はそれ自体で銀行信用の供給を急減せざるを得ない．また外国銀行から直接にあるいは地場銀行から間接に外貨建て資金を借り入れた現地企業は同様にカレンシー・ミスマッチの顕在化による純資産の低下から銀行借入が拒絶される．あるいは国内の銀行危機が進行すると預金取付けや預金のシフトさらには資本逃避（外貨建て預金増加など）が生じて負債サイドが脆弱化した地場銀行は信用供与を制限する．さらに流動性の危機から派生する金利急騰→資産デフレは企業価値の下落や不良債権の増加を介して銀行信用の減少を導く．これらはいずれもクレジット・クランチの諸形態である[17]．クレジット・クランチは銀行信用の制限から生産，投資・消費活動に収縮をもたらした．

こうして双子の危機はさらにそこから派生する資産デフレは実体経済の危機を生むのである．表4-7は危機4国の在庫投資を除く1998年の実質ベースの内需の前年からの推移をみたものであるが民間設備投資が半減したタイ

表4-7 資本収支危機下の国内需要の激減（1998年）

（実質値，前年比%）

	民間消費	政府消費	粗国内資本形成	GDP
インドネシア	−6.2	−15.4	−39.0	−13.1
タイ	−11.5	3.9	−50.9	−10.5
韓国	−12.5	2.2	−29.6	−5.7
マレーシア	−10.2	−8.9	−43.0	−7.4

出所：ADB, *Key Indicators for Asia and the Pacific* 2010 より作成．

をはじめその減少ぶりは内需の崩壊とも言ってよい状況である．銀行信用の激減＝クレジット・クランチが内需の崩壊に寄与したといってよい．

7. 縮小均衡的・暴力的経常収支の黒字化

資本収支の流入から流出への転換は双子の危機・資産デフレを介して内需の崩壊ともいえる収縮をもたらした．内需の収縮はさらに輸入の激減を通じて経常収支の暴力的な黒字化を一挙に達成し，国際収支（総合収支）の均衡，さらには為替レートの安定化さえも短時間でもたらしたのである．しかしこれは輸出増加が主導する拡大均衡的黒字化ではなく輸入の減少が主導する縮小均衡的黒字化である（表4-8）．

資本流出に起因する為替レートの大幅な減価は価格効果を通じた輸出の増加をもたらさなかった．第一に，近隣の貿易相手国も危機の伝播によって同様に為替レートの暴落の渦中にあった．競争的通貨切り下げ→近隣窮乏化の論理は通用しなかった．第二に，為替レートの減価によって輸出財のための中間財や資本財の価格が大幅に上昇していた．第三に，銀行危機下でのクレジット・クランチから輸出財生産が不可能になった，などである．

輸入は為替レートの大幅減価による輸入財価格の上昇を伴った内需の崩壊

表4-8 アジア危機国の経常収支の縮小均衡的黒字化

	経常収支 (GDP比)		実質GDP成長率	実質為替レートの変化	輸出の変化		輸入の変化		貿易相手国の実質GDP (加重平均)の伸び
					金額(米ドル)	数量	金額(米ドル)	数量	
	1997年	1998年	1998年	1998年	1998年	1998年	1998年	1998年	1998年
タイ	−2.1	12.8	−10.8	−19.3	−8.8	6.5	−33.1	−21.7	0.6
インドネシア	−1.7	4.2	−13.1	−54.7	−11.8	11.2	−22.1	−5.3	0.2
フィリピン	−5.3	2.4	−0.6	−22.2	−8.4	10.1	−21.5	−16.9	1.0
韓国	−1.7	12.7	−6.7	−28.2	−5.0	13.2	−33.2	−22.4	0.8

出所：Ghosh, A., et al. (2002) p. 24. Table4.1 より

から輸入数量の減少によって輸入金額は大幅に減少した．タイ，韓国では30％以上の減少である．輸出は確かに為替レートの大幅減価から輸出数量は増加しているが輸出金額では輸入額と同じく減少している．貿易収支が縮小均衡的に黒字化しているのである．1998年半ばには経常収支も黒字化し，国際収支＝総合収支は均衡化し，為替レートも安定化に向かった．

　経常収支の赤字化から一挙的な黒字化を規定しているのは資本（金融）収支の運動である．その逆では決してない．タイを例に資本流出入の動向を確認しておこう．図4-8の基になった計数をみると，資本流出（ここではその他資本と証券投資に限定）に本格的に転化した97年第2四半期を境にそれ以前1年間では84億ドルの流入超であり，それ以後1年では281億ドルの流出超である．BISの統計による対タイ向けクロスボーダー銀行信用を同時期についてみると以前では89億ドルの債権超であったのに対してそれ以後では233億ドルの回収超になっている．流入から流出へのスイングはそれぞれ，365億ドル，322億ドルとなっている．さらに注目されるのは前後1年

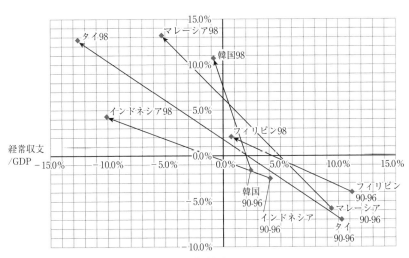

出所：*ADB, Key Indicators for Asid and Pacific* 2010より作成

図4-8　アジア危機5か国の資本フローと経常収支

間の資本流出入額には非対称性がみられ，流出額が流入額の3倍前後になっていることである．97年第2四半期以降の流出額は，それ以前数年にわたって流入してきた累積額が一気に流出したことをうかがわせ，通貨危機や銀行危機の激烈さを裏付けている．これを総括的にみるために図4-8を掲げる．横軸に資本収支対GDP，縦軸に経常収支対GDP比を取り，各国の両者の組み合わせを90-96年平均と98年とについてプロットしたものである．タイを例にとると90-96年平均で資本（金融）収支対GDP比は10.3％の黒字，同じく経常収支は7.0％の赤字だったものが，98年にはそれぞれ，12.6％の資本（金融）収支赤字，12.0％の経常収支黒字に転換している．資本（金融）収支でみて22.6％，経常収支でみて19.0％の大規模なスイングがみられる．

8. アジア金融危機とIMF

(1) IMFの融資条件（コンディショナリティ）

危機に陥ったアジア諸国のうちタイ，インドネシア，韓国の3か国は97年7月から11月にかけて相次いでIMFに融資を要請し，その支援を受けた．融資要請国はIMFとの協議のうえ合意された基本合意書（letter of intent：LOI）をIMF専務理事宛てに提出し，IMFは盛り込まれた政策調整プログラムの実行を融資条件（コンディショナリティ）として世界銀行やアジア開発銀行および二国間支援からなる金融パッケージを作成した．タイ，インドネシア，韓国は8月20日，10月31日，12月3日にそれぞれ初回の基本合意書を提出したが，その後も数次にわたって合意書は提出され，それぞれ99年9月までに9次，03年12月まで22次，韓国は00年7月まで9次にわたって提出した．基本合意書が数次にわたるのは危機の中で政策の変更を余儀なくされたことを反映しているが，特にインドネシアの場合には政策が策定されて実行する条件や意志を欠いていたとの指摘もある．

以下では初回の基本合意書に基づいて，IMFに支援されたプログラム

(IMF-supported program 以下 IMF プログラム）の内容を検討してみよう．

基本合意書は３か国の間で若干の違いはあるが基本的には同一である．

「目的・目標」では①経常収支の改善，②金融セクターの改革

「マクロ経済政策」では①財政政策，②金融政策，③為替政策

「構造改革」では①金融セクター改革，②その他の構造改革

まず，「目的・目標」に掲げている「経常収支の改善」は，1980 年代までの伝統的なコンディショナリティの主要目的である「国際収支の調整」を継承したものあって[18]，そこでの国際収支とは経常収支を指している．何度も既述したようにアジアの場合の国際収支危機ないし通貨危機の背景には資本（金融）収支の大幅なスイングと最終的にはその大量流出（赤字）があることからすると最初の「目的・目標」のひとつから大きな誤算があったといってよい．結果的には，97 年末から 98 年にかけて３か国では経常収支の黒字化が急速に顕現するが，これはプログラムによって意図された結果ではなくて，大量の資本流出，国内のクレジット・クランチ，輸入の収縮を介した縮小均衡的な経常収支の黒字化であった．

この「経常収支の改善」目標は次のマクロ経済政策における財政政策の設定にも表れている．すなわち財政政策の当初のプログラムは３か国いずれも財政の引き締めが計画されていた．しかも財政ポジションの強化を図る理由としては，経常収支の改善，および今後の金融セクター改革コストを予備的に賄うことが挙げられていた．しかし危機の進行のなかで経済不況が顕著になったことから，IMF は政策を転換して財政赤字を容認した．それは 98 年 1 月，インドネシア第２次「基本合意書」（以下同じ），98 年２月，タイ第３次，韓国第２次以降である．

「金融政策」でも引締め政策が基調になったがこの場合は伝統的な経常収支改善が直接的な目的ではなく，次の「為替政策」におけるフロートの容認と結び付けて為替の支持ないし市場に逆らう高金利政策が遂行された．この点に関しては多方面からの批判が浴びせられ，これに対して IMF も弁明ないし反批判で応じ，激しい論争となった．

図4-9をみると,IMFプログラムが導入され7月以降2度に金利引き上げがみられるがこれに対してバーツは12月末まで一貫して減価傾向を示し,金利への感応性は確認できない.ようやく為替レートが反転するのは98年初にかけてであり3月以降やや狭いバンド（幅）のなかで推移している.金利は97年秋にピークを付けその後なだらかに低下しながら再度上昇した後,98年7月以降ほぼ10%ポイント低下している.教科書的には金利上昇は内外資金を金融市場に吸引することが想定されているがその場合は金融市場が正常な時であって,アジア危機の場合のように,流入した資金が基本的には信用リスクの高まりによってパニックに陥っている場合などには妥当しないといってよい.

基本合意書によれば,危機後の為替政策は市場の実勢に委ね,介入をきわめて限定する一方で,自由な資本移動の下で安定的な為替レートを実現するために高金利政策が必須のものとされた.しかし,アジア危機が通貨危機と銀行危機を併発する双子の危機である下では当初から高金利政策が国内の弱体化した銀行部門,企業部門のバランスシートを直撃するという矛盾を抱えていた.

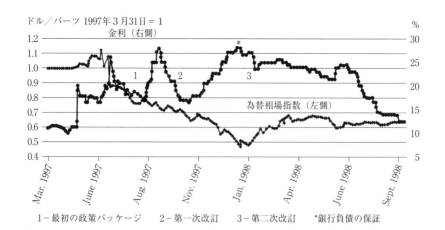

出所：World Bank (1999), p. 83.

図4-9 政策金利への為替レートの反応（タイ）

(2) 資本勘定自由化の下での「最後の貸し手機能」

しかも，危機3国はいずれも資本勘定の自由化の下に金融政策を進めざるを得ない状況になっていた．このことから IMF プランとは異なる政策対応と事態が進行した．

タイをはじめ危機国では，銀行危機，それに伴う預金取付けなどの流動性危機に対応して，中央銀行は軒並み金融セクターへ大量の資金供給＝中央銀行信用を供与していた．引き出された預金＝現金などは，資本勘定が閉じた状態の下では銀行システムに還流していたものが，資本勘定自由化の下では，資本逃避（capital flight）となって海外へ流出する．もちろん為替介入のないフロートの場合には為替減価はいっそう進行する．IMFから供与されたものも含めて対外準備＝外貨が十分の場合には現地通貨売りに対して外貨売り／現地通貨買いで対応し（クリーン・フロートは放棄されている），それだけ中央銀行のベースマネーは減少していた．中央銀行信用は本来であれば，ベースマネーを増加させ，金融緩和に向かうのだが，現金の漏出＝対外準備の減少分だけベースマネーは減少し，マネーマーケット＝短期金融市場金利は上昇に向かったのである．図4-8はこの事態をタイについてみたものである．タイの場合 IMF プログラムが開始された1997年後半でも前半とほぼ同額の中央銀行信用が供与され，97年通年でみれば対外準備が減少しなけれ

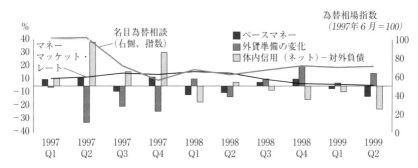

出所：World Bank (2000), p. 31

図 4-10 外貨準備・ベースマネー・短期金利の推移（タイ）

ば，ベースマネーは約2倍に増加したであろうといわれる．しかし実際には，中央銀行信用は対外準備の減少によって相殺され，同年のベースマネーは16％しか増加しなかった．そして短期金融市場金利は，中央銀行信用が大規模に増加したにもかかわらず急騰した．そして1998年になると中央銀行信用がネットで減少した第1四半期後に為替レートは増価し，金利は下落した[19]．ちなみにいえば，ここでも短期市場金利と為替レート逆相関性はみられない．

(3) マレーシアの選択的資本勘定規制

最大危機4国のなかで唯一IMFプログラム傘下に入ることのなかったマレーシアであるが，危機の初期の局面ではその他の危機国に施されたIMF型処方箋と類似の政策パッケージ——金融部門改革を伴う緊縮的な金融・財政政策——が採用された．「IMFなき」IMF政策と称されたが，それを主導したのは当時の副首相兼財務大臣であったアンワール・イブラヒムであった[20]．しかし98年3月までに，これらの政策はマクロ経済および金融部門の安定性の再建には有効ではなく，事実，マクロ経済的，金融的環境は悪化して，実体経済に深刻な打撃をあたえGDPはマイナス成長に転化したと総括され，180度の政策転換が図られた．その政策転換をめぐっては当時のマハティール首相とイブラハム副大臣兼財務大臣との政治的対立が背後にあったといわれるが[21]，それはともかく，金融政策は急速に緩和の方向に転換した．危機の初期の局面では，97年末には8.7％であった政策金利（3か月物・短期金融市場金利への介入金利）をインフレ期待に対処するために98年2月はじめに11.0％に引き上げていたが，98年8月初め10.5％を皮切りに小刻みに98年11月初旬の7％まで6次にわたって急速に引き下げられた．また法定準備率はより多くの資金供給を可能にするため13.5％から4次にわたって引き下げられ98年9月には4％にまでに低下した．

金融緩和をはじめとして政策パケージの大転換を背景にして98年9月1日，マレーシアは為替・資本取引の選択的規制の導入を発表し，翌2日には

マレーシア・リンギットの対ドル（1 ドル＝3.8 リンギット）固定相場制への移行を断行した．主要な規制対象は①非居住者対外勘定を介した非居住者間のリンギット建て金融取引，シンガポールなどオフショア市場に滞留するリンギット預金の無効化，②1年以下の短期資金の流入禁止，③居住者，非居住者によるリンギット資金の輸出入の制限．他方，①外貨で決済されるかぎりでの経常勘定取引，②証券投資およびその他のリンギット建て資産から発生する利子，配当，手数料およびレンタル収入の本国送金，③直接投資にともなう（利潤やキャピタル・ゲインを含む）資金の流出入は規制対象から外された．マレーシアの資本取引・為替取引の規制が選択的である所以である．

こうしたマレーシアの選択規制の目的は大きく2つあって，第1は，通貨（売り）投機の資金源泉を根絶することであり，その手段の中心はリンギットのユーロ（国際）化によるオフショア市場に滞留するリンギット預金の無効化である．第2は，為替レートの安定化を前提に金融政策の自律性を獲得することである．マレーシアの場合は，タイなどと比べて対外資金の流入形態は銀行借入よりも証券投資なかでも株式投資の割合が高かったため現地企業，金融機関は為替リスクよりも高金利の負担のほうが相対的に深刻であったといわれる．したがって資本勘定の選択的規制と金利の引き下げによる国内経済への刺激策が可能になったといえる．

マレーシア政府，なかでもマハティール首相は早くから短期資金フローや通貨投機を規制する国際金融アーキテクチャ（組織）を国際金融界に提唱してきた．また他方で，マハティール首相は通貨投機を目論むハイ・レバレッジ組織（HLIs）であるヘッジファンドを公然と批判し，その頭目とされたソロス（George Soros）と激しい論争を展開した．

(4) 金融セクター改革

アジア危機に対する IMF プランの最大の特徴は金融セクターおよびそれに関連する構造改革を中心に据えたことである．これらは危機の根因が金融

セクターの脆弱性にあったという認識が前提にあった．改革は危機の根因に対処することが意図され，市場の信頼性を回復し，維持可能な成長を持続するための諸条件が設定された．そして具体的には破綻銀行の国有化や資本注入などによる金融システム強化がすすめられた．しかしながら危機時の対応（crisis management）の視点からみた場合，不用意な金融機関閉鎖など性急で安易な断行を危機時の緊急融資のコンディショナリティ化したことは，政策の意図とは逆に市場のパニックや予測しなかった流動性危機をもたらし，銀行危機を悪化させた．これはインドネシアの銀行閉鎖やタイのファイナンス・カンパニー閉鎖の際にみられたことである．たしかにアジア危機国の金融機関の脆弱性が金融危機悪化の原因の一端を担ったことは一面の真理であるが，反面，双子の危機を伴いしかも前例のない資本（金融）収支危機のなかでの金融機関の弱体化はその結果という側面も無視できない．歴史的にはアジア危機の10年後に勃発する世界金融危機のなかでの欧米の金融機関の脆弱性も想起する必要がある．

(5) その他の構造改革

その他の構造改革もアジア危機のIMFプランの特徴である．それはかなり網羅的であり，例えば，韓国のプログラムでは，

①貿易自由化（貿易関連補助金，制限的輸入許可などの廃止）

②資本勘定の自由化（外国金融機関の国内金融機関の吸収合併への参加，外国金融機関による銀行子会社・証券会社設立許可，外国銀行による国内銀行株式の無制限購入，外国人の上場株式所有制限引き上げ，マネーマーケット商品・社債市場への外国人アクセスの緩和，対内直接投資の諸制限の削減，企業による外国からの直接借入の諸制限廃止のタイムテーブルの作成）

③コーポレートガバナンス・企業構造（外部監査，ディスクロジャーの充実，コングロマリットの連結諸表作成を含む一般的に受け入れられた会計慣行に従った会計規準の執行を通じた企業のバランスシートの

透明性の向上，企業金融のリストラクチャリング，企業の銀行借入比率を低減するための資本市場の発展など）

④労働市場改革（雇用調整を弾力化するための新しい雇用保険制度）

②に掲げられた資本勘定の自由化に関しては，IMF（暫定委員会）はタイの通貨危機が発生する直前の 97 年 4 月に IMF 協定を改訂して，これまでの経常勘定の自由化に加えて資本勘定の自由化を IMF の新たな目標とすることに合意し，さらに暫定委員会は 9 月の香港での年次総会で，資本勘定の自由化に関する声明を採択した．この声明は，IMF 理事会に対し協定の改正を正式に要請し，資本勘定の自由化を IMF の公式な目的として導入することを狙ったものであった．しかしこの改正作業は IMF 批判や G24 などの慎重意見などから中断したままである．韓国のケースでは資本勘定の自由化の内容は外国金融機関，外国人投資家に韓国の金融市場・資本市場への参入が勧奨され，誰にとっての自由化なのかは明らかである．さらに，コーポレートガバナンス，企業構造さらには労働市場の改革に関しても，資本市場の発展が謳われていることからも窺われるように株式市場に支えられた米英型の企業構造，労働市場への転換が求められている．アジア危機に対する IMF の対応が批判者からはイデオロギー的には新自由主義的（Neo-liberalism）なワシントン・コンセンサス，あるいはワシントン - （米）財務省 - ウォール・ストリート複合体[22]といわれる所以である．

注

1) World Bank（1999）p. 70.
2) 中央銀行からの不振ないし破綻金融機関への資金供与は具体的にはその別働隊でもある金融機関開発基金（Financial Institutions Development Fund）によって担われた．この点に関しては *The Nukul Commission Report*, 1998, Chapter 5 を参照．
3) 双子の危機に関しては Kaminsky and Reinhart（1996）を参照．それによると，1970-95 年，20 か国のサンプルでは銀行危機の 55％は 3 年以内に通貨危機が後続したのに対して，通貨危機に同様な間隔で銀行危機が後続したのは 12％にすぎなかったといわれる．

4) 吉富勝，大野健一 (1999)，10-13 ページ．
5) 吉富は現地銀行の対外債務における外貨建て・短期債務であることをカレンシー・ミスマッチとマチュリティ・ミスマッチのダブル・ミスマッチとして定式化している (吉富 (2003)，50-52 ページ)．
6) Sheng, A. (2009), p. 136.
7) Sheng, A. (2009) pp. 169-171.
8) Sheng. A. (2009), pp. 242-243.
9) 結果論であるが表4-4の各国対ドル為替レートの変動率は概して低い．対して，円の対ドルレートの変動率はこの中では最も高い．
10) BIS (2002) "Determinant of international bank lending to emerging market countries," *Working Papers*, No. 112.
11) Sheng, A. (2009) p. 148.
12) タイ中央銀行の立場からすると，スワップ取引は①簿外取引であるため市場や公衆から外貨準備の減少実態を遮断する．②投機家のバーツ売りを不胎化してバーツ金利の上昇の影響を軽減するなどのメリットを有していた反面，本文で示したようにバーツ資金の供給機会を増加させるというデメットも持っていた．Nukul Commission (1998) paras. 105-117.
13) Sheng, A. (2009) pp. 208-209, Table, 8.10-8.11.
14) Siamwalla, A. (2000) p. 7.
15) *Ibid.*, p. 10.
16) *Ibid.*, p. 7.
17) Ding, W., et al. (1998) "Is there a Credit Crunch in East Asia?", *Policy Research Working Paper* 1959. DC：World Bank.
18) Polak, J. (1991) "The Changing Nature of IMF Conditionality", *Essays in International Finamce*, No. 184, Sep.
19) World Bank (2000), pp. 30-31.
20) Tourres, M.-A. (2003) p. 75.
21) Sheng, A. (2009), p. 213.
22) Wade, R., et al. (1998), Stiglitz, J. (2002), 鈴木主税訳 (2002)．

第5章

世界金融危機
― シャドーバンキング・証券化・ドル不足 ―

はじめに

　グリーンスパンから連銀議長を引き継いだ，バーナンキは「金融危機調査委員会（FCIC）」[1)]非公開会議（2009年11月17日）で次のように証言している．

> 大恐慌の研究者として，正直に申しあげれば，2008年9月・10月は大恐慌をふくめて世界史上最悪の金融危機だったと考えています．その時期に苦境に立たされた金融機関をみなさんが精査したならば，……合衆国の最も重要な13行のうち，破綻の危機に瀕していなかったのはただ1行だった，すなわち12行はその時期，1，2週間以内に支払不能に陥る危険に瀕していた（ことに気づくであろう）[2)]．

　2007年夏から2009年春まで続いた金融危機のなかで，2008年9月15日の投資銀行リーマン・ブラザース（以下リーマン）の破産宣言（破産法チャプター11の申請），同週のメリル・リンチ（以下メリル）の商業銀行バンク・オブ・アメリカ（以下バンカメ）による買収，それに前後して世界最大の保険会社AIG（American International Group）の米政府による救済など最大の金融パニックを回顧した発言である．

　当初，2006年から2007年初めにかけては住宅ローンの一部である信用力の劣る借り手へのサブプライム・ローン（以下SPL）問題として顕在化した金融危機が米国金融システムの中枢であるウォール街の最大の投資銀行や

大手商業銀行のほとんど全行を破綻の危機＝銀行恐慌までに陥れたのはなぜか？SPL問題が単なるローカルな住宅ローンの不良債権問題ではなくセキュリタイゼーション（証券化）やディリバティブ（金融派生商品）が組み込まれていた「仕組み債」であることはよく知られている．そこでは各種のリスクが集中されるのではなく，分散されることが喧伝されていたのではないか？しかし事実は，巨大な金融機関にリスクが集中し，ほとんど全行を破綻に導いたのはどのようなメカニズムによってなのか？さらに米国の金融中枢部を震源地とした金融恐慌はほぼ同時に欧州の銀行破綻を連鎖的に導き，さらには米連銀対各国中央銀行間のスワップ網がほぼ全世界に敷かれた．このように2000年代後半の金融危機は文字どおりグローバルな性格をもつ世界金融恐慌だといってよいであろう．その特徴はどこにあったのか？

1. 規制緩和・シャドーバンキング・金融コングロマリット

2000年代初頭からの信用ブームにおいて，証券化とともに注目された金融システムにシャドーバンキングがある．伝統的な商業銀行や貯蓄金融機関など預金受入機関と異なって規制が緩いないし存在しないという意味でシャドーバンキングと称され，またパラレルバンキングと呼ばれることもある（図5-1）[3]．シャドーバンキングが証券化ブームを主に資金調達面から支え，のちには金融システムの脆弱性を顕在化させる導管にもなった．

シャドーバンキングの発展の背景には1970年代以降の米国金融システムの規制緩和がある．戦後の金融システムの規制体系を規定したのはニューディール期の1933年銀行法（グラス・スティーガル法―以下G&S法と略す．商業銀行業務と投資銀行業務の分離を規定している．）である[4]．そのなかで連邦預金保険公社（FDIC）の設立を求め，同公社は当初，銀行預金の上限2,500ドルを保証した（上限はその後，1980年には10万ドル，リーマン・ショック後の2008年10月には25万ドルにそれぞれ引き上げられた）．それといわば引き換えに，預金獲得をめぐる過当競争によって制度の健全性

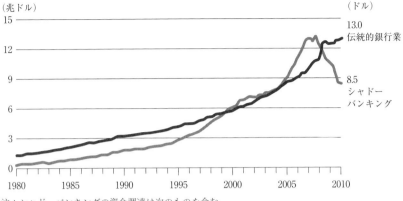

注:シャドーバンキングの資金調達は次のものを含む．
　　コマーシャル・ペーパー (CP), その他の短期証券 (バンク・アクセプタンス (BA)), レポ, 証券貸借のネット借入, ABS 発行体の負債, MMFs の資産．
出所:FCIC (2011), p.32.

図 5-1 伝統的銀行業とシャドーバンキング・システム

を毀損させないという目的でレギュレーション Q として知られる預金金利の上限規制が導入された[5]．1960 年代半ばまでは，例外的な時期をのぞいて市場金利は規制された預金金利を上回ることはなかったが，1960 年代後半に入るとインフレが昂進し，市場金利は上昇しはじめた．例えば，銀行間のオーバーナイト金利は 1980 年以前では，6％を上回ることはまれであったが 1980 年には同金利は 20％にも達した．しかしながら銀行や貯蓄金融機関はレギュレーション Q のためほとんどの種類の預金に対して上限金利 6％しか提供できなかった．資金の預金受入機関からの流出を意味するディスインターメディエーションのはじまりである．

　一方，1970 年代に入ると，とくに株式取引手数料が自由化した 1975 年以降，メリルや投資信託会社フィデリティなどは流出した預金者の資金を財務省証券や高格付けの社債など短期で安全な証券に投資する投資信託の一種である MMFs（マネー・マーケット・ミューチュアル・ファンド）を創設した．特に，メリル・リンチが導入した CMA（キャッシュ・マネージメント・アカント）は顧客による小切手の振出を可能にして限りなく銀行当座預

金に類似した金融商品となった．

MMFs はシャドーバンキングの主要な地位を占めて，ブームとなり，その資産額は 1977 年の 30 億ドルから 1995 年には 7,400 億ドル，2000 年にはすでに 1 兆 8,000 億ドルにも達していた（図 5-2）．MMFs は銀行や貯蓄金融機関との競争を維持するためにも投資対象として安全で高格付け資産を必要とし，2 つの短期金融市場を発展させた．コマーシャル・ペーパー（CP）市場とレポ市場である．

CP は無担保の短期（1 日〜90 日）社債であり，いわば無担保の約束手形であるから財務的に優良な企業のみ発行可能である．CP の歴史は 20 世紀初頭から始まるが，本格的に発展するのは 1960 年代に入ってからである．しかも CP 市場は危機に直面した場合には証券市場が「取付け」に弱いことを経験している．1970 年には非金融企業全米 6 位のペン・セントラルが CP 残高 2 億ドルをかかえて破産し，CP 市場のロールオーバー（借り換え）が麻痺し，事実上，市場は消滅した．ペン・セントラル危機以降，CP 発行者は，借り換え不能にそなえて取引銀行にクレジット・ラインを設定するのが

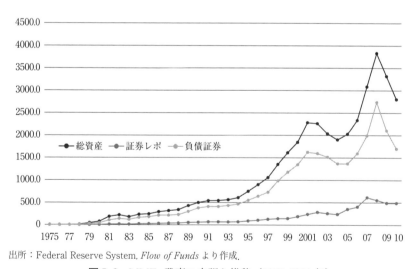

出所：Federal Reserve System, *Flow of Funds* より作成．

図 5-2 MMFs 残高の内訳と推移（1975-2010 年）

普通になっていた．CP市場は1970年代に4倍に拡大し，1980年には1,250億ドルとなっていたが，2000年までに1兆6,000億ドルにまで増大していた．CPの最大の買い手＝投資家はMMFsである．2000年代に入ると証券化の受け皿になるCP市場のなかからABCP（資産担保コマーシャル・ペーパー）市場のブームを生み出すことになる（図5-3）．

投資銀行じたいをシャドーバンキングと規定する見解があるが，その主要な根拠はその資金調達を短期金融市場，特にレポ市場へ依存していることにある（図5-4）．レポ市場もCP市場と同様，長い歴史を有しているが，急速に膨張するのは1970年代以降である．ウォール街の証券業者は銀行や投資家に財務省証券など低利回り証券を販売するが，一方で販売証券の手取金をより高利回り証券に投資して利ザヤを稼ぐ．証券ディーラーは買い戻し条件付で証券を売却するのであり，販売から買い戻し期間（1日～90日）まで資金を調達しているのである．この取引は本質的に担保付のローンであるので，担保価値に掛目分だけの資金が調達されることになる．したがって，担

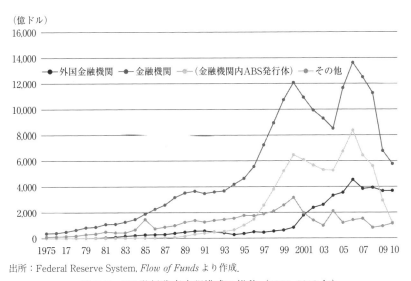

出所：Federal Reserve System, *Flow of Funds* より作成．

図 5-3 CP発行残高内訳構成の推移（1975-2010年）

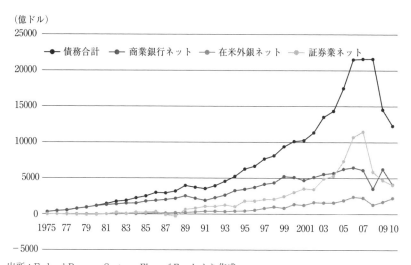
出所:Federal Reserve System, *Flow of Funds* より作成.
図 5-4 フェデラル・ファンドとレポ残高の内訳推移 (1975-2010 年)

保証券の変動(下落)によっては追い証を要求される場合もある.またレポは CP 同様,頻繁に借り換えを繰り返すのでリスクの高い短期の資金源泉である.

また 1982 年大手の証券業者 2 社がレポ債務のデフォルトを引き起こし,貸し手に損失をもたらした.これを契機に,レポの借り手と貸し手の間に大手の清算銀行が資金と証券の預託者として介入する資金と証券のトライ・パーティー・レポが主流になっている.証券業者のレポ市場での借入額をネットでみると,1980 年代はほぼ均衡していてゼロで推移したのに対して,1990 年代にプラスに転じ,2000 年には 3,000 億ドル,ピークの 2007 年には 1 兆 2,000 億ドルに達し,その後急落して 3,960 億ドルに収縮した.

以上のように MMFs,CP,レポ市場などのシャドーバンキングの発展は 1980 年代から急速に発展し,伝統的な商業銀行,貯蓄金融機関の地位を脅かすことになる.もちろん商業銀行サイドからも CD(譲渡性預金)の導入(1961 年)やユーロダラー(1966 年),預金金利の自由化(1986 年)によっ

て対抗する[6]．そして商業銀行業務と投資銀行業務の分離を規定したG&S法の撤廃が1980年半ば以来の大手商業銀行の念願であった．1999年11月に成立したグラム・リーチ・ブライリー法（GLBA）はこの念願の達成を意味した．同時に，証券業者サイドからの支持を企図して，大手商業銀行は投資銀行の金融会社や貯蓄金融機関への参入を容認した．

　GLBA下では銀行業，証券業，保険業内部の集中と業種間の統合が促進された．シティグループ（以下シティ），JPモルガン・チェース，バンカメなどの銀行を中核とした金融持株会社が五大投資銀行，すなわち，ゴールドマン・サックス，モルガン・スタンレー，メリル，リーマン，ベア・スターンズと，証券化，株式，債券の引受，シンジケートローン，店頭ディリバティブの各市場で直接に競争できるようになった．大手銀行持株会社は投資銀行業の主要なプレーヤーとなった．しかも，大手の商業銀行およびその持株会社の戦略は投資銀行の戦略にますます同質化したのである．

2．証券化とSPL（サブプライム・ローン）問題

　2007年以降の金融危機は，当初米国の信用力の劣る借り手への住宅ローン，いわゆるSPL問題として話題となっていたが，8月9日のパリバ・ショック以降になるとSPLは金融危機の引き金であっても，原因ではないという見解が定着しつつあったように思われる．また当初からSPLは単なる住宅ローンの不良債権問題ではなく，証券化と結びついた問題として議論されていた．しかし歴史的には証券化とSPLはその起源を異にしており，一定の時期に両者は結合し，特に2000年代に入ると両者は相互促進的に発展するのである．

　証券化が最初に出現したのは1970年，政府機関ジニーメイ（GNMA：連邦政府全国抵当金庫）が住宅ローン債権をプールして，それを裏付けに証券を発行した時である．その際，同金庫は投資家への元本と利子の支払いを保証していた．それにつづいて連邦政府関連機関（GSE）であるフレディマッ

ク（Freddie Mac：連邦住宅貸付抵当公社，1971 年），ファニーメイ（Fannie Mae：連邦住宅抵当金庫，1981 年）が証券化市場に参入した．1980 年代をとおして 2 つの GSE（Government Sponsored Enterprises）が固定金利の住宅ローン債権の証券化市場をほぼ独占する一方で，1980 年代半ば以降では，変動金利や GSE の購入基準に適合しない住宅ローン債権の証券化が民間の金融機関，投資銀行，商業銀行証券子会社などによって開始された．さらに証券化の対象となる資産は，リース，クレジット・カード，自動車ローン，学生向け奨学ローンなどに拡大された（図 5-5）．民間の金融機関による証券化市場は開始から 16 年たった 1999 年までに，政府機関および政府関連機関合計 3 社の資産担保証券（ABS）の残高を凌駕して 9,000 億ドルになった．担保債権別の内訳は自動車ローン 1,140 億ドル，クレジット・カード 2,500 億ドル，そして約 1,500 億ドルの ABS が政府関連機関 2 社の証券化に不適格な住宅ローン債権であった．その多くは SPL であった．

一方，SPL 市場は 1980 年初頭，おもに消費者金融会社や貯蓄貸付組合の

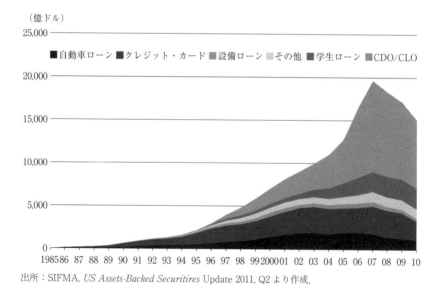

出所：SIFMA, *US Assets-Backed Securitires* Update 2011, Q2 より作成．

図 5-5 証券化商品（ABS）の構成と残高（1985-2010 年）

なかから，何らかの理由で信用履歴に瑕疵のある借り手に対する住宅担保ローンを専業とする SPL レンダーが現れていた．当初，銀行は参入の意思はなかったが，SPL は社会的にも認知されていた．1990 年代に入ると，住宅ローン会社の他に銀行，投資銀行が SPL の証券化を開始した．そして，その証券化を刺激したのは，1980 年代末に生じた貯蓄貸付金融機関（S&L）の金融危機を契機に設立された RTC（整理信託公社）が，破産した S&L の資産を売却する過程で証券化を進めたことである．特に，RTC は政府関連住宅金融機関の保証に適合しない資産の証券化市場を拡大することになった．

さらに SPL の証券化の転機となったのは，1990 年代末，ロシア債務危機やロングターム・キャピタル・マネージメント（LTCM）の破綻によって信用市場が混乱し，その影響が SPL 証券化市場へも及んだことである．ロシア危機後の 2 年間でサブプライム専業者上位 10 社のうち 8 社が破産し，解散するかより強力な業者に売却された．この過程で SPL 業者の再編成が生じ，アメリクエスト，ワシントン・ミューチュアルの最大手 2 社とシティグループや HSBC（香港上海銀行）の系列化が進んだ．SPL 市場は一時後退して，1998 年の発行額 1,350 億ドル 2000 年には 1,000 億ドルに減少した．しかし 2000 年代に入ると SPL と証券化は急膨張を開始する（図 5-6）．

3. 証券化過程と金融機関

SPL を含む住宅ローン債権の証券化は，住宅ローンを供与するオリジネーションから購入した住宅ローン債権の資産担保証券（ABS）への組成，ABS の投資家への販売の一連の過程からなる．ABS の再証券化でもある債務担保証券（CDO）が含まれる場合にはこの過程の連鎖は長くなる．この一連の過程は様々な金融機関に担われ，資金調達面からは様々な金融市場ごとに短期金融市場によって支えられている．

実際に 2006 年 9 月にシティグループによって組成された SPL の証券化を FCIC（金融危機調査委員会）によって報告された例（CMLTI 2006-NC2）

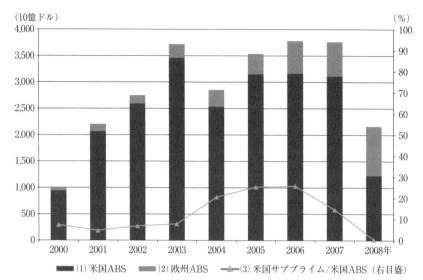

出所：BIS (2009) p.20. Groph II.2 の原数字より作成．

図 5-6 米欧 ABS と米国サブプライム・ローン

に拠りながら説明してみよう（表 5-1）[7]．

このケースはカリフォルニアを本拠とする住宅ローン専業者，最大手のニューセンチュリーが住宅ローンのオリジネーションを行い，4,499 件の SPL をシティグループに販売した．シティは自らがスポンサーになるトラスト法人にそれら債権を売却した．同法人は同債権を保有しそれを裏付けに証券，すなわち ABS を発行した．トラストは法的な独立した主体＝法人として組成され，住宅ローン債権はシティのバランスシートから切り離される．組成された ABS は住宅ローンの借り手から支払の資金フローの優先・劣後構造におうじて 19 のトランシェ（部分）として発行された．優先度の高い部分はシニア・トランシェと呼ばれ，ふつう格付け会社から高い格付けが与えられ，このケースでは 4 つのトランシェに対して S&P，ムーディーズ（Moody's）などから最上級のトリプル A が与えられている．シニア・トランシェにつづくトランシェは支払の安全性が最高なものとリスクが最も高い

表5-1　実際のABSとその投資家

	トランシェ	当初の残高（万ドル）	当初の格付け	スプレッド	抽出された投資家
シニア 78%	A1	15,460	AAA	0.14%	ファニーメイ
	A2-A	28,170	AAA	0.04%	チェース・セキュリティ・レンディング・アセット 中国の投資ファンド1社 投資ファンド6社
	A2-B	28,240	AAA	0.06%	FHLバンク・オブ・シカゴ ドイツ，イタリア，フランスの銀行1行 投資ファンド11社 個人投資家3名
	A2-C	1,830	AAA	0.24%	米国，ドイツの銀行各1行
メザニン 21%	M-1	3,930	AA+	0.29%	投資ファンド1社 イタリアの銀行2行 チェイン・ファイナンス・リミティッド（SIV） アセット・マネジャー3名
	M-2	4,400	AA	0.31%	パーベスト・ABS・Euribor アセット・マネジャー4名 中国の銀行1行 CDO1体
	M-3	1,420	AA−	0.34%	CDO2体，アセット・マネジャー1名
	M-4	1,610	A+	0.39%	CDO1体，ヘッジファンド1社
	M-5	1,660	A	0.40%	CDO2体
	M-6	1,090	A−	0.46%	CDO3体
	M-7	990	BBB+	0.70%	CDO3体
	M-8	850	BBB	0.80%	CDS2体，銀行1行
	M-9	1,180	BBB−	1.50%	CDO5体，アセット・マネージャー2名
	M-10	1,370	BB+	2.50%	CDS3体，アセット・マネジャー1名
	M-11	1,090	BB	2.50%	不明
エクイティ 1%	CE	1,330	格付けなし		シティ，キャップ・ファイナンシャル・グループ

注：実際のABSはCMLTI　2006−NC2．本文参照．
出所：FCIC（2011），p.116．ただし変更あり．

最劣後の間という意味でメザニンと呼ばれ，このケースでは 11 のトランシェから成っている．最後に残されたトランシェが「エクイティ」，「残余」「ファースト・ロス」トランシェといわれるものである．その他のトランシェが支払われた残りから支払が始まり，プールされた住宅ローン債権のデフォルト（債務不履行）から最初に損失を被る．ハイリスクの代償として高利回りの「仕組み債」となっている．最後のトランシェは格付けがなく，シティとヘッジファンドがそれぞれ半分を保有している．

　以上のような ABS のいわゆる優先劣後の構造は，ジニーメイやフレディマックなど政府系住宅金融機関による初期の住宅ローン債権の証券化の仕組みを受け継いだものであり，トランシェの構造が二層化から三層化した点を除けば大差はない．

　しかし，証券化過程の資金調達や投資家層に目を転じると，2000 年代，特に 2004 年以降のブーム期の特徴があらわれ，金融危機に結びつく諸要因が明らかになる．

　まず，ABS の投資家層に目を転じよう．

　全体の 78% を占めるトリプル A トランシェの 1 億 5,500 万ドルはファニーメイによって購入され，残りの 5 億 8,200 万ドルは世界中からの 20 以上の機関投資家，銀行などが投資している．海外からはドイツ，フランス，イタリア，中国の銀行やファンドが主要なものである．米国国内からは年金基金の他に，JP モルガンの証券貸借部門（CSLM）からの投資が含まれている．この部門は顧客からの預かり証券を貸し出し，担保として受け取った現金で投資に振り向けているのであり，その資金は回転率の高い短期性のものである．

　メザニンは全体の 21% であるが，最も注目されるのは債務担保証券（CDO）発行体による投資額が多いことである．トリプル A 格を下回るトランシェのほとんどが，ダブル A 格を下回る場合にはほとんど全てが CDO 発行体によって購入されている．さらにメザニン M1 に投資しているチェイン・ファイナンス・リミティッドはロンドンを拠点にするヘッジファンドが

管理する仕組債の投資ヴィークル（SIV）である．また同じく M2 に投資しているパーベスト・ABS・ユリボールはフランス大手銀行 BNP パリバ傘下の投資ファンドである．奇しくも前者は自ら発行する CP の債務不履行により，SIV 最初の破綻例となり，後者は受益証券の償還不能によるファンドの閉鎖に追い込まれ（いわゆるパリバ・ショック），2007 年夏からの金融危機のグローバル化の引き金を引くことになる．

　つぎに，証券化の全体の過程，すなわちローンのオリジネーション，販売，ABS の組成，販売，CDO の組成，販売，さらには投資家の資金調達までを金融市場とのかかわりでみてみよう．証券化とシャドーバンキングとが交差する局面であり，金融危機が発生・展開する契機を探ることになる．

　住宅ローンのオリジネーションは，例示したケースのように専業の住宅ローン専業者の他に商業銀行，投資銀行が担うケースがあるが，商業銀行の場合以外はその金融は CP やレポ市場に依存するのが一般的である．商業銀行の場合も，資本比率規制の関係から CP 市場を多用している．オリジネーションからローンの販売期間までの「在庫」金融も同様に短期金融市場に依存する．ABS のアンダーライター，およびその「在庫」金融も同様である．この過程は大手商業銀行の場合は金融持株会社傘下の投資銀行部門が担い，レポ市場に依存するケースが多い．さらに ABS の投資家になる CDO の資金調達は CP 市場に依存し，その場合は CDO を裏付けとした ABCP となる．またその際には商業銀行が ABCP の流動性を保証するために，すなわち CP の販売が不可能なときには CDO を買い取ることになる「流動性プット」を行使する場合が多い．以上の資金循環・資産転換の一連の連鎖は最後には ABCP の購入者が MMFs によって担われる場合もある．

　ベア・スターンズやリーマンが証券化に参入した場合は「垂直統合」型，すなわちローンのオリジネーションから ABS の組成・販売，CDO の組成・販売までを徹底して CP，レポ，MMFs などの短期金融市場に依存したビジネス・モデルとなっていた．

4. 世界金融危機の発現・展開

(1) 住宅バブルの崩壊と米国投資銀行

住宅バブルの崩壊の兆しはすでに 2006 年末から始まっていた．住宅価格は 2006 年のピークから 2007 年半ばまでに約 4%下落した．2006 年前半に発行された MBS に関する信用度を示す CDS（Credit Default Swap：クレジット・デフォルト・スワップ）の指数 ABX は 2006 年に 1.5%下落し，さらに同指数は 12 月，3%下落した．2007 年にはいると SPL 関連のトラブルが表面化してくる．1 月，住宅ローン専業者のネットワークは資金調達を停止した．2 月同じくニューセンチュリーの住宅ローン関連の損失が予想を上回った．最大の SPL 業者ともいわれた HSBC は 18 億ドルの損失引当金を計上した．3 月に入ると同じくフレモントが SPL 業務を停止した（表 5-2）．

投資銀行のレベルでも SEC のレベルでも 2007 年初めまでには SPL ビジネス・モデルの終焉と破綻が認識され始めていた．しかし SPL 市場の悪化が金融システムに与える影響に関しては依然として楽観論が主流であった．バーナンキは「サブプライム市場問題のより広範な経済や金融市場への影響は限定的であるように思われる」(下院合同経済委員会，3 月 28 日)[8]．また財務長官 H. ポールソンは「経済全体の観点からすると，われわれは SPL 市場の劣化を注視しているが，結論からいえば，それは抑制できるだろう」(下院予算委員会，3 月 28 日)[9]．

しかし 2007 年夏に入ると，SPL 関連の ABS の損失が米国だけではなく外国，特に欧州の金融機関から顕在化する．6 月，投資銀行ベア・スターンズ傘下のヘッジファンドが SPL 関連の ABS で巨額な損失を被り，そのうち 1 社が清算に追い込まれる．7 月末から 8 月はじめにかけてドイツの金融機関 IKB が SPL 関連の損失を公表し，同社の主要株主である KfW が SPL 証券を組み込んだ ABCP に対する流動性の供給をおこなう．ABCP の発行，借換え困難からそれに替わって親会社ないしスポンサー金融機関が流動性を

第5章 世界金融危機

表 5-2 世界金融危機に関する主要な出来事

2006 年	
11 月	2006 年前半に発行された MBS の CDS に関する指数 ABX1.5%下落.
12 月	ABX 指数 3%下落.
2007 年	
1 月	住宅ローン専業機関ネットワークが資金調達停止を発表.
2 月	ニューセンチュリー，住宅ローン債権に関する損失予想外に多いと発表. 米最大の SPL 業者 HSBC，損失引当金を 18 億ドル増加したことを公表.
3 月	フレモント，SPL 業務を停止.
4 月	ニューセンチュリー，破産宣言.
6 月 14 日〜22 日	ベア・スターンズ傘下のヘッジファンド 2 社，SPL 関連の ABS に巨額の損失のうわさ．のちに，1 社は資金投入によって存続し，他社は清算の予定であることが判明.
7 月 30 日〜8 月 1 日	ドイツの IKB，SPL 関連の損失を通告．同社の主要株主である KfW は SPL 関連商品を組み込んだ ABCP に対する流動性の供給を引き受ける.
8 月 9 日	BNP パリバ傘下の投資ファンド 3 社，投資証券の評価不可能を理由に買戻しを凍結．ABCP の発行体，CP の借り換え問題に直面し，住宅ローン債権問題が銀行間資金市場に波及したことを示す.
8 月 9 日〜10 日	ECB，銀行間市場に 950 億ユーロのオーバーナイト資金を注入．中央銀行の一連の異例の行動の開始となる．FRB も同様に 380 億ドルを注入.
9 月 13 日〜17 日	英国，住宅金融機関であるノーザン・ロック，流動性問題から取付けに発展．英財務省が預金の保証を表明.
9 月 18 日〜11 月 4 日	大手金融機関による，四半期ベースの損失および償却がくりかえし公表される.
10 月 11 日〜23 日	ムーディーズ，2006 年に発行された SPL 証券約 2,500 銘柄を格下げする．S&P も追随し，さらに CDO の格下げもおこなう．同週にムーディーズも CDO370 億ドルを格下げする.
10 月 24 日〜11 月 5 日	モノラインなどの住宅ローン専業の保険会社，第 3 四半期の損失を公表．格付け会社フィッチは特定のモノラインのトリプル A からの降格を検討中であると公表.
12 月 12 日	5 大通貨圏の中央銀行は米ドルのスワップ網の設定を含めて短期金融市場の緊張に協力して対処することを公表.
2008 年	
3 月 16 日	JP モルガン・チェース，米当局の仲介によってベア・スターンズを買収することで合意.
6 月 4 日	ムーディーズ，S&P はモノライン MBIA と Ambac の格下げをおこなう．これらのモノラインによって保証された証券の評価損にかんする懸念が再燃する.
7 月 13 日	米当局はファニーメイ，フレディマックの政府関連住宅金融機関 2 社に対して株式購入を含む支援計画を公表.
7 月 15 日	米 SEC は「空売り」の制限を発表.
9 月 7 日	ファニーメイ，フレディマックを政府の管理下に入る.

9月15日	リーマン・ブラザース,破産法(チャピター11)を申請.
9月16日	大手MMFのリザーブ・プライマリー額面割れに陥り,ファンドの償還請求の引き金となる.米政府,最大の保険会社AIGの救済に着手.
9月18日	中央銀行は協力して米ドル調達市場の逼迫に対処するため,新規に1,600億ドルのスワップ網を設定する.英政府は金融株式の空売りの規制.
9月19日	米財務省はMMFの一時的保証を発表.SECは金融株式の空売り禁止を発表.銀行バランスシートから不良資産を除去するため7,000億ドルを投入する財務省案が浮上.
9月25日	米当局は米最大の貯蓄金融機関であるワシントン・ミューチュアルを支配下に.
9月29日	英住宅金融機関ブラッドフォード&ビングレーが国有化される.銀行・保険会社デクサ,欧州3か国から資本注入を受ける.アイルランド政府,アイルランドの銀行6行の預金,カバード・ボンド,劣後債務すべての保証を発表.つづく数週間に,その他の政府も同様な構想をうちだす.
10月3日	米議会,改訂されたTARP(不良資産買取り計画)を可決.
10月8日	主要中央銀行,政策金利の引き下げを一致しておこなう.英当局,英銀行への資本注入を含む包括的救済構想を公表.
10月13日	主要中央銀行,貨幣市場の緊張を緩和するため米ドル資金を無制限に供与することを共同声明.ユーロ域政府はシステム全体にわたる銀行の資本増強を保証.米財務省が大手9銀行の株式購入に1,250億ドルを投入する計画が公表される.
10月28日	ハンガリー,資本の流出を阻止し,通貨売り圧力を緩和する目的で,IMFおよびその他の多国籍機関から250億ドルの支援を受ける.
10月29日	長引く米ドル資金の世界的な逼迫に対処するため米連銀はブラジル,韓国,メキシコ,シンガポールの金融当局とスワップ網を設定することで合意.
11月15日	G20諸国,世界経済の再建および世界の金融システムの改革のために協力を強化することを公約.
11月25日	米連銀,消費者ローンおよびスモール・ビジネス・ローン証券のための貸出を増強する制度に2,000億ドルを設定.さらに政府系住宅金融公社の発行する債券およびMBSの購入のため5,000億ドルまでを割り当て.

2009年

1月16日	アイルランド政府,アングロ・アイリッシュ銀行を支配下へ.2008年11月にシティグループのケースで採用された方法を踏襲して,米当局は優先株保有と問題債権の保証をとおしてバンカメ支援で合意.
1月19日	広範な金融救済構想の一部として,英当局はロイヤル・バンク・オブ・スコットランドの持分を増加.つづく数日間に,同様な処置がその他政府当局によって採用される.
2月10日	米当局,金融部門のための新しい包括的支援計画を提示.同計画には問題債権の買い上げのために1兆ドルを投入する公的・私的投資計画(PPIP)が含まれる.
2月10日	G7の財務相,中央銀行総裁が成長と雇用の支援および金融部門強化のための広範な政策手段を行使することを再確認.

3月5日	イングランド銀行，向こう3か月間にわたり民間部門資産および政府債の買い切りを目的とした約1,000億ドルの投資計画を開始．
3月18日	米連銀，向こう6か月間にわたり，3,000億ドルを上限とした長期財務省証券の購入計画を発表．また政府系住宅金融機関への投資計画を最大限に拡大．
3月23日	米当局，2月に提示したPPIPについての詳細を公表．
4月2日	G20サミットで以下の内容のコミュニケを発表．各国政府は，金融システム強化のための諸方策を含む信頼と成長の再建で協力して取り組むことを約束．
4月6日	米連邦公開市場委員会（FOMC）は，イングランド銀行，ECB，日本銀行，スイス国立銀行との外貨スワップ網を公認．
4月24日	米連銀，最大19行の金融機関の財務的健全評価のために実施されたストレステストの詳細の公開．ほとんどの銀行が資本充実に必要な額を大幅に上回る資本水準を有していると言明．
5月7日	ECB政策評議会，ユーロ・システムは原則としてユーロ建てカバード・ボンドを今後，購入することを決定．

出所：BIS, *Annual Report*, 2008年, 2009年度版などより作成．

供給する．そしてABCP発行体の保有する証券を引き取るパターンは以後，顕著になる．つづいて，8月9日，フランスのBNPパリバ傘下の投資ファンド3社が投資証券の（市場）評価不能を理由にファンドの償還を停止する．いわゆるパリバ・ショックである．8月初旬の2つの事件は，国際金融市場に最初の衝撃をあたえる．まず，直接的には，ABSを組み込んだABCPの発行，借換えが停止する．証券化を支えた主要な市場の麻痺である．BISの資料によると，ABCP残高は2007年8月10日の1兆2,200億ドルをピークにわずか1か月足らずで2,200億ドル，18％減少した．年末には7,700億ドルとなりピーク時からの実に4,500億ドル，37％の減少である（図5-7）．

ABCP市場の収縮は，銀行間市場の資金逼迫，金利上昇へ波及して，以後，金融危機が進行する背景を形成することになった．直後の8月9日から10日にかけて欧州中央銀行（ECB）は銀行間市場に950億ユーロのオーバーナイト資金を供給し，以後一連の緊急時の政策行動の先駆けとなった．米連銀も同様に380億ドルを金融市場に投入した．

2007年秋に入ると，大手金融機関は損失や償却を公表しはじめる．そのルートは，親会社ないしスポンサー企業となっていた金融機関がMMFsや

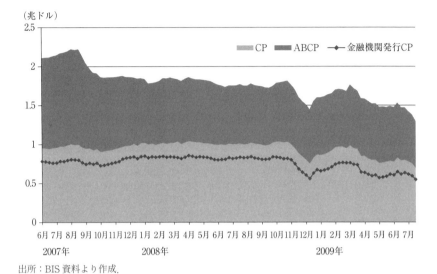

出所：BIS 資料より作成．

図 5-7 CP 残高と構成（ABCP・その他 CP（うち金融機関発行））

ABCP に対して資金を供給すると同時に，それらの問題資産を自らのバランスシートに引き取り，損失を顕在化させた．なかでも，シティ，メリルはおもに CDO 業務から巨額な損失を出し，年末までにそれぞれ総額 2,380 億ドル，2,470 億ドルの償却をおこなった．額はそれを下回るが，バンカメ（97 億ドル），モルガン・スタンレー（103 億ドル），JP モルガン（53 億ドル），ベア・スターンズ（26 億ドル）など大手金融機関は軒並み損失を計上した．くわえて，保険会社，ヘッジファンド，その他金融機関は住宅ローン関連で合計 1,000 億ドルの損失をだした．

巨額な損失の償却はこれら金融機関の資本，および現金準備を毀損させた．市場参加者は金融機関間の健全性に関する選別をはじめた．ベア・スターンズやリーマンは「疑惑」のリストの最上位にあがってきた．2007 年末までの信用力を市場が判定する CDS 市場で期間 5 年の債務不履行に対する保証料は各 1,000 万ドルに対して 17 万 6,000 ドル，11 万 9,000 ドルにそれぞれ上昇していた．一方，相対的に健全なゴールドマン・サックスは同じ基準で 6

万8,000ドルであった．

　2008年3月，ベア・スターンズ破綻の契機となったのは，おもにMMFsからなるレポの貸し手，プライマリー・ブローカー業務の顧客ヘッジファンド，ディリバティブの取引相手からの「取付け」であった．しかし同社の住宅ローンの証券化業務は，最大の収益部門であった固定金利債券部門の最大分野を占め，同社の全収益の45％を生み出していた．また，危機の過程で重大な影響を及ぼすプライマリー・ブローカー業務でモルガン・スタンレーに次いで業界2位を占めていた（シェア21％，2006年）．また同社の証券化業務は，ローンのオリジネーションから証券の販売までを一貫して担う「垂直統合」型モデルであった．同社は5大投資銀行の最下位に位置したが，私的なMBS業務の引受部門では2000年から2007年にかけて上位3位を維持していた．また2006年のCDO業務の引受額は2005年の2倍以上の360億ドルに達しており，うちMBSを裏づけにしたCDOが63億ドル含まれ，同業務で12位の地位を占めていた．しかも同社は住宅ローン市場に停滞の兆しが出たのちも，シティやメリルと同様に，業務を拡大した．

　結局，3月16日同社は米金融当局の支援のもとJPモルガン・チェースによって吸収される．こののち金融市場はやや小康をたもち，この状況を利用して，6月末までに，10大銀行および残りの投資銀行4社は，将来の損失に備えて新規株式発行によってそれぞれ1,000億ドル，400億ドルを調達して資本を増強する．

　しかし，システム・リスクへの懸念は消えることはなかった．

　6月には住宅ローン関連の証券化において保証業務に特化したモノラインの大手MBIA，アンバックなどがムーディーズ，S&Pによって格下げされ，保証された証券の評価損に対する懸念が拡大した．

　9月に入ると7日，ファニーメイ，フレディマックなどの政府関連住宅金融機関が政府の管理下に入る．同機関は私的な株式会社としての健全性維持と住宅ローン市場の公的支援という相反する目的の均衡がこの時点で崩壊したのである．同機関は5兆3,000億ドルの資産規模に対して2％未満の「資

本」しか有しておらず，結果的には税金（タックス・ペイヤー・マネー）が1,510億ドル投入されることになる（2010年末現在）．

依然として，銀行間市場の資金調達，流動性の危機が進行するなかで157年の歴史を有する投資銀行リーマンのソルベンシー（支払能力）問題が，9月12日（金曜日），ウォール街にある連銀の会議室で最大手商業銀行，投資銀行の専門家によって延々と協議されるが，結論に達することはなかった．9月15日，リーマンはついに破産を宣言する．バーナンキは，もし政府が資金を供給していたとしても「同社は破綻しただろう．われわれが成功しなかっただけでなく，数百億ドルの損失を納税者に負担させることになっただろう」と約2年後に証言している（2010年9月2日）[10]．

(2) 世界金融恐慌と欧州銀行の積極的関与

米国を震源地とする金融危機はグローバル化する，すなわち世界金融危機へ転化する．既述のように，たしかに欧州では2007年7月末から8月はじめにかけてドイツの金融機関IKBがSPL関連の損失を公表し，さらに8月9日フランスのBNPパリバ傘下の投資ファンド3社が投資証券の（市場）評価不能を理由にファンドの償還を停止する，いわゆるパリバ・ショックが発生していた．しかし，欧州（の銀行）を米国で発生した金融危機の伝染（contagion）の被害者として描くことは，便利な物語であるけれども，事実とはかけ離れている．いささか結論めくが，欧州の銀行は（ユーロ危機を含む）金融危機の初期の段階で米国の銀行とほとんど同額の損失を被っていた．図5-8はユーロ危機の勃発する以前の2007（第2四半期)-11年（第2四半期）までに世界中の銀行が被った損失を示したものである．2009年末までに米国の銀行は7,080億ドルの損失だったのに対して欧州の銀行は5,200億ドルの損失を出していた．その他の地域の銀行の損失はネグリジブルだった．欧州銀行が米国銀行に匹敵するほどの損失を被った背景には，欧州銀行の米国市場への積極的関与がある．図5-9は米国の借り手へのBIS報告銀行債権残高を国籍銀行別にみたものである．2005年半ば以降8割近くを欧州銀

第5章 世界金融危機　　149

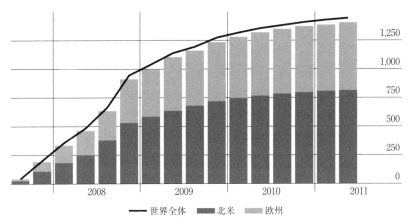

出所：Shinn (2018)
原出所：Bloomberg

図 5-8　世界の銀行（本店所在地別）の累積損失額（2007 年第 2 四半期～2011 年第 2 四半期）

行が占めているが，ブームのピーク時には米国の借り手に対して 5 兆ドル超の債権残高を有している．ピーク時の証券化商品の残高，約 3 兆ドル（図 5-5 参照）や ABS（資産担保証券）残高，3 兆ドル超と比較しても，欧州銀行の対米国債権残高の大きさがわかる．さらに BIS の統計は銀行保有資産の詳細については不明であるが，米国債券の保有に関するデータから欧州銀行の債権残高の相当の部分は米国の私的部門の証券であると思われる．そして欧州銀行は MBS や証券化された仕組み商品の購入を介して米国の借り手への信用供与に寄与したと思われる．また，図 5-10 は所在地ベースの BIS 報告銀行によるドル建てクロスボーダー債権を 2007 年時点でみたものである．2 つの点が注目される．第 1 は，対米国への債権額が最も多い（約 2 兆ドル）のは欧州所在銀行であり[11]，しかも米国所在銀行からのドル調達が最も多いのも（前者の 4 分の 3 に当たる 1.5 兆ドル）欧州である．第 2 に，前述した連結ベースの国籍別欧州銀行対米国債権残高，約 5 兆ドルと約 3 兆ドルの乖離があること，である．これは欧州の銀行は全般的に在外拠点のシ

150

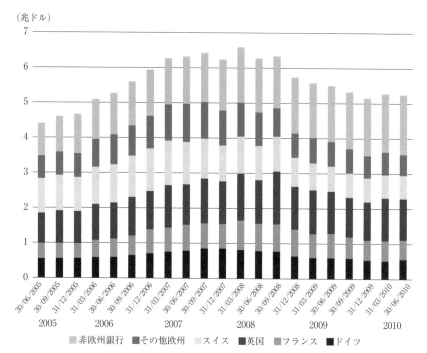

出所：BIS *Consolidated banking statistics*, Table 9D より作成.

図 5-9　国籍銀行別対米国外国債権残高の推移

ェアが高く，欧州 8 か国銀行の在外資産シェアは単純平均で 31％にも達している[12]からである（2007 年現在）．したがって米国での欧州銀行の資金調達が問題となる．欧州銀行はこれまでみてきた，MMFs，CP（ABCP を含む）市場，レポ市場などのシャドーバンキングに依存していたとみてよい．これは欧州銀行は米国の商業銀行部門でのプレゼンスは限られていることからシャドーバンキングに依存せざるを得ないという側面もあると思われる．いずれにせよ，欧州銀行はセキュリタイゼーション市場とシャドーバンキング，すなわち 2000 年代の米国の金融システムに統合され，米国銀行と同様な役割を果たしていた[13]．しかし，欧州銀行には，米国銀行にはない決定的なアキレス腱を抱えていた．「ドル不足」である．

第 5 章　世界金融危機　　151

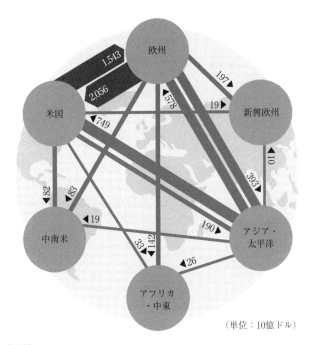

（単位：10億ドル）

出所：Shin（2018）

図 5-10　ドル建てクロスボーダー銀行債権残高（2007 年）

(3)　欧州銀行における「ドル不足」の発現

　欧州の銀行は過去 10 年間にわたりドル建て資産を急激に増大させ，2007年半ばまでに 8 兆ドル以上まで積み上げていた．この資産残高はドル建て負債額を 8,000 億以上，上回っていたと推定された[14]．このことは為替スワップを主とした通貨転換によるドル調達に依存せざるをえなくした．欧州銀行はまた，銀行間市場による直接的なドル借入や MMFs などのドル建て短期資金を供給する非銀行金融機関（既述したシャドーバンキング）に依存していた．2007 年夏に銀行間市場の枯渇に見舞われて以来，欧州銀行は自国通貨対ドルとの為替スワップ市場に急激に依存するようになり，同市場でのドル資金コストが銀行間市場の金利をあらわすドル建て Libor を大幅に上回る現象に見舞われていた（図 5-11）[15]．以上の 2 つの銀行間市場での資金調達

の困難によって，非銀行機関からの資金調達が決定的に重要なものとなってきた．なかでも最大の規模となったのはドル建てMMFsであった．政府債とは異なる私的証券へ投資する「プライム」ファンドは非米国証券を大量に投資していた．2008年半ばでは，全体のファンドの約40％以上を占める上位15大プライムファンドは資産額の約半分を非米銀に投資し，そのうち約85％は欧州銀行向けであった．2008年半ば現在，米ドル建てMMFsは1兆ドルの非米銀向け投資残高を有しており，一方，欧州銀行の負債残高の15％以上がこのドル建てMMFsに依存していた．2008年9月15日のリーマン破綻の直前まで，このMMFsは非米銀向け投資を順調に増大させてい

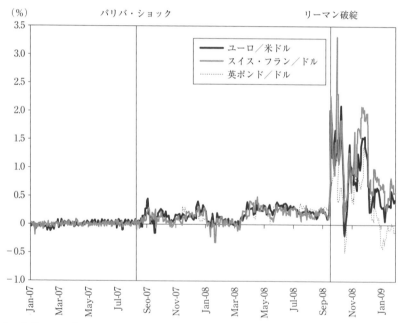

注：為替スワップ・レートの乖離は為替スワップ付きのドル金利と無担保ドル現物金利との格差として産出される．その際，為替スワップ付ドル金利は各欧州通貨の無担保現物レート（金利）と為替スワップ市場を介してドルへ転換したものをドル・レートでみたトータル・コストとして定義される．Liborレートが全ての通貨の無担保現物レートとして使われる．
出所：Baba, et al (2009b), p.22.

図5-11　為替スワップ・レートのカバー付き金利平価からの乖離

た．投資家がより安全でない短期証券から資金を引き出すにつれて MMFs の資産はその受け皿として増大していたからである[16]．欧州銀行は MMFs がより安全性の低い CP（既述のように ABCP の残高が 2007 年夏以降急減した）から CD（譲渡性預金証書）へとシフトしたことから恩恵を受けていたのである（図 5-7 参照）．いいかえれば，このシフトによって MMFs は欧州銀行への無担保ドル資金供給者としての役割を増大させていたのである．

　リーマン破綻の次の日，9 月 16 日，過去数年にわたって MMFs を急拡大させてきたリザーブ・マネージメント社はリーマンの発行証券，株式の損失が原因となってその旗艦ファンドであるリザーブ・プライマリーおよびカリビアン・ファンドの「額面割れ」を公表した．MMFs の「額面割れ」は主要な MMFs では前例がなく，全 MMFs の過去の歴史でも 2 例しかないものである．この事態は広範な MMFs の株主による，銀行の「取付け」類似の償還請求を引き起こした．リザーブ・プライマリーは 9 月 15 日に 250 億ドルの償還請求を受け，さらに 19 日までに保有総額 600 億ドルのうち 350 億ドルが引き出された．その他の MMFs も同様な資金の引出を受けた[17]．

　MMFs に対する取付けは当初は CP，つづいて CD，さらに非米銀証券への取付けへと波及して，すでに逼迫していた世界的な短期金融市場を一段と不均衡化させていった．

　以上のような短期ドル資金調達市場の逼迫の一方で，金融危機の進行は，欧州銀行の保有ドル建て資産の削減を困難にしただけではなく，その拡大を余儀なくされるのである．

　欧州銀行は米国政府債を流動資産として保有する一方で，証券化商品，仕組債などへも大量に投資していたが，これら証券は流動性がつかず巨額の損失なしには売却できなくなった．さらに重要なことは米国の金融機関の場合にみたように，そのスポンサーとなってオフバランス化していた投資ヴィークル（ABCP，SIV など）の投資証券を引き取ることで資産額を増大することを余儀なくされた．欧州銀行の未使用のクレジット・ライン債権（簿外）は 2007 年半ばから 2009 年第 1 四半期にかけて 6,570 ドル，18％減少した[18]．

すなわち，同額が簿内の資産として保有され直されたのである．その主要な対象は米国向け証券であった．そして，事実，2007年第2四半期から2008年第3四半期にかけて，欧州銀行はその保有ドル建て資産を2,480ドル増加させている．MMFなど比較的長期の資金供給源が市場から撤退し，銀行間市場や為替スワップ市場（ほとんどは銀行間市場）の短期借換えに依存するなかで長期資産の保有増大は，資産・負債の満期構成の激烈な不均衡をとおして，パニック的な「ドル不足」を顕在化させたのである．

(4) グローバルなスワップ網形成と歴史的な意義

欧州の銀行を中心に「ドル不足」が進行するなかで，各国の中央銀行は十分なドル資金を供給することは不可能である．したがって，米連銀との間で相互的な通貨スワップ協定を結んでドル資金をそれぞれの領域の銀行に投下する政策対応がなされた．はやくも2007年12月，連銀とのスワップ網がECBとスイス国立銀行との間でそれぞれ結ばれる．そして，リーマン破綻後の2009年9月，既存のスワップ網は規模を2倍に増大され，新たなスワップ網が，バンク・オブ・カナダ，イングランド銀行，日銀に拡大され，その規模は合計2,470億ドルに達した．さらに世界中の銀行に「ドル不足」が進行するなかで，スワップ網は，オーストラリア，ニュージーランド，スカンジナビア，アジア，ラテンアメリカのいくつかの中央銀行へも広がっていった．またユーロシステムやスイス国立銀行などの中央銀行はそれぞれの通貨を供給するためのローカルなスワップ網も2008年10月以降，締結されていく（図5-12）．

いうまでもなくスワップ網は相互的な外観を呈しているが，あくまでも米連銀から各国中央銀行へ向けてのドル供給が中心である．2008年10月13日にはイングランド銀行，ECB，スイス中央銀行とのスワップ網では連銀からのドル供給の上限が外された．その直後にはこれら中央銀行3行のスワップ網から引出額のシェアは81％に達している（10月15日）．欧州の銀行のドル不足がいかに大きかったかを示している．

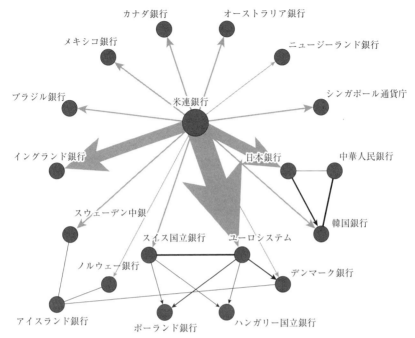

注：矢印は資金の流れの方向を示す．明るい矢印は他の中央銀行に供給された米ドルを表す．暗い矢印はその他通貨を表す（2008年第4四半期中の平均為替レートで換算）．矢印の幅は中央銀行のスワップ・ラインの規模を表す．スワップ・ラインが無制限の場合は入札額から算出された最大規模を示す．ASEANのスワップ網は示されていない．
原出所：各中央銀行．
出所：McGuire (2009b), p. 19.

図 5-12 中央銀行下間スワップ網

　スワップ網は，米連銀が外貨を担保にして，各国中央銀行にドルを貸し出し，これに対して後者がそれぞれの国内の金融市場にドルを供給する仕組みになっている．これによって世界の商業銀行はドルの流動性を確保できるのである．しかも，それら商業銀行は米国に子会社を有せず，連銀から借入のための適格担保を保有していない場合でもドル借入が可能なのである．

　たしかに中央銀行間のスワップ網の形成は戦後のブレトンウッズ体制下で1960年代以降，前例をもっている．しかしその場合は，英国や米国の国際

収支危機を背景にした通貨防衛にその目的があった．調達外貨の投入先は為替市場に限定されていた[19]．2007年以降の金融危機の場合にはドルを調達した中央銀行は，それを為替スワップ市場を含む銀行間市場を中心とした「国際金融市場」に投下したのである．もちろん各国中央銀行のドルの供給先は「国内金融市場」であるが，その前提には戦後の国際金融構造がユーロ市場の発生以降，変質して，外国為替市場と国際金融市場が各国に併存しているからである．

　金融危機のグローバル化のなかで，危機の震源地である米国の中央銀行＝連銀がいわば世界的な「最後の貸し手」の役割を果たしたことは歴史の皮肉である．しかしこのことは依然として「ドル本位制」のもとで世界金融危機が進行したことを示している．

注

1) 金融危機調査委員会 Financial Crisis Inquiry Commission（FCIC）は「合州国における今回の金融・経済危機の原因を調査する」目的で米国議会法（Public Law111-21）に基づいて2009年5月に設置され，最終報告書が2011年1月『*The Financial Crisis Inquiry Report* 金融危機調査報告書』として公刊された．同委員会は調査の過程で「数百万ページの文書を吟味し，700人以上の目撃証人に面接し，ニューヨーク，ワシントンおよび危機の影響が甚大だった地域で19日間にわたる公聴会を開いた」と述べている．その一端は報告書の浩瀚な注で確認することができる．本稿の1.および2., 3.で言及する事実関係や計数データは特に断らない場合は同報告書に拠っている．

2) FCIC（2011）p.354.

3) シャドーバンキングに関しては定義が確定しているわけではない．『金融危機報告書』では，シャドーバンキング・システムとは「投資銀行」およびニューディール期に「導入された規制体系」の外部の資本市場で自由に活動している金融機関（p.27）としており，シャドーバンキングの具体例をCP, BA, レポなどの短期金融市場および証券貸借，ABSの債務，MMFなどを列挙する（Figure 2.1）．FCICのスタッフ・レポートではシャドーバンキングとは「伝統的な商業銀行システムの外部で運営され，規制のない，ないし規制の緩やかな銀行類似の金融行動」（FDIC（2010）p.7）としている．またニューヨーク連銀のスタッフ・レポートではシャドーバンクを「中央銀行流動性および公的部門の信用保証へのアクセスができず，満期・信用・流動性転換をおこなう金融仲介機関」（Pozsar, Z., et al.

(2010) Abstract) と規定する．
　また，N. ルービニはシャドーバンキング・システムを最初に名づけたのは，パシフィック・インベストメント・マネジメント・カンパニー (PIMCO) のポール・マカリーとしている（ルービニ (2010) 108 ページ）．
4) ニューディール期の金融規制体系に関しては須藤功 (2003) を参照せよ．
5) レギュレーション Q の歴史的帰趨に関しては，Gilbert (1986) を参照せよ．
6) 米国の大手商業銀行の負債管理の発展に関しては，野下 (2001) を参照．
7) CitiGroup (2006)．
8) FCIC (2011) p. 234.
9) *Ibid*.
10) *Ibid*., p. 325.
11) 欧州銀行から米国へのクロスボーダーの信用供与の大きさは他の地域，とくにアジアの経常収支国からのネットの資金供給を重視する，いわゆるグローバル・インバランス論に依拠して，アジアの貯蓄過剰に米国の金融危機の原因を求める見解を否定することになっている．
12) McGuire et al. (2009b) p. 7, Table 1 より算出．
13) Shin (2018)．
14) McGuire, P., et al. (2009)．このドル建て資産 8 兆ドルと先に示した欧州銀行対米国債権残高約 5 兆ドルには約 3 兆ドルの乖離がある．これは前者のなかには対非米国向けドル建て債権残高が含まれているからである．ドルの国際通貨（私的な投資通貨もしくは表示通貨として）としての地位を示すものである．
15) Baba. N., et al. (2009b) p. 10.
16) Baba. N., et al. (2009b) pp. 70–71.
17) *Ibid*., p. 72.
18) McGuire, P., et al. (2009) p. 17.
19) 1960 年代の公的スワップに関しては，本書第 1 章，4 節，(2)項を参照．またクームズ，A.C. (1977)，西倉高明 (1998) Toliolo, G. (2005) なども参照．

第6章
複合危機としてのユーロ危機

はじめに

　2009年10月ギリシャ政府は，2009年の財政赤字額対GDP比見積額を12.5％に引き上げ，しかも前政権下で報告されていた赤字額は誤りであり，実際はより大規模なことを公表した．時を置かず，格付け会社が相次いでギリシャ国債の格付けを引き下げた．これらに反応するかのように国債市場では国債価格の暴落＝利回りの急騰がみられた．ギリシャ危機の始まりである．国債利回りの上昇，あるいは同じことであるが，基準利回り（ベンチマーク）とされたドイツ国債（Bund）との利回り格差＝プレミアムの拡大は，同様に国債の累積がすすみ，財政状況が悪化しているとみられたアイルランド，ポルトガル，スペイン，そしてイタリアへと伝染（contagion）していった．それは1997年7月からのアジア危機においてタイ通貨バーツの暴落を皮切りにインドネシア，マレーシア，韓国へと伝播していった状況を彷彿とさせた．しかもユーロ危機はその発現部面が通貨市場でなく，国債市場であったことから，通常は政府債務危機（sovereign debt crisis－以下ソブリン債務危機と記す）として理解されている．たしかに2010年5月に発現するソブリン債務危機はユーロ危機を他の経済危機から区別する重要な構成要素であるが，ユーロ危機はすでに2007年後半から世界金融危機と連動しながら端を開いていた銀行間流動性危機および銀行危機や国際収支≒金融収支危機という側面を有している．これら三重，四重の危機は密接に絡み合いながら

進行した．

　以下，1.ではこれら危機を生み出した背景を主としてユーロ周辺（periphery）国（ギリシャ，アイルランド，イタリア，ポルトガル，スペイン．以下総称する場合は GIIPS と略記する）の 2000 年代前半からの信用に主導された投資，消費の成長構造を探る．2.では，ユーロ危機は米国を起源とする世界金融危機と大西洋の両岸で連動したことを明らかにし，3.ではユーロ域内においてソブリン債務危機と銀行危機とが連動・共振したことを指摘し，4.および 5.ではユーロ域内決済システムの TARGET システムとは何かを明らかにしたあと，TARGET バランスの拡大とユーロ周辺国の国際収支≒金融収支危機との関連および後者が通貨危機として発現しなかった構造を明らかにする．

1. ユーロ周辺国の高成長と信用の拡張

　歴史の後知恵になるが，ユーロ危機以降，欧州の成長エンジンと目されたドイツは，ユーロ導入から 2000 年代前半まではユーロ圏諸国全体よりも低成長が続き，2003 年にはマイナス成長に陥る．しかもユーロ域の安定成長協定（SGP）の財政赤字上限 3％ルールに，フランスとともに違反することになる[1]．これに反してユーロ周辺国 GIIPS のうち，アイルランド，スペイン，ギリシャ 3 か国は一度もマイナス成長に転じることなく 2007 年まで高成長を維持する（表 6-1 参照）．それぞれ，「ケルトの虎」（Celtic Tiger），「スペイン経済の奇跡」（Miracle），「発展途上の巨人」（Giant in the Making）という名を冠されていた．これら 3 か国の成長を促進したのは投資，消費需要の拡大であった．2000 年代，特に 07 年に至る 3〜4 年間は，ドイツの投資率（対 GDP）が 20％内外で低迷するなか，30％超の投資率を記録した．そしてこの投資そして消費の拡大を支えたものこそ内外からの信用の拡張的供与であった．

　まず，ユーロ導入に向けて，短期金利は言うまでもなく，長期金利がベン

チマークとされるドイツ国債（Bund）金利を基準に低位収斂化し，ユーロ導入後も 2007 年までほぼ維持される．ユーロ周辺国に貸付を行った国際銀行，とくにユーロ域の銀行が資金調達を行ったのは銀行間の短期資金であるが，その代表的な基準金利はドル建て LIBOR やユーロ建て EURIBOR であった．これら銀行は EURIBOR で資金調達し，国内銀行に融資する場合には EURIBOR に若干のスプレッドを上乗せし，企業などに融資する場合には，短期資金を長期資金に変換して融資する（図 6-1 参照）．銀行サイドからみて，ユーロ導入から 2007 年頃までは長短のスプレッドはプラスで推移し，利ザヤを確保した．他方，借り手からみて，ユーロ周辺国ではユーロ導入後インフレ率が ECB の目標 2％を恒常的に上回り，時には 5％を上回ることもあった（表 6-1 参照）．したがってインフレ率を差し引いた実質金利は極めて低位に推移したことになり，借り手の需要を刺激した．一方，貸し

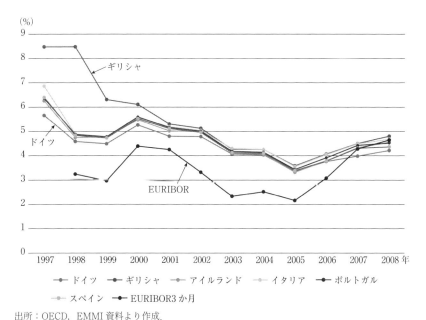

出所：OECD, EMMI 資料より作成．

図 6-1 ユーロ周辺国とドイツの長期（10 年）金利と EURIBOR（3 か月）の推移

表 6-1 ユーロ周辺諸国とドイツ

		2000	2002	2004	2006	2007	2008
ドイツ	成長率	3.19	0.03	0.07	3.87	3.37	0.82
	総投資率	23.9	19.9	19.1	19.8	20.7	20.9
	消費者物価	1.36	1.35	1.79	1.80	2.26	2.75
	実質住宅価格指数	114.8	110.0	105.7	103.9	100.0	99.7
	失業率	7.95	8.60	10.33	10.04	8.58	7.38
	一般政府財政収支	2.16	−3.57	−2.82	−1.87	−0.95	−0.93
	経常収支	1.75	1.89	4.46	5.68	6.75	5.60
ギリシャ	成長率	3.92	3.92	5.06	5.65	3.27	−0.34
	総投資率	25.8	24.8	25.3	26.2	27.1	24.5
	消費者物価	2.90	3.92	3.02	3.31	2.99	4.23
	実質住宅価格指数	77.1	95.6	97.3	114.7	117.5	114.3
	失業率	11.35	10.35	10.60	9.00	8.40	7.75
	一般政府財政収支	−3.20	−5.53	−10.60	−9.10	11.46	−15.55
	経常収支	−5.93	−6.83	−7.71	−11.49	−15.19	−15.11
アイルランド	成長率	9.58	6.32	6.75	5.54	5.16	−3.93
	総投資率	24.5	24.1	27.3	31.9	29.1	24.5
	消費者物価	5.30	4.69	2.31	2.67	2.89	3.12
	実質住宅価格指数	86.7	95.4	114.0	137.1	143.0	130.6
	失業率	4.52	4.76	4.76	4.78	5.00	6.82
	一般政府財政収支	3.34	−1.06	0.98	0.96	−2.18	−8.20
	経常収支	0.62	0.25	−010	−5.35	−6.50	−6.24
イタリア	成長率	3.71	0.25	1.58	2.01	1.47	−1.05
	総投資率	20.7	21.4	21.2	21.9	22.2	21.8
	消費者物価	2.58	2.61	2.26	2.23	2.03	3.49
	実質住宅価格指数	73.7	82.7	95.1	103.9	106.9	105.4
	失業率	10.10	8.61	7.96	6.79	6.13	6.74
	一般政府財政収支	−2.49	−4.04	−4.62	−3.95	−3.08	−3.83
	経常収支	0.06	−0.27	−0.35	−1.50	−1.39	−2.82
ポルトガル	成長率	3.79	0.77	1.81	1.55	2.49	0.20
	総投資率	28.8	26.0	24.2	23.2	23.1	23.6
	消費者物価	2.81	3.70	2.51	3.05	2.42	2.65
	実質住宅価格指数	121.3	119.8	114.9	111.6	108.5	98.9
	失業率	3.93	5.00	6.62	7.65	7.96	7.55
	一般政府財政収支	−4.14	−4.99	−7.98	−4.32	−3.84	−5.3
	経常収支	−10.80	−8.49	−8.33	−10.67	−9.74	−12.1
スペイン	成長率	5.05	2.88	3.17	4.17	3.77	1.1
	総投資率	26.6	26.9	28.8	31.3	31.3	29.6
	消費者物価	3.48	3.10	3.04	3.52	2.79	4.1
	実質住宅価格指数	56.0	67.4	89.6	108.9	115.7	110.2
	失業率	13.86	11.45	10.97	8.45	8.23	11.2
	一般政府財政収支	−2.10	−1.72	−1.58	−0.55	−1.42	−7.3
	経常収支	−4.40	−3.74	−5.59	−8.99	−9.65	−9.3

注：一般政府財政収支および経常収支は対 GDP 比である．
出所：IMF, Eurostat 資料より作成．

第 6 章　複合危機としてのユーロ危機

の主要マクロ経済指標

2009	2010	2011	2012	2013	2014	2015	2016	2017
−5.56	3.95	3.72	0.69	0.60	1.93	1.50	1.86	2.51
18.1	19.6	21.1	19.3	19.5	19.5	19.1	19.2	19.65
0.23	1.16	2.49	2.12	1.60	0.77	0.13	0.37	1.72
100.9	100.0	101.4	103.4	105.5	107.8	112.2	118.2	
7.67	6.93	5.86	5.37	5.24	5.01	4.62	4.17	3.76
−1.42	−2.43	−1.41	−0.17	0.10	0.55	0.56	0.79	1.12
5.74	5.62	6.11	7.02	6.73	7.47	8.92	8.55	8.05
−4.30	−5.48	−9.13	−4.03	−3.24	0.74	−0.29	−0.24	1.35
18.3	17.0	15.1	12.8	26.2	27.0	27.7	27.5	11.73
1.35	4.70	3.12	1.04	−0.85	−1.39	−1.09	0.01	1.14
108.4	100.0	92.4	81.1	73.6	69.5	67.0	66.0	
9.60	12.73	17.85	24.43	27.48	26.50	24.90	23.55	21.45
−19.39	−13.37	−8.83	−2.10	1.36	−0.65	−0.32	2.75	0.03
−12.35	−11.38	−10.01	−3.83	−2.04	−1.63	−0.23	−1.08	−0.82
−4.67	1.76	2.94	0.04	1.62	8.30	25.49	5.13	7.81
20.2	17.2	17.2	20.2	11.6	11.8	9.8	10.5	24.17
−1.68	−164	1.21	1.88	0.55	0.29	−0.05	−0.19	0.26
113.1	100.0	82.2	69.8	69.6	80.2	89.0	94.7	
12.67	14.61	15.43	15.54	13.81	11.90	9.98	8.39	6.73
−9.43	−9.68	−6.89	−5.65	−4.60	−3.07	−1.54	−1.22	−0.45
−4.65	−1.20	−1.64	−2.63	2.14	1.65	10.93	3.34	12.54
−5.48	1.69	0.58	−2.82	−1.73	0.11	0.95	0.86	1.47
19.4	20.5	20.5	17.9	17.0	17.0	17.3	17.0	17.51
0.77	1.62	2.94	3.32	1.25	0.23	0.11	−0.05	1.33
101.9	100.0	98.5	93.5	86.4	82.1	78.8	78.9	
7.73	8.33	8.41	10.68	12.13	12.63	11.92	11.66	11.25
−4.23	−3.75	−4.13	−1.54	−0.60	−1.05	−0.73	−1.34	−1.93
−1.89	−3.41	−3.00	−0.34	0.99	1.92	1.55	2.71	2.89
−2.98	1.90	−183	−4.03	−1.13	0.89	1.82	1.62	2.67
20.8	21.1	18.6	15.7	14.6	15.3	15.5	14.9	16.30
−0.90	1.39	3.55	2.78	0.44	−0.16	0.51	0.64	1.56
101.02	100.00	93.54	85.3	83.1	86.3	88.2	93.6	
9.43	10.77	12.68	15.53	16.18	13.89	12.44	11.07	8.87
−8.5	−8.3	−6.3	−3.2	−2.9	−1.4	−1.8	−1.3	−1.2
−10.4	−10.2	−6.0	−1.8	1.6	0.1	0.1	0.6	0.5
−3.6	0.0	−1.0	−2.9	−1.7	1.4	3.4	3.3	3.1
24.6	23.5	21.9	20.0	18.7	19.4	20.1	20.4	21.1
−0.3	1.8	3.2	2.4	1.4	−0.1	−0.5	−0.2	2.0
103.8	100.0	90.2	75.1	67.5	67.6	70.1	73.4	
17.9	19.9	21.4	24.8	26.1	24.4	22.1	19.6	17.2
−10.6	−8.5	−7.4	−3.3	−2.3	−1.9	−2.4	−2.8	−3.1
−4.3	−3.9	−3.2	−0.2	1.5	1.1	1.1	1.9	1.7

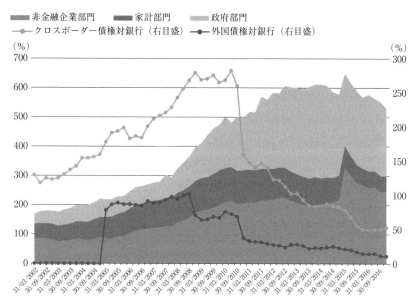

注：クロスボーダー債務および外国債権の定義に関しては第4章を参照．
出所：BIS 資料より作成．

図 6-2a 対アイルランド非金融部門債権および外国債権・クロスボーダー債権対銀行残高（対 GDP 比）の推移

手，特に外国の銀行にとっては共通通貨ユーロ導入によって，周辺国通貨が導入前にしばしば経験した通貨の切り下げ（devaluation）リスク，一般的には通貨のミスマッチ，すなわち為替リスクが消滅したことでそれを織り込むことなく低金利での資金供給が可能となった．

信用膨張を引き金に最も激しいバブル経済の様相を呈したのは，アイルランドである（図 6-2a）．2003 年に再開される急速な経済成長はほぼ 2007 年まで続いた．しかしそれは「ケルトの虎」と言われた時代とは雰囲気が異なっていたという[2]．住宅や商業用不動産投資のブームをともなう建設業によって主導された．また不動産価格高騰による富効果を介した民間消費も拡大した．消費者物価指数を差し引いた実質住宅価格指数は，1999 年を起点にしてピークを付けた 2007 年で約 90％の上昇である（表 6-1 参照）．さらに

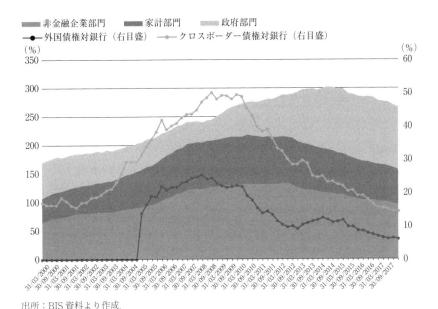

出所:BIS 資料より作成.

図 6-2b 対スペイン非金融部門および外国債権・クロスボーダー対銀行残高(対GDP 比)の推移

資産取引に関連する税収は増加し,政府はそれに基づいた公共支出も拡張させ,同時に財政収支の黒字を維持した.このような不動産投資を支えたのは急速な信用拡張であるが,国内の非金融部門(非金融企業,家計,政府)向けの内外の信用残高対 GDP 比は 2002 年の 170%から約 2.3 倍の 397%に達している(図 6-2a).アイルランドの場合には民間部門(非金融企業,家計部門)への信用供与が主力で,それぞれ 44%,43%(2008 年末)を占めた.

ここで,国内信用と対外信用(国際信用)との関連を問題にしてみたい.図 6-2 の前提となった BIS の統計は,あくまでも非金融部門に対する内外信用残高であり,国際銀行貸付を含めて対外信用がすでに含まれている.図 6-3 は国際銀行業からの信用供与がほぼピークに達した 2008 年第 1 四半期時点の各国向け債権残高(対 GDP 比)を部門別内訳とともに示したものである.みられるように,対アイルランド債権残高は他国を圧倒して,

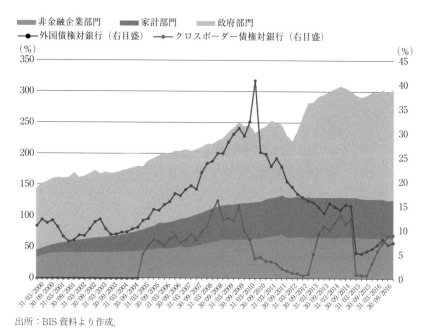

出所:BIS 資料より作成.

図 6-2c 対ギリシャ非金融部門債権と外国・クロスボーダー債権対銀行残高(対GDP 比)の推移

GDP 比 300％超となっている．国内の信用情勢に多大な影響を与えたことが推測される．しかもそのうちの約3分の1は銀行向けである．この点は，アイルランド国内の銀行システムからみると，銀行の資金調達(funding)がホールセール資金市場，端的にはインターバンク(銀行間)市場に依存した構造になっていたことを意味する．インターバンク市場は基本的には短期であり，常に借り換え(ロールオーバー)を繰り返す不安定な市場である[3]．

スペインもアイルランドの場合と同様に，対民間(非金融企業，家計)信用によって投資の成長，消費の拡大が支えられた．2000 年を起点として信用残高がピークをつける 2008 年まで，非金融企業，家計部門向けがそれぞれ年平均増加率は 14.8％，15.3％で，GDP の成長率を圧倒するスピードで拡大した(図6-2b)．その結果，対 GDP 比ではそれぞれ 64.4％から 123.6％，

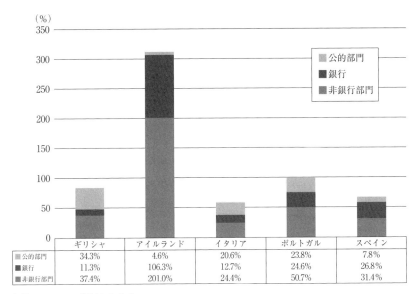

出所:BIS, IMF 資料より作成.

図 6-3 国際銀行対ユーロ域周辺国債権残高部門別構成(対 GDP 比:2008 年第 1 四半期)

43.0%から 81.3%へと約 2 倍に上昇した(対照的に政府部門向け信用残高対 GDP 比は 62.4%から 35.6%へ下落した).しかし問題なのは信用拡張それ自身ではなく,その貸付先である.銀行貸付の 60%を占めたのは,不動産部門であった[4].その内訳は家計部門,不動産企業部門(建設会社を含む)であり,さらに銀行資産としての直接保有=投資が加わった.しかもスペインに特徴的なのは,サンタンデールや BBVA などの大銀行ではなく,多数のより小規模で地方を基盤とした貯蓄銀行カハ(*cajas*)の動向である.カハは不動産貸付に大銀行よりも深く関与して不動産バブルを主導した.他方,カハは預貸の資金調達ギャップを市場性資金,より具体的には国際的なインターバンク預金に多く依存して,銀行システムの不安定性を醸成した[5].2008 年秋以降のリセッション(景気後退)の過程で,不動産向け市場が崩壊すると一転して多くのカハは破綻に追い込まれる.スペイン最大の不動産

貸出業者であり，かつ数行のカハが合併して設立されたバンキア（Bankia）が2012年5月，国有化に追い込まれたのは象徴的な出来事であった．

　ユーロ危機のいわば震源地[6]となったギリシャの2000年代はアイルランド，スペインほどではないにしても，投資，消費の拡大と信用の膨張，バブルの形成がみられた（図6-2c）．まず何より特徴的なのは，起点において1990年代から継続する対政府部門信用残高の大きさである．2000年には対GDP比で既に107％に達し，絶対額は2008年まで年平均7.1％で増加した．これに対して2008年の同比率は108.3％と微増にとどまったが，これはとりもなおさず，GDPの拡大，すなわち成長率が高かったためである．最も膨張が著しかったのは，住宅ローン，消費者ローンから構成される対家計部門向け信用である．2002年では対GDP比13.9％と比較的低水準にとどまっていたものが，その後6年間，年平均27.1％で増加して2008年には対GDP比55.6％と大幅に上昇した．住宅ローンに関していえば，銀行が選択基準を厳格にした場合には受信できないであろうサブプライム・ローンの存在が指摘され，関連して建設部門のブームも明らかにされている[7]．対外資本流入を，国際収支ベースと国際銀行信用ベースでそれぞれピークに達した2007年（図6-4）と2008年（図6-3参照）についてみると，前者では対GDP比188.7％，後者で83.2％，どちらもスペインと類似した量（比率）となっている．そしてここで特徴的なのは国際収支ベースで対金融負債勘定の37.3％が負債証券≒国債であり，国際銀行信用（連結ベース）の41.3％が対公的部門でありGIPPSのなかではこの比率が最も高い．のちに勃発するソブリン債務危機の契機となったのが海外の投資家・銀行による大量の国債の売却であったことはここで想起しておいてよい．

2. 世界金融危機の影響と共振：流動性危機から銀行危機へ

　欧州の銀行が世界金融危機の発生・展開に深くコミットしたことはすでに明らかにされているが[8]，反転して同危機が欧州の銀行に甚大な影響を及ぼ

第6章 複合危機としてのユーロ危機　　169

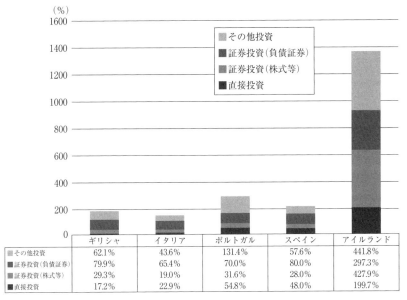

出所：IMF 資料より作成．

図 6-4　対外金融負債勘定残高対 GDP 比（2007 年）

すのは 2007 年夏以降である．2007 年 7 月 30 日，ドイツの州政府系の産業信用銀行（IKB）は傘下の投資機関がサブプライム関連投資から多額の損失を被ることを公表した．この投資機関の資金調達は仕組み資産を裏付けにするいわゆる ABCP 市場であったが，これを契機に ABCP 市場の資産の質に対する懸念が急速に広がり，1 兆 2,000 億ドルあった米国の同市場規模は年末までに 4,000 億ドルまで一挙に収縮した．サブプライム資産に投資していた欧州銀行はドル資金調達を ABCP 市場での短期の持続的な借り換え（roll-over）に大きく依存していた．このようななか ABCP 市場のパニックは，「リスキーな住宅金融に関係ないものをも」含めてすべての短期金融市場（money market）にまで懸念を広げた[9]．

さらに同年 8 月 9 日，フランス最大銀行 BNP パリバ傘下の投資ファンド 3 社は組み込んでいたサブプライム証券の市場評価不能を理由にファンドの

償還を停止する．いわゆるパリバ・ショックである[10]．

　7月末から8月初旬にかけての欧州銀行に関係するこの2つの事件は国際金融市場，なかでも国際銀行業の「神経システム（the nervous system）」であるインターバンク市場の梗塞の危機をもたらした．BNPの声明が公表される前日の8月8日には米ドル銀行間市場の3か月物ローンのプレミアムはそれまでよりわずか13ベーシス・ポイント（0.13％）高かったが，パリバ・ショック後は40ベーシス・ポイント（0.4％）まで急騰した[11]．銀行間のデフォルト（債務不履行）リスクが急増したのである．

　ユーロ建て銀行間金利プレミアムもドル市場とほぼ並行して上昇するが，BNPパリバの声明から数時間以内に，ECB（欧州中央銀行）は銀行に無制限の資金供給をおこなった．当日の終わりまでに，欧州の49行が合計948億ユーロ，各行平均でそれぞれ約20億ユーロを借り入れた．

　2008年に入ると3月18日，アメリカの最大手5大投資銀行のなかでは最小のベア・スターンズがJPモルガンチェースによって米金融当局の仲介で救済的に買収される．ベア・スターンズは，2007年6月頃から傘下のヘッジファンドの破綻などによって業績の悪化，株価の下落がつづいていたが，サブプライム関連投資に深く関与する一方で，資本1ドルに対して負債35ドルという高いレバレッジ比率をつづけるなど，投資銀行の「シャドーバンキング化」の典型であった．

　週末に決着したベア・スターンズの救済合併は米国だけではなく，週明けから世界，なかでもサブプライム投資に深く関与していた欧州の銀行に予期せぬ結果をもたらした．ユーロ域中核の銀行，とくにドイツやフランスの銀行はサブプライム投資の悪化に直面して，ユーロ域周辺国からの引き揚げを開始した[12]．欧州銀行を含む国際銀行による対GIPPS外国債権残高のピークは2008年第1四半期である（図6-5）．これらの銀行は貸付（loan）の借り換えを拒否し始める．対する周辺国の銀行は撤退する銀行に対する返済資金に窮するようになった．アイルランドやスペインの銀行はいまや「資金不足」に陥ることになる．とくに，国内の住宅，建設バブルの崩壊によってバ

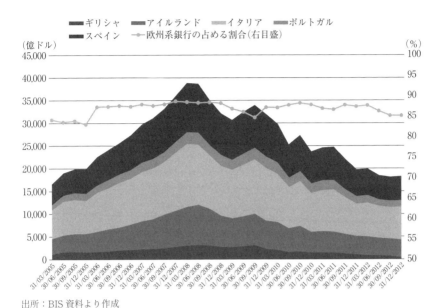

出所：BIS 資料より作成

図 6-5 国際銀行の対ユーロ周辺国外国債権残高と欧州系銀行が占める割合

ランスシートに重圧のかかっていたアイルランドの銀行は債権銀行に対する返済資金の必要に迫られて，逃避する資金の埋め合わせを ECB からの借入に依存し始める．しかしこの ECB による一時的な資金供給はアイルランドの数行に差し迫っていた支払不能（insolvency）に対処するものではなかった．したがってアイルランド政府は財政資金を使って銀行救済を行う．その結果，財政負担が大きく膨むことになる．

2008 年 9 月 15 日のリーマン・ブラザース破綻（破産）のユーロ域銀行に与えた影響は，パリバ・ショック，ベア・スターンズ救済後に現出したインターバンク市場の梗塞のいっそうの深化，および大手銀行の破綻である．前者のインターバンク市場の梗塞は量的にも規模が大きく，また質的には「ドル不足」という特殊な資金不足が普遍化した．この場合の「ドル不足」とは欧州の米国のサブプライム市場に大量に投資する一方で，為替リスクの回避という点からもドル建ての短期金融市場（米国国内および国際金融市場）に

深く依存していたことから発生したものである[13]．

　リーマン破綻による危機の波及は国際金融業務，米国サブプライム市場に関与していたユーロ域銀行に多大なものとなった．ベルギー・オランダ国籍のフォルティス，フランス・ベルギーを跨ぐデクシア，アイルランド子会社を有するドイツ抵当不動産銀行（the German Hypo Real Estate）などの破綻が9月末までには明らかになった．全て短期資金を調達して米国サブプライム市場に投資していた．なかには国内市場の困難に関与したものもあった．デクシアはフランスの地方自治体への融資でつまずいた．ユーロ域の破綻した国際的な大手銀行は国民経済に比較してその規模が大きかったので，その政府による救済（bail out）には多大なコストを要した．しかも，対応は小出しにされ，問題が長引くのが通例であった．デクシアの場合が好例で，公的資金での処理は小出しにされ数年間にわたったが，結局は問題の解決に失敗した[14]．

　国民経済したがって政府の財政規模に比較して銀行の規模が最大なのはアイルランドの銀行である．既述のように，アイルランドは2000年代初頭から，信用膨張をともなう不動産ブームを経験していたが，このブームは2006年末には停止し，経済は厳しい下降スパイラルに突入する．その際，最も懸念されたのが銀行システムである．アイルランドの銀行は破綻に瀕するが，その原因は国内の不動産バブルの崩壊でありその意味では「ホームメード」の銀行危機である．しかし繰り返し述べているようにその資金調達は多くを国際的なインターバンク市場に依存していた．リーマン・ショック後その市場は著しく収縮し，借り換え（roll-over）不能や，資金の流出に見舞われた．流動性危機が進行しているわけだが，これに対して，銀行は当初，ECBやアイルランド中央銀行からの資金借入で対処しようとした．しかしついに08年9月末には，アイルランド政府が他の周辺国ではみられない6大銀行に対する「包括的債務保証（blanket guarantee）」をやや唐突に導入することになる[15]．アイルランドの銀行は資金調達をインターバンク市場を中心とした対外資金に大きく依存していた．この市場が2007-08年以降マヒし，

リーマン・ショック後の流動性の収縮を契機に銀行のソルベンシー（支払能力）問題が浮上した．そして，ついに，2009年1月，アイルランド政府は2000年代のバブル経済の寵児で他銀行の「手本」と目されたアングロアイリッシュ銀行を買収し国有化した．この時点で政府は銀行の資本増強のためにGDPの5％を支出し，銀行貸付に対する保証額は，GDPの300％にも達した．

3. ソブリン債務危機の勃発と銀行危機との相互作用：ギリシャ危機を中心に

(1) ソブリン債務危機の勃発とユーロ周辺国への伝播

ユーロ危機が財政危機として発現したことは特徴的であるが，その背景となったのは2000年代前半から2007年まで，大西洋の両岸で進行していた経済ブームが2008年に金融危機（パニック）＝リーマン・ショックとして顕現し，2008年秋から2009年にかけて急速に深い景気後退（great repression）局面に入ったことである．したがって，財政収支の悪化は税収の鈍化と財政支出の増加を通じてユーロ域全般に進行した．ことにユーロ周辺国ではアイルランドやスペインにおいて銀行システム危機に対処する銀行救済のための財政支出が加重されていた．一方ユーロ危機の震源地[16]となったギリシャではアイルランドやスペインのように銀行危機がソブリン債務危機に先行した場合とは異なり，ソブリン債務危機が銀行危機に先行したという点で特異であり，したがって危機の突発性を印象づけた．この点を政府債務残高対GDP比の推移で確認すると（図6-6），アイルランドとスペインの同比率は2007年にはそれぞれ23.9％，35.6％とユーロ域19か国平均（65.5％）を大きく下回っていた．しかし同比率はそれぞれ，2011年には110.3％，69.5％となって大幅な上昇となった．一方，ギリシャはすでに2007年で，100％を超え（この点はイタリアも共通）高水準であったものが，2011年にはさらに上昇し172％にもなっている．ちなみに言えば，ギリシャの2011年の政

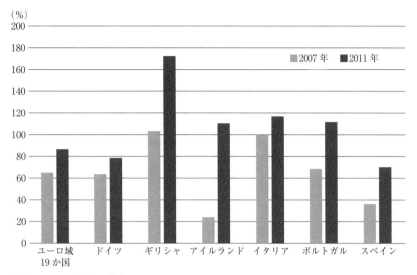

出所：Eurostat 資料より作成．

図 6-6　ユーロ周辺国とドイツなどの政府債務残高対 GDP 比

府債務残高対 GDP 比の高水準の要因には，2008 年以降，成長率がマイナスに転化しその後もスパイラル的に GDP が収縮したことがある（後述）．

以上のような背景のもとに，最初に市場（＝投資家）の関心がギリシャの財政状況に向けられたのは 2009 年 10 月，2009 年の財政赤字の予想値が以前よりも大幅に引き上げられて 12.5％になったこと（実際の実現値はさらに上昇して 15.1％），また旧政権の下でなされた 2008 年の財政赤字公表値は実際を大幅に下回る虚偽だったことの暴露である（図 6-7）．これを受けて，格付け会社がギリシャの国家財政の再評価を急ぎ，ムーディーズ（10 月末），S&P（12 月 7 日），フィッチ（12 月 8 日）がそれぞれギリシャ国債の格下げをおこなった．格付け会社は発行債券の返済可能性（ソルベンシー）のリスク＝信用リスクを評価する機関であるから，市場に対する影響は少なくなかった，と思われる．事実，フィッチ社の格下げ公表の次の日，ギリシャ国債利回りおよびギリシャ政府の CDS（クレジット・デフォルト・スワップ）のプレミアムは有意に上昇した（国債価格は下落した）．

第6章　複合危機としてのユーロ危機　　175

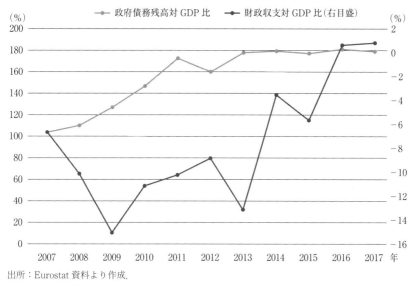

図 6-7　ギリシャの財政指標（政府債務残高と財政収支）

　このような市場の反応はギリシャにとどまらず，2010 年 1 月末までに，その他の欧州，とくにポルトガル，スペインの国債価格への波及・伝播が顕著であった（図 6-8）．たとえば 2010 年 2 月はじめ，ポルトガル国債の入札は小規模であったにもかかわらずうまくいかず，この入札失敗が国債市場の懸念を増幅した．

　以上のギリシャの国債利回りの上昇（国債価格の下落）とそのユーロ周辺国への伝播はその後，2010 年末，2011 年さらには 2012 年半ばまで 3 次にわたって規模を拡大させながら展開される．その背景[17]には，ドイツやフランス，オランダなどユーロ中心国の銀行から周辺国への貸付や投資が信用リスクの発生を契機に回収を開始したことがある（図 6-9，図 6-10a，図 6-10b）．

　ギリシャ政府は市場での国債発行が利払いの高騰から困難であると判断して，2010 年 5 月 2 日 EU および IMF からの一括支援パッケージを受け入れる．

(ベーシスポイント)

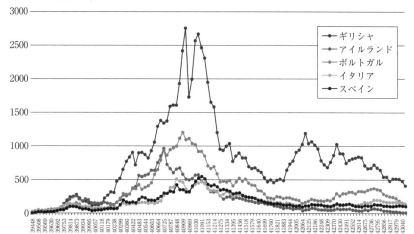

出所：ECB データベースより作成.

図 6-8 ユーロ域周辺諸国の対ドイツ国債利回りに対するスプレッドの推移

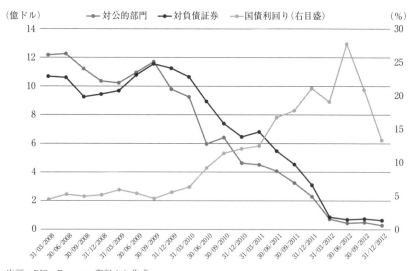

出所：BIS, Eurostat 資料より作成.

図 6-9 国際銀行の対ギリシャ債権（公的部門・負債証券）残高と国債利回り（期間 10 年）の推移

第6章 複合危機としてのユーロ危機

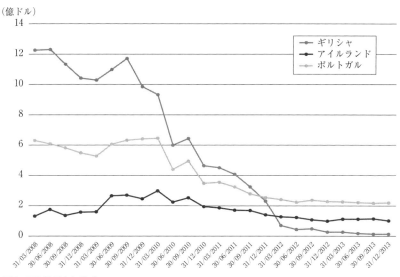

出所：BIS資料より作成．

図 6-10a 国際銀行の対ギリシャ・アイルランド・ポルトガル公的部門債権残高の推移

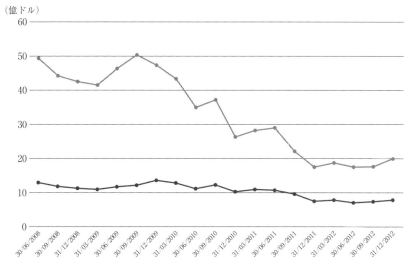

出所：BIS資料より作成．

図 6-10b 国際銀行の対イタリア，スペイン公的債権残高の推移

(2) ソブリン債務危機から銀行危機への影響と相互作用

銀行危機がソブリン危機を導くのは，アイルランドにみられたように破綻銀行の救済，国有化などによる財政赤字，政府債務の累積，国債利回りの上昇（国債価格の下落）の経路であった．しかしいったんソブリン危機が勃発すると，今度は反作用して銀行危機を引きおこす，すなわちソブリン危機と銀行危機は相互循環的となった．

ソブリン債務危機が銀行部門へ与える影響は主に銀行の資金調達（funding）を介してである[18]．ここでは一般的に述べれば，まず第1に，銀行の保有する（内・外）国債の価格下落は銀行のバランス・シートを劣化（自己資本を毀損）させ，資金調達を困難にし，それが可能な場合でもコストを上昇させる．第2は政府の信用力の悪化がホールセール市場（私的レポ市場な

表 6-2 ギリシャの銀行等[1]

年末	2009年12月	2010年6月	2010年12月	2011年6月
(1) ギリシャ中銀に対する負債	497	943	978	1,164
(2) 銀行など（その他の MFIs）に対する負債	915	758	663	651
銀行[2]	905	752	653	643
国内	119	84	63	58
その他ユーロ地域	473	394	329	372
その他諸国	313	274	262	214
MMFs	11	6	10	8
(3) 非銀行部門からの預金，レポ	2,795	2,949	2,802	2,494
国内	2,455	2,288	2,229	1,973
中央政府	35	74	90	39
その他	2,420	2,214	2,139	1,934
その他のユーロ地域	18	19	17	16
その他諸国	322	256	226	201
(4) その他[3]	718	797	707	716
負債合計	4,926	5,447	5,150	5,025

注：1) ギリシャ中央銀行を除く MFIs.
　　2) Credit Institutions.
　　3) 原表の(4)-(9)欄の計．
出所：Bank of Greece, *Aggregate Balance Sheets of Monetary Financial Institutions* より．

ど）や中央銀行からの資金調達にさいして利用可能な担保価値の減少をもたらす．第3に，政府の信用力の格下げが国内銀行の格下げに直結する．第4に政府の信用力の低下は銀行が政府からの明示的・暗黙裡の保証による利益を喪失させる．これらはいずれも関連する要因であるが，ことに国際金融市場においてその影響が発現する．政府の信用力低下は国際的銀行による当該国の国債保有によって直接的に，また国際インターバンク市場や国債市場間の伝播によって間接的に波及していく．

以下ではギリシャ危機に焦点を当てこの点をみてみよう．

表6-2はギリシャの銀行の負債残高構成の推移だが，変動の激しい，また信用リスク≒ソブリン債務リスクに敏感な銀行間負債≒預金はギリシャのソブリン債務危機が明らかになった2009年末以降2012年末にかけて，急速に

のバランス・シート（負債）

（単位：億ユーロ）

2011年12月	2012年6月	2012年12月	2013年	2014年	2015年	2016年	2017年
1,289	1,358	1,212	730	560	1,076	666	337
445	372	317	379	398	114	244	178
439	367	309	375	392	113	243	177
22	12	10	26	7	2	5	2
265	248	191	123	118	67	102	65
153	107	108	226	267	44	136	110
6	6	8	4	6	1	1	1
2,323	2,057	2,189	2,128	2,079	1,578	1,575	1,525
1,828	1,586	1,733	1,770	1,732	1,338	1,321	1,378
41	38	71	75	71	57	59	64
1,787	1,548	1,662	1,695	1,661	1,281	1,262	1,315
14	14	17	14	14	14	17	15
180	161	161	120	120	51	64	50
712	704	704	837	941	1,091	1,033	975
4,769	4,376	4,422	4,074	3,978	3,860	3,518	3,014

減少している．MMFsを除く対銀行負債は905億ユーロから3年間で538億ユーロ，41％減少して，309億ユーロとなった．なかでも最大の比重を占めていた「その他ユーロ域銀行」からの債務は同時期に473億ユーロから60％減少して191億ユーロとなった．対銀行債務のなかで最大の減少率である．その後2013年，2014年と漸増するが，2015年には前年比43％減の67億ユーロまでになった．この背景には2015年前半以降，ギリシャに対する第3次金融支援をめぐる緊張（デフォルトやギリシャのユーロ離脱（いわゆるGrexit）などの懸念）があった，と思われる．これらインターバンク預金のうち，国内からを除く海外からのものは，海外の銀行から流入していた預金がいまや回収に回っており，しかもユーロ建て預金が他のユーロ諸国に流出する場合は，後にみるように，中央銀行の当座預金（準備預金を含む）の流出＝減少をもたらすのである．次に非銀行（企業，家計部門）預金をみると，こちらも2009年末の2,420億ユーロから2012年6月まで持続的に減少がつづき，872億ユーロ，36％減の1,548億ユーロまでになった．その後2年半はやや回復するが2015年には再び前年比23％減少した．インターバンク預金にしろ，非銀行預金にしろ2009年から2012年半ばまでおよび2015年の2波にわたって預金流出に襲われた．激烈な流動性危機が進行したのである．これに対して銀行は中央銀行からの借入によって流動性不足を埋めようとした．預金の減少にほぼ対応するかたちで，対中央銀行負債残高は2009年の497億ユーロから2012年6月まで861億ユーロ増加して1,358億ユーロとなっている．しかし預金の減少を完全に補完できたわけではない．

　一方，資産側をみよう（表6-3）．まず資産全体が2009年以降，半年後にやや増加したのち，2012年半ばまで減少をつづけ，ようやく2012年末に漸増するが，その後は再び2017年まで減少をつづけた．この間のピーク2010年半ばと比較して56％まで縮小した．

　次に，資産サイドの銀行間市場をみると，2009年以降2010年半ばにわずかに増加した後は中断することなく2017年まで減少した．これは負債側の資金調達の流動性が逼迫するなかで，資産側の市場流動性を回収しているの

である．なかでも減少の程度が激しいのはその他ユーロ域資産（預金）である．2つの点で興味深い点が指摘できる．1つは，負債サイドの銀行間預金額と比較すると当初は当該資産が負債額を上回り，ネットでは資産超だったが，2012年をさかいに負債超に転じたこと．2つ目は，ユーロ域以外の海外の銀行への銀行間資産（預金）残高の減少よりもユーロ域銀行へのそれの方が減少の程度が著しい点である．これはユーロ域銀行の信用リスクがその他海外銀行の信用リスクを上回ったためであろう．いずれにせよ資産・負債サイドのインターバンク市場，とくにユーロ域内の銀行間市場はユーロ危機勃発以降，激しい収縮をつづけた．これはユーロ域内の銀行の信用リスクが伝播している姿といってよい．図6-11は銀行間市場の信用リスクを表すといわれるEuribor/OISスプレッドの推移を米ドルLibor/OISスプレッドとともに示したものである．まず両スプレッドとも2007年8月（パリバ・ショック）以降，上昇に転じているが，当初はドル建てのスプレッドの方がユーロ建てのスプレッドを上回っていた．とくに2008年9月のリーマン・ショ

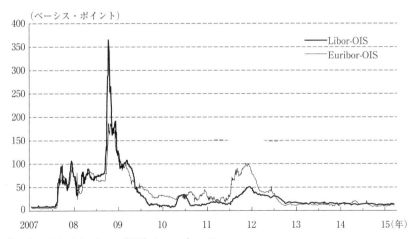

注：Overnight Index Swap（OIS）とのスプレッド．
出所：新形（2016）59ページ，図表4-2．
原資料：Bloomberg

図 6-11 インターバンク市場の信用リスク（ユーロとドル）

表 6-3　ギリシャの銀行等[1]

	2009年12月	2010年6月	2010年12月	2011年6月
(1)　現金	25	22	21	22
(2)　ギリシャ中銀に対する資産	82	101	106	108
(3)　銀行など（その他のMFIs）に対する資産	1,122	1,164	889	836
国内	129	90	72	65
その他ユーロ地域	619	604	456	457
その他諸国	374	470	361	313
(4)　非銀行部門に対する資産	2,141	2,809	2,806	2,714
国内	2,011	2,739	2,740	2,650
一般政府	120	158	182	133
その他	1,891	2,581	2,558	2,516
その他ユーロ地域	16	18	21	24
その他諸国	114	52	44	40
(5)　証券[2]	960	782	753	751
国内	526	429	459	496
中央政府	336	417	448	491
その他ユーロ地域	70	57	49	39
その他諸国	364	296	245	211
株式等[3]	190	187	194	199
国内	69	70	73	73
その他	121	117	121	127
その他資産[4]	406	353	380	353
総資産	4,926	5,377	5,150	5,009
（参考）不良債権比率	9.5	11.6	14.1	17.6
消費者ローン	15.6	21.0	26.7	32.1
住宅ローン	9.1	11.6	14.2	17.3
ビジネスローン	8.3	9.6	11.5	14.9

注：1)　ギリシャ中央銀行を除くMFIs.
　　2)　株式，デリバティブを除く.
　　3)　MMFsを除く.
　　4)　原表の(6)(8)～(11)欄の計.
出所：Bank of Greece, *Aggregate Balance Sheets of Monetary Financial Institutions* より.

ック以降はその較差は拡大した．いわゆる「ドル不足」の発生時の現象である．しかし，2009年後半からはユーロ建てスプレッドはドル建てのそれを上回り，かつ前者は2011年から2012年にかけて再度のピークを記録した．

第6章　複合危機としてのユーロ危機　　183

のバランス・シート（資産）

(単位：億ユーロ)

2011年12月	2012年6月	2012年12月	2013年	2014年	2015年	2016年	2017年
24	24	25	20	19	17	18	18
51	35	31	40	35	17	9	20
687	490	483	330	280	245	175	147
28	18	18	30	12	3	6	3
373	222	228	105	65	50	34	33
286	250	237	195	204	191	134	111
2,674	2,527	2,420	2,317	2,273	2,183	2,065	1,937
2,610	2,465	2,368	2,266	2,228	2,137	2,021	1,903
142	80	97	91	112	98	74	69
2,468	2,385	2,271	2,175	2,116	2,039	1,947	1,834
23	23	21	22	21	23	21	16
41	39	31	30	24	23	23	19
718	664	796	731	709	735	629	284
458	196	189	128	124	140	117	123
450	188	186	127	124	139	117	121
36	218	365	389	388	440	328	79
224	250	243	214	198	156	184	82
203	184	189	176	154	141	93	87
69	60	66	58	50	55	42	41
135	124	123	118	104	87	51	46
412	410	477	459	508	522	530	521
4,769	4,384	4,422	4,074	3,978	3,860	3,518	3,014
21.5	27.7	31.3	39.5	43.5	48.1	48.5	47.2
38.1	46.0	50.8	55.8	57.8	63.0	62.4	57.8
21.2	26.1	27.6	34.4	35.6	41.0	41.5	43.5
18.7	25.0	29.3	39.0	45.0	49.0	49.7	47.3

ギリシャの銀行とユーロ域銀行との間のインターバンク市場が収縮していることを反映している[19]．

　次に，銀行の信用業務の中核である「非銀行部門に対する資産」項目をみ

ると，ユーロ域，その他海外地域への貸出はネグリジブルであり，あくまでも中心は国内の「その他」，すなわち国内企業，個人部門向けが中心である．危機勃発後から半年間で貸出残高26％を増加させ2,581億ユーロに乗せた後は漸減がつづき2017年には2009年の残高を下回った．したがって，ネットでいえば回収超になっており，信用創造は行われておらず，クレジット・クランチが続いた，と考えられる．ちなみに，表6-3の参考欄に示したギリシャの銀行の不良債権比率は2009年以降，増加をつづけその他の金融危機を示す指標が減速する2012年以降も急増して，2016年には48.5％と驚異的な水準になっている．なかでも消費ローンの不良債権比率はさらに高い60％台となっている．

　さらに銀行の証券投資なかでも国債投資の推移をみよう．ここでは貸付その他と異なって，特徴的な動きがみられる．国債投資残高は2009年には336億ユーロだったものが2011年まで漸増をつづけ，年末には450億ユーロに達した．しかしその後2012年半ばには大幅に減少させ（マイナス267億ユーロ），その後は漸減で推移した．ギリシャの銀行はおそらく2009年から2011年までは海外，特にユーロ域の投資家（銀行）による国債売却の「受け皿」になったのであろう．その際に，国債を担保にして中央銀行からの借入を行った．その後は減少が続くが，これはユーロシステムによる国債購入に支えられた側面がある．

　次に，ギリシャ中央銀行のバランス・シート資産側をみてみよう（表6-4）．ユーロ域の中央銀行のバランス・シートを検討することは，とりもならさずユーロ域の金融政策を検討することである．なぜならば，ユーロ域の各国中央銀行は，原則として，ECBの政策理事会の決定に従ってオペの実施を執行しているにすぎないからである．ギリシャ中央銀行の資産規模の推移をみると，2011年までにユーロ危機以前の2007年から約4倍の1,684億ユーロに膨張し，2012年もほぼ変わらぬ規模で推移したあと，2年間は減少したが2015年には再度ほぼ2011年の規模に急増し，その後は漸減している．まず金融調整のための貸出はギリシャ危機直後の2010年に前年

のほぼ2倍の977億ユーロに達した．内訳はおもに主要リファイナンス・オペ（151億ユーロ）と長期リファイナンス・オペ（609億ユーロ）である．その後，通常の金融調整のための貸出は危機が進行する2011年にはむしろ漸減し，それ以降も2011年の規模に戻ることはなかった．一方，注目されるのは「金融機関向けその他債権」である．2011年に一挙に520億ユーロが供給され2012年には2倍化しその後2年間は急減するが2015年には再び690億ユーロとなった．

　2009年までのバランス・シートに登場しなかった「金融機関向けその他貸出」とはELA（Emergency Liquidity Assistance：緊急流動性支援）による貸出である．ELAとは①ECB政策員会が決定するオペとは別に，②各国中央銀行が自らの責任と負担で独自に行う，③例外的な状況下での，④ケースバイケースで判断される，⑤流動性不足に陥ってはいるものの債務超過ではない金融機関に対する，⑥システミック・リスクに対応するための，⑦ECB理事会における3分の2以上の賛成による承認を必要とする，貸付のことである．とくに重要な点は通常の「金融調節の（貸出）」から発生する損失の負担のケースとは異なり，ELAの場合には，当該国の債務保証を要すること，また万一ELAに貸倒れ（損失）が発生した場合にはユーロシステム（ユーロ域の他の中央銀行）はその負担を負わないことである[20]．

　以上の金融政策に伴う，またELAなどの正規の金融政策を伴わない中央銀行の信用供与は民間銀行の「ギリシャ中銀に対する負債」に対応している．

　次に，中央銀行の負債項目をみよう（表6-5）．まず銀行券[21]であるが，2007年以降，一見，順調に増加しているようにみえる．たしかにGDPが成長している経済では銀行券の発行はそれに伴って増加する（＝いわゆる成長通貨）のであるが，ギリシャ経済は2008年以降マイナス成長が6年間つづき，とくに2010年から2011年，2012年にかけて成長率は－5.5，－9.1，－4.0となっている．しかも市中銀行の預金額も2010年半ばから2017年まで漸減をつづけていることを考えると銀行券の発行増は前向きのものではなく，預金の取付け，現金の退蔵，さらには資本逃避（capital flight）の性格を有す

表 6-4　ギリシャ中央銀行のバランス・シート（資産）

年末	2007年	2008年	2009年	2010年	2011年	2012年	2013年
外貨準備	31	32	47	60	68	60	52
外貨貸出	7	25	3	3	10	3	3
金融調整（貸出）	87	384	497	977	762	193	632
金融機関向けその他債権	0	0	0	0	520	1,019	98
証券	170	145	207	238	211	208	214
金融政策目的	—	—	7	49	78	70	61
その他証券	—	—	200	190	134	138	153
対政府債権	82	78	73	69	67	62	57
対ユーロシステム債権	14	15	16	16	16	18	17
ECB持分	4	4	4	5	5	5	5
ECBへの外貨移転債権	10	10	11	11	11	11	11
その他資産	35	30	23	23	30	35	22
総資産	426	709	866	1,386	1,684	1,598	1,095

出所：*Annual Report of the Bank of Greece* 各号より作成．

表 6-5　ギリシャ中央銀行のバランス・シート（負債）

年末	2007年	2008年	2009年	2010年	2011年	2012年	2013年
銀行券	163	183	209	218	230	236	246
準備預金（定期などを含む）	71	78	80	105	47	22	20
当座預金	66	49	46	33	25	17	7
政府預金	12	15	13	8	38	57	35
対ユーロシステム債務	132	378	491	951	1,232	1,128	620
銀行券調整	24	25	1	79	184	145	108
TARGET2債務	108	353	490	871	1,048	984	511
その他	48	55	73	104	137	155	174
総負債	426	709	866	1,386	1,684	1,598	1,095

出所：*Annual Report of the Bank of Greece* 各号より作成．

る「後ろ向き」のものが含まれると思われる．つぎに準備預金と当座預金はやや違った動きを示すが，前者は2010年にピークの105億になったのち2011年には一挙に半減し，その後2016年まで漸減している．後者，当座預金2007年以降2013年まで漸減したままである．両預金は機能がやや異なるがいずれも中央銀行が金融政策を実行するさいに創造した「自己宛債務」＝

（単位：億ユーロ）

	2014 年	2015 年	2016 年	2017 年
	63	67	78	77
	6	6	2	3
	560	386	230	121
	0	690	437	217
	311	400	572	739
	58	207	425	606
	253	191	147	133
	52	48	63	57
	18	18	19	19
	6	6	6	6
	12	12	12	12
	22	20	23	21
	1,032	1,635	1,424	1,254

（単位：億ユーロ）

	2014 年	2015 年	2016 年	2017 年
	272	288	299	311
	31	14	9	20
	29	13	9	20
	69	37	83	111
	545	1,140	856	642
	52	196	133	48
	493	944	723	594
	115	156	177	170
	1,032	1,635	1,424	1,254

中央銀行預金（通貨）が中心で，いわゆるベースマネーの中核である．金融政策にともなう信用供与は資産側に「金融調整（貸出）」，ELA などの「金融機関向けその他債権」「金融政策目的の証券」が記帳され，それに対して負債側でそれに対応して中央銀行預金（準備預金，当座預金）が創造される．中央銀行レベルでの信用（貨幣）創造である．したがって，当初はこれらの金額は一致するはずである．現実にはこれは大きく乖離してそれを埋めている最大の負債項目が ECB，ユーロシステムに対する負債，なかでも TARGET2 債務である．TARGET2 システム，TARGET2 バランスに関しては後に詳述するが，ここで要約的に述べれば，ギリシャ国内からその他ユーロ諸国へのユーロ建て資金の流出がその他ユーロ諸国からギリシャへの流入を上回った場合，その差額だけのギリシャ中央銀行預金（貨幣）が流出して減少する．そしてそのネットの差額は ECB，ユーロシステムへの債務である TARGET2 債務を形成し，上の事情が続けば残高として積み上っていく．いま，TARGET2 債務の残高の推移を確認すると 2007 年に 108 億だったものが，その後急増し，2011 年には 1,232 億ドルに達し，その後漸減したのち，2015 年には再び 1140 億ユーロと急増している[22]．

4. TARGET バランスの形成とユーロシステム

(1) TARGET システムと TARGET バランス

　TARGET バランスの前提となる TARGET 決済システムはユーロ導入の 1999 年 1 月に活動を開始したが，2008 年 5 月に第二世代の TARGET2 に引き継がれた．TARGET2 は RTGS（即時グロス決済システム）が組み込まれるなど新たな改良も加えられたが，基本的な目的は変わらず，ユーロ各国の中央銀行とその上位に位置する ECB（欧州中央銀行）から構成されるユーロシステムの金融政策のニーズを充足し，そのためにも，とくにユーロ域のクロスボーダーの支払・決済の効率的・安定的機能を提供することである[23]．TARGET2（以下 TARGET と略す）システムは民間銀行，ユーロ各国中央銀行（NCB）および，中央銀行の「銀行」たる ECB の三層からなっている．TARGET システムにアクセスするためには民間銀行は各中央銀行に口座を開設し，さらに各 NCB は ECB に口座を開設する必要がある．

　さて，TARGET2 バランス（以下 TARGET バランスと略す）であるが，それを抽象的に定義すれば，「TARGET システムを介して，中央銀行の準備（預金）をつかってクロスボーダーの支払から生じるユーロシステム間のネットの債権・債務である．」[22] 模式図を使って TARGET バランスの形成を説明しよう（図 6-12）．ギリシャの銀行に預金口座をもつ顧客 a がドイツの企業 b から商品を購入し，その支払は TARGET システムを介して実行される．a は取引銀行 A に預金での支払を指示し，預金口座から支払金額が引き落とされ，それに対応して A 行はギリシャ中銀の自行口座から同額を引き落とし，同時に B 行のドイツ中銀（ドイツ連銀）に保有する預金口座に入金し，B 行は顧客 b の預金口座に入金する．この時点で，顧客 ab 間の債権・債務は決済され，また A 行と B 行間の債権債務も決済されている．しかしギリシャ中銀がドイツ連銀に負う債務は決済されず残存する．しかも両中央銀行間の債権債務は営業日ごとに ECB の対ギリシャ中銀債権，対ドイ

第6章　複合危機としてのユーロ危機　　189

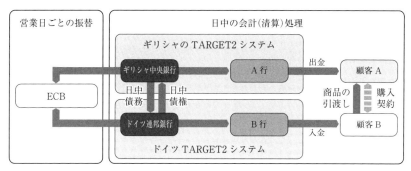

出所：Deutsche Bundesbank, *Montly Report December* 2017, p. 25 より作成.

図 6-12　TARGET バランス2の形成

ツ連銀債務に振り替えられる．言い換えれば，ギリシャ中銀はTARGETバランス債務を，ドイツ連銀はTARGETバランス債権を持つことになる．その際，ECBは中央清算機関（central counterparty）として機能していることにもなる．ユーロ域内の中央銀行間のバイラテラル（2国間）の債権債務は参加国中銀数がn行とするとn(n−1)個（2018年現在で19×18＝342）にもなるが，それがECB対参加国中央銀行数の債権ないし債務に集約されるのである．

　上の例では，ドイツからギリシャへの輸出に伴うギリシャからドイツへの支払を想定し，その際にギリシャ中央銀行のTARGETバランス債務の形成を確認した．しかし逆の支払の方向ももちろんあるわけで，その際，財やサービスの（ドイツからみての）輸入だけではなく貸付や投資などの金融取引も考えられる．金融取引の場合には，新規の貸付，投資だけでなく返済や償還や売却によってクロスボーダーの支払が発生する．先の例に戻ると，ギリシャからドイツへの支払の場合はギリシャにとってはTARGETバランス債務，ドイツにとってはTARGETバランス債権が形成された．反対に，ドイツからギリシャへの支払が発生するのはドイツの銀行がギリシャの銀行へ貸付をおこない，その支払がTARGETを使って実施される．その場合には，ギリシャ中銀にTARGET債権が，ドイツ連銀にはTARGET債務が形成さ

れる．ドイツからギリシャへの商品の輸出に伴う支払金額とドイツからのギリシャへの貸付金額が同額であれば，その他の決済が一切ないと仮定すると，TARGET バランスは相殺されて 0 になる．ユーロ導入の 1999 年から 2006 年頃まではユーロ域内の TARGET バランスはほぼ 0 ないしきわめて少ない残高の範囲で変動していた，すなわちほぼ均衡していたのである．

(2) TARGET バランスの拡大とその背景因

　ユーロ導入から続いていた TARGET バランスの均衡化の状態は言い換えれば，経常収支の不均衡を前提にすればユーロ域内の金融市場の統合が進行していたことを意味する．とくに各国の銀行システムにおいてクロスボーダーのインターバンク市場での資金調達が高度に発展していたのである．したがって，一国全体でみれば，銀行は支払の流出を流入する資金調達で相殺できたのであり，したがって銀行システムのクロスボーダーの支払は全体としては均衡化した．しかし，いったん金融危機が勃発すると，端的にはカンターパーティー（取引相手）に対する信用リスクを懸念して，インターバンク市場やその他の短期金融市場での資金調達が麻痺する．

　その際，クロスボーダーのインターバンク市場での新規の資金調達が不可能になるだけではなく，過去の借入の返済や負債証券の償還の必要性が高まると，危機国の銀行システムは現在の支払の流出を流入でまかなうどころか，過去の負債の返済のための支払の流出が追加される．さらに加えて，金融危機が深刻になれば，銀行預金は資本逃避によって他のユーロ諸国に移転する場合がある．これらの結果 TARGET バランスの債務額が増加する．一方，危機国の銀行に貸出していた国の銀行システムは新規の貸付をせず，さらに過去の貸付の回収を行って TARGET によるネットの支払が流入超になり，TARGET バランス債権が増加する．各中央銀行の中央銀行預金（準備預金を含む－以下同じ）は TARGET バランスの債務超側の銀行の中央銀行預金は減少し，反対に TARGET バランスの債権超側の銀行システムの中央銀行預金は増加している．

ネットで資金＝中央銀行預金の流出に見舞われた銀行システムは，市場での資金調達が不可能な状況下では中央銀行からの資金調達（借入）に頼らざるを得ない．これに対してユーロシステムはカウターパート（相手銀行）のソルベンシー（支払能力）を考慮しながら貸出ないし証券買取りオペなどの金融調整で資金＝中央銀行預金を供給する．

金融調整オペによって中央銀行の資産側に生じる民間銀行向けの債権はその償還期まで中央銀行のバランス・シートに残存する．しかし，債務側に創造された当座（準備）預金は TARGET を使ったクロスボーダー向け支払によって他のユーロ諸国の中央銀行に流出する．ある中央銀行に保有されている中銀預金がその中央銀行によって創造された中銀預金額と一致しない場合には，中央銀行の資産額と負債額を一致させるための調整項目が必要とされる．そしてこの調整項目が TARGET バランスである[25]．すなわち，中央銀行の負債側の中銀預金がはじめに創造した中銀預金を下回った場合には TARGET バランスの債務が記帳され，他方，バランス・シートの負債側の中銀預金が当初，創造された中銀預金額を上回った中央銀行には TARGET バランスの債権（資産）が記帳される．かくして，中央銀行の信用オペ自体は TARGET バランスには直接的には影響を与えないがそれによって創造された中銀預金が借り手銀行によってクロスボーダーでの支払に利用される場合には，TARGET バランスに影響を与える．たとえば，ある銀行が他のユーロ国の銀行に TARGET を使って支払を行った場合には，送金側銀行の中央銀行は同銀行の中銀預金を引き落し，一方，受取銀行の中央銀行は受取銀行の預金勘定に入金する．2つの中央銀行はそれぞれの資産と負債を均衡させるためにクロスボーダーでの支払の結果，両方の中央銀行の TARGET バランス残高は変化することになる．当初，送金側の中央銀行が TARGET バランス債務を有しており，対して受取側の中央銀行が TARGET バランスの債権を持っていたとするとクロスボーダーでの支払の結果，送金側の中央銀行の TARGET バランスの負債額は増加し，受取側の中央銀行の TARGET バランスの債権は増加する（図 6-13）．

金融危機，そしてソブリン債務危機が進行するなかで，銀行間預金や顧客預金が他のユーロ諸国に流出するギリシャなどの周辺国の銀行システムは資金が不足して最後には ECB，ユーロシステムに頼らざるを得ない．これに対して，通常の金融政策（主要リファイナンス・オペ，長期リファイナンス・オペ）の他にカバード・ボンドや証券市場プログラム（SMP）などの証券買切りオペさらには既述した各中央銀行独自の ELA（緊急流動性支援）などによって流動性＝中央銀行預金が供給される．同預金が他のユーロ諸国に流出する場合には TARGET バランス債務が増加する．他方，比較的，安定的なユーロ諸国の銀行システムには TARGET システムを介して資金が流入して資金が過剰になり，中央銀行には必要準備を超える当座預金が積みあがり，預金ファシリティや流動性吸収オペによって資金吸収が試みられる．そのようなユーロ諸国の中央銀行には TARGET バランス債権が増加する．危機のなかで，ユーロ域は資金が不足する諸国と資金が過剰になる諸国に分極化していった（図 6-14a, b）．

(3) 金融危機の連鎖と TARGET バランスの展開[24]

TARGET バランスの不均衡の開始はユーロ危機の開始（2010 年春以降）とは一致しない（図 6-15）．最初の局面は 2007 年 8 月，世界金融危機の前兆ともいうべきいわゆるパリバ・ショック後，インターバンクの短期金融市

TARGET バランス債権を保有する中央銀行		TARGET バランス債権を保有する中央銀行		TARGET バランスを保有しない中央銀行	
資産	負債	資産	負債	資産	負債
貸付	銀行券	貸付	銀行券	貸付	銀行券
	預金	TARGET2貸付債権	預金		預金
	TARGET2債務			その他（金融資産を含む）	
その他（金融資産を含む）	その他	その他（金融資産を含む）	その他		その他

出所：ECB, *Monthly Bulletin*, Octorber 2011, p. 38 より．

図 6-13 各中央銀行の TARGET バランス

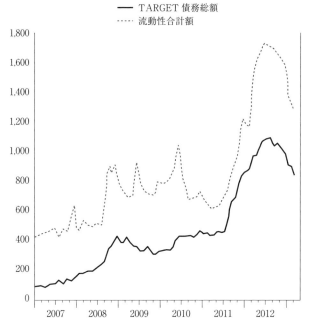

注：流動性供給には主要リファイナンス・オペ (MRO)，長期リファイナンス・オペ (LTRO)，限界貸付ファシリティ，証券買切りオペ（カバード・買入れプログラム，証券市場プログラム (SMP)）およびその他（ELA を含む）．
出所：ECB, *Monthly Bulletin*, May 2013, p. 108.

図 6-14a TARGET バランス債務総計とユーロシステムの流動性供給

場（マネーマーケット）が逼迫した時であり，とくにユーロ域の大国の TARGET バランスが拡大した．第 2 の局面はリーマン・ショック後の 2008 年 10 月以降である．アイルランドやギリシャなどの小国が，ユーロシステムから信用供与を享受しながら全般的な TARGET バランスの不均衡に寄与することになる．ソブリン債務危機が勃発する 2010 年春以降が第 3 の局面である．政府の債務危機に陥ったギリシャ，アイルランド，ポルトガル，そしてその伝播を受けるスペインが新規で顕著な TARGET バランスの不均衡（債務）を示す．一方，イタリアは TARGET バランスの債権超が消滅する．同時に，ドイツ，オランダ，ルクセンブルクの TARGET 債権バランスがい

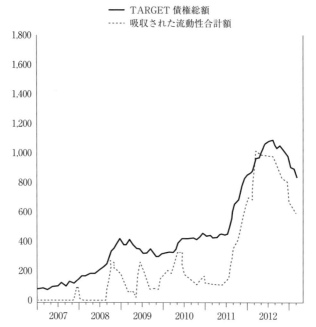

注：流動性吸収には預金ファシリティ，流動性吸収微調整オペおよび必要準備を超過した，当座預金保有を含む．
出所：ECB, *Monthly Bulletin*, May 2013, p. 108.

図 6-14b TARGET バランス債権総計とユーロシステムの流動性吸収

っそう拡大した．第4の局面はイタリア，スペインによる対外的な金融へのアクセス困難が深刻化して TARGET バランス債務の拡大に弾みがついた．とくに 2012 年5月から6月にかけては通貨同盟自体の健全性への疑念から資本逃避あるいは同じ理由から特定国の銀行における資金調達が困難をきたした．そして結果的にみれば TARGET バランス不均衡の1つのピークとなった．

その後 2012 年8月頃から TARGET バランスはほぼ2年間にわたって減少に向かう[27]．そのきっかけになったのは ECB の金融政策，とくに 2012 年9月6日に政策理事会において採択された域内諸国国債の無制限購入を内容とする OMT（Outright Monetary Transaction）の導入などである[28]．

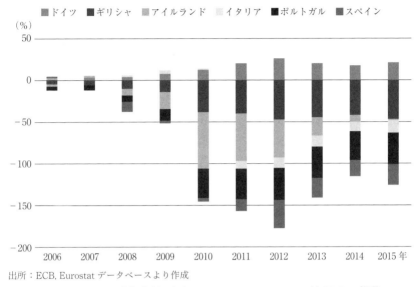

図 6-15　ユーロ周辺国とドイツの TARGET バランス対 GDP の推移

5. TARGET バランスの不均衡と国際収支≒金融収支危機の回避

　TARGET バランスの変化はユーロ諸国の中央銀行預金の他のユーロ諸国へのネットの移転を反映するので，その国の国際収支に記帳される．もし特定のユーロ域国が TARGET システムを介して受取よりも多くの資金を送金した場合にはその差額はその国の国際収支金融勘定における ECB に対する同国中央銀行の同額の債務によって相殺される．すなわち TARGET バランスは国際収支金融勘定の一部である．
　国際収支の恒等式は

　　　経常収支＋資本収支＋誤差・脱漏＝金融収支　　　　　　(1)

このうち，金額の小さい資本収支と調整項目である誤差・脱漏を無視すると (1)式は

経常収支＝金融収支 (2)

TARGETバランスは金融勘定に含まれる「その他投資」の一部を構成する

金融収支＝直接投資＋証券投資＋派生金融商品＋その他投資＋準備資産 (3)

「その他投資」は部門別に次の項目に分解できる．

その他投資＝中央銀行＋政府＋貨幣的金融機関＋その他私的部門 (4)

ユーロ域内の国際収支を対象にするので「準備資産」を除いて(2)と(3)と(4)を整理すると

経常収支＝直接投資＋証券投資＋派生金融商品＋その他（中央銀行）＋その他（政府）＋その他（貨幣的金融機関）＋その他（その他私的部門） (5)

TARGETバランスは特定ユーロ域国の中央銀行預金の他のユーロ諸国中央銀行へのネットの移転を意味するので，ΔTARGETバランス≒中央銀行対外収支である[29]．

表6-6 スペインの国際収支

	2006年	2007年	2008年	2009年	2010年	2011年	2012年
経常収支	−883	−1,054	−1,047	−505	−470	−398	−115
金融収支 [1]	1,114	867	700	415	276	−805	−1,743
直接投資	−585	−532	16	−19	15	−70	242
証券投資	1,996	104	−2	448	287	−275	−558
資産	−39	−87	−218	35	−647	−424	33
負債	1,957	955	−220	483	−360	−700	−525
その他投資	−316	397	757	47	−112	−439	−1,510
資産	661	561	123	40	176	357	457
負債	3,444	958	880	87	64	−83	1,054
中央銀行 [2]	−258	143	302	105	157	1,091	1,735
ユーロシステムに対する債務	−123	283	317	61	98	1,241	1,624

注：1) スペイン中央銀行を除く．（＋）は資金流入，（−）は資金流出．
　　2) （−）は対外債権増，（＋）は対外債務増．
出所：Banco de Espania, *Economic Bulletin*, Economic Indicators 7.1, 7.2 より．

ΔTARGETバランスを左辺に移項して整理すると

$$\Delta \text{TARGET バランス} \fallingdotseq 経常収支 - 直接投資 - 証券投資 - 派生金融商品 \\ - その他私的投資 - その他公的投資（TARGET \\ バランスを除く） \qquad (6)$$

となる．

右辺がマイナスになれば，TARGETバランスの債務増（資金流入），右辺がプラスであればTARGETバランスの債権増（資金流出）となる．

既述のように，TARGETバランスは1999年から2006年まではほぼ均衡していたがユーロ危機が頂点に達した2012年半ばにその不均衡はピークに達した．

ユーロ危機が直撃したユーロ周辺国のなかで，国際収支統計にTARGETバランス≒対ユーロシステム債権（債務）が明示されているスペインを取りあげてみる（表6-6）．危機時のTARGETバランスがどの国際収支項目に規定されたかに注目してみよう．2006年以降スペインの国際収支動向は3ないし4つの局面に分けることができる．2000年代前半から2006年までは私的な資本が銀行貸付や証券投資の形態で経常収支赤字をファイナンスした，正確にはユーロ域などの銀行による与信（貸付や投資）の増大が経常収支の赤字を拡大させた局面である．これを2006年についてみると，経常収支赤字（883億ユーロ）を私的金融収支（1,114億ドル）でまかなっている．資金の流入形態は証券投資と銀行信用である．TARGETによる支払を受取が上回ったことによるTARGETバランスの債権増加が発生している．

2007年に入ると経常収支赤字はいっそう増加して1,053億ユーロとなるが私的金融収支は経常赤字を埋めることができず，ユーロシステムへの債務283億ユーロが発生し，総合収支赤字をまかなっている．

2013年	2014年	2015年
156	102	402
819	56	−653
144	94	−294
345	61	59
−64	530	701
281	591	760
340	51	−431
−594	−51	79
−253	48	−352
−1,171	−267	402
−1,367	−470	51

2008年から2010年まで経常収支赤字は漸減するが金融収支黒字も漸減して経常収支赤字を埋めることができなかった．2008年と2010年では資金流入となっていたスペイン外からの証券投資が回収に転換して，資金の流出につながっていく．とくに後者はスペインからの投資証券の売却超となってソブリン債務危機の影響がみてとれる．しかし，2011年から2012年になると局面は大きく変わり，経常収支赤字は連続してさらに縮小するが，逆に金融収支赤字は急増する（2011年－805億ユーロ）が2012年にはさらに金融収支赤字は2倍化して－1,743億ユーロまでに拡大する．特徴的なのはスペイン外からの証券投資と貸付が回収に回っていることである．経常収支赤字と金融収支赤字は合わせて約2,000億ユーロに達し，激しい資金流出が想像できる．2013年，2014年になると今度は一転して，経常収支，金融収支ともに黒字となり，総合収支はもちろん黒字でTARGETバランスは債権増になっている．

ここで2011年と2012年のケース，すなわち，経常収支赤字，金融収支赤字のケースを考えてみよう．本来であれば，このような総合収支の赤字は大国スペインに激しい通貨危機をもたらしたはずである．TARGETバランスの債務増でそれを回避した．忘れてならないのは発生したであろう国際収支危機は経常収支危機ではなく，金融収支危機であることである．この点では1997年7月タイを皮切りに伝播したアジア通貨危機を想起させる．アジア通貨危機では1990年代初頭から経常収支の赤字を大幅に上回る金融収支黒字が貸付や投資の形態で流入し東アジア諸国の外貨準備を積み上げていった．しかし1997年7月以降，これら諸国内部の金融危機を契機に流入資金は逆流し，今度は縮小ないし黒字化しつつあった経常収支額を大幅に上回る金融収支（当時は資本収支という用語が使われていた）赤字に転化し，累積していた外貨準備はたちまちに枯渇し，ついには為替レートの急速かつ大幅な低下に見舞われた．金融支援に乗り出したIMFも当初は危機の本質は伝統的な経常収支赤字であると主張していたが，2000年代に入ると，アジア通貨危機を資本（金融）収支危機であったと規定しはじめる[30]．2011年から

2012年にかけてのユーロ危機を国際収支という観点からみると，アジア通貨危機と同根の資本＝資金の大量流入と大量流出が認められる．通貨危機として発現させなかったのは，ユーロシステムの機構的存在である．危機国から還流する資金の決済手段を供給したのはユーロシステムによる中央銀行預金の「創造」であり，「外貨準備」ではなかった．債務のTARGETバランスの増加はその結果である．

むすびにかえて

　異説はあるもののユーロ危機の開始は2009年10月，ギリシャ政府による前政権による財政赤字粉飾の暴露を契機にギリシャ国債の暴落＝利回りの高騰に求める見解が通説である．国債利回りの高騰は，アイルランド，ポルトガル，さらにはスペイン，イタリアまで伝播していった．したがってユーロ危機をソブリン債務危機に求めるのが一般的である．しかしユーロ危機をもたらした歴史的背景を考えてみると，ユーロ導入から時をおかず2000年代に展開された信用拡張を梃子にした投資・消費ブーム＝バブル経済の発展と崩壊に行き着く．とくにユーロ周辺国のブームとバスト（崩壊）を誘引したのは内外からの銀行による信用供与であった．とくにユーロ中心国（ドイツ，フランス，オランダ）の銀行は一方では米国のサブプライム・ローンブームに深く関与し，他方でユーロ周辺国へ大量の与信（貸付・投資）を2007年前半まで続けた．他方，ユーロ周辺国の銀行ではいわゆる市場的銀行業[31]（market-based banking）の一定の発展がみられ，したがって海外の銀行がこれら国内に信用供与する際には，直接，企業や政府に向かう場合もあるが，かなりの割合で直接的には国内銀行に与信（預金・貸付）された．すなわち内外の銀行は国際金融市場の「神経システム」と目されるインターバンク市場を通じてネットワークを形成しているのである．この国際金融におけるインターバンク市場は，遠く1950年半ばに発生するユーロカレンシー（≒ダラー）市場に起源をもっているが，基本的には短期で不安定な市場であり，

とくに信用リスクに過敏である.

　米国に端を発する世界金融危機（great financial crisis）の予兆はドイツやフランスなどの欧州中心国で始まった（2007年）. その際, とくにアイルランド, スペインでは国内銀行が資金調達を依存していた国際的インターバンク市場が麻痺して, 早くもECBからの流動性供給を受ける. バブルの崩壊で「ホームメード」の銀行危機が進行したなかで, 既述した流動性危機は本格的な銀行倒産, さらには銀行の国有化をもたらした.

　リーマン・ショック後の2008年10月から欧州も本格的な景気後退（great recession）に突入するが, この過程でユーロ周辺国の財政赤字や政府債務が急増する. とくに銀行への資本投入を行ったアイルランド政府やスペイン政府の財政悪化は顕著であった. これに対して, ユーロ危機の発端となったギリシャでは銀行危機→ソブリン債務危機という道筋ではなく, まずソブリン債務危機が突発したという点で特異であった. しかしギリシャは1990年代から継続するかたちで, すでに2000年には政府借入残高対GDP比は100％（107％）を超えていた. 2008年の同比率は微増の108％だったが, 絶対額ではこの間年平均7.1％で増加していた. 政府借入残高対GDP比率が微増に止まったのはこの間のGDPの増加, すなわち経済の成長に支えられたからである. したがって, 経済成長が鈍化し, さらにマイナス成長になれば, 一気に財政悪化は表面化する.

　ギリシャ国債の暴落＝利回り急騰は同様な財政悪化が予想されるアイルランド, ポルトガルに直ちに伝播し, 時をおいて2012年までにはスペイン, イタリア, さらには周辺国ではないベルギー, フランスへも波及した.

　ソブリン債務危機が銀行危機を惹起するのはさしあたり銀行の資金調達市場を介してである. この点をギリシャの銀行, ギリシャ中央銀行を対象に検討した. ギリシャの銀行では, ソブリン債務危機以来, インターバンク（預金）市場, 顧客預金市場の収縮がつづき流動性危機が進行した. これに対して, ユーロシステム, 中央銀行借入で, 資金不足を埋めようとするが完全には代位・補完できなかった.

中央銀行サイドからみると様々な信用オペレーション，なかでもユーロシステムの正規の金融政策をともなわない ELA（緊急流動性支援）が間歇的に供与されているのが目立つ．中央銀行の負債側に目を移すと，まず銀行券発行が，マイナス成長が続くなかで増加している．「成長通貨」としてではなく，現金の退蔵や資本逃避の性格をもつ「後ろ向き」の発行が含まれている．次にいわゆるベースマネーの中心を占める中銀預金（準備預金，当座預金を含む）は 2010 年以降，極端に減少している．本来，中銀預金は金融政策にともなう信用供与に対応して，負債側に「創出」される．当初は資産側の信用供与額と負債側の中銀預金は一致するはずである．しかし残高ベースでみると両者は大幅に乖離している．結論的に言えば，ギリシャ国内からその他ユーロ諸国へのユーロ建て資金の流出がその他ユーロ諸国からのギリシャへの流入を上回った場合，その差額だけの中央銀行預金がその他のユーロ諸国に流出して減少する．そしてそのネットの差額は ECB, ユーロシステムに対する債務である TARGET バランスを形成し，それが持続すれば TARGET バランスが残高として積み上がっていく．したがって中銀預金の減少を TARGET バランスの債務が埋めているのである．

つぎにユーロ域の決済システムである TARGET システムを説明したあと，TARGET バランスの形成を具体的に示した．ユーロ導入から 2006 年頃までは TARGET バランスはほぼ均衡していたが，2007 年に入ると世界金融危機の影響をうけてユーロ中心国から周辺国へ流入していた資金が還流をはじめ，それにしたがって TARGET システムを使った決済の流れが不均衡となって TARGET バランスは積み上げていった．この流れはソブリン債務危機勃発後の 2010 年から 2012 年まで続く．銀行の資金が他のユーロ諸国に流出し流動性が不足する危機国の中央銀行は信用オペによってそれを代位しようとするが，資金流出が持続するかぎり，中銀預金も流出し同中央銀行には TARGET バランスの債務が積み上がり，対極にユーロ周辺国から流入資金が流出資金を上回るユーロ諸国には TARGET バランスの債権が積み上がり，中央銀行への流入資金も過剰になる．ユーロ域の金融市場が分断されたので

ある.

　最後に TARGET バランスと国際収支との関係をスペインを例に検討した. TARGET バランスの変化はユーロ諸国の中央銀行預金の他のユーロ諸国へのネットの移転を意味するのでその国の国際収支に反映される.

　TARGET バランス＝中央銀行の対ユーロシステム債権（または債務）とすると TARGET バランスは国際収支金融勘定の一部である. スペインの TARGET バランスの形成＝変化がどの国際収支項目によって規定されるかに注目した. TARGET バランスを基準に総合収支の動向をみると, 2006 年では経常収支赤字を私的金融収支がまかなって余りあり, TARGET バランスは債権増になっている. 2007 年に入ると経常収支赤字はいっそう増大するが, 私的金融収支で埋めることが出来ずユーロシステムへの債務（債務の TARGET バランス）が発生して総合収支をファイナンスしている. 2008 年から 2010 年にかけて経常収支赤字は漸減するが, 私的金融収支黒字も漸減して, TARGET バランスは負債増となっている. しかし, ソブリン債務危機がピークをむかえる 2011 年から 2012 年にかけては大きく局面が変化し経常収支赤字は連続してさらに減少するが, 逆に金融収支は赤字化して急増する. 経常収支赤字と金融収支赤字を合わせた総合収支赤字はピークをむかえる. 2013 年からはさらに一転して経常収支は黒字化し金融収支も黒字化するのである.

　本来であれば国際収支危機として発現したはずの 2007 年から 2012 年にかけて, とくに 2011 年, 2012 年は金融収支に急激で大幅な赤字がみられ, 通貨危機として発現する（アジア通貨危機の例）はずであるが TARGET バランス債務によってこれを回避した. しかし危機国から回収される資金の決済手段を供給するのはユーロシステム（中央銀行）の信用オペであり, 実体的には中央銀行預金（通貨）の供給であって「外貨準備」ではない.

　ユーロ危機は以上のように銀行危機, ソブリン債務危機, 国際収支≒金融収支危機が密接に関連して発現, 展開され, TARGET バランスの不均衡の縮小にみられるように 2012 年頃, 一応の終息をみる.

しかし，ユーロ危機の震源地と目されるギリシャの実体経済に目をやると，危機は終焉するどころか長い不況と停滞を続けたことがわかる．そしてようやくに2018年8月20日，第3次金融支援を含めてEUからの金融支援プログラムからの脱却が報道されている．

主要な経済指標を列記すると（表6-1参照），国民総生産（GDP）は2008年以来マイナス成長が6年間つづき，2014年わずかにプラスに転じるが2015年から2年間にわたってマイナス成長である．2017年にようやくプラス成長に転じる．

先の報道によると，実質GDPは2018年半ば現在で，2007年の水準より25％低く，IMFの予測でも2023年のGDPは2007年水準よりも依然として17％低いとされている[32]．失業率は2013年には27％に上昇した後もさほど改善されず，2017年現在で21％となっており，人口1,000万人強の国にあって100万人が失業している．しかも若者，労働年齢層の失業率がそれぞれ約50％，40％になっている．2015年3月から30万人の新規雇用があったがほとんどが，一時雇用もしくはパートタイムだった．実質賃金は2009年のレベルを22％下回る．経済の駆動力になる投資（額）は危機前のピーク時の水準を30％下回っている．表6-1によると，プラス成長に転化した2017年でも投資率（対GDP比）は過去10年間で最低，11.7％である．銀行の不良債権額は危機前（2007年）の約8倍になり融資残高の約50％にもなっており，銀行がほとんど機能不全に陥っていたとみていい．資産市場の代表である不動産価格は危機前のピーク時の水準を42％下回っている．そしてギリシャの公的債務残高比率は180％にも達している（図6-16）．これはのちに述べる緊縮財政政策によって，財政収支はプラスに転じている一方，同政策がGDPの収縮，マイナス成長を引き起こして，公的債務残高は横ばいにもかかわらず，同対GDP比は上昇し，依然高止まりで推移させているのである．

周知のように，ギリシャは2010年5月，EU，IMF，ECBからなるいわゆるトロイカから第1次の金融支援を受けた後，2012年3月に第2次金融

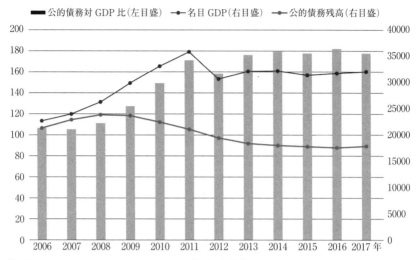

注：Eurostat, Hellenic Statistical Authority 資料より作成.

図 6-16 ギリシャ公的債務残高対 GDP

支援，2015年8月には難航した交渉のすえ第3次金融支援を受けた．8年間の融資総額は 2,890 億ユーロにも達した．そしてこれらの金融支援にはいわゆるコンディショナリティー（融資条件）が付随しており，その主な内容は緊縮（財政）政策であり，構造政策であった．このうち，債務国ギリシャを最も苦しめたのは緊縮（austerity）政策であった．緊縮政策は不況期に導入される順景気循環的（procyclical）な財政政策であり，アメリカのニューディール期以降に登場するケインズ主義の反循環的（countercyclical）な財政政策とは正反対のものである．ニューディール体制の解体期（＝1970年代以降）に登場した規制緩和政策のなかから形成されるいわゆる新自由主義（neo-liberalism）がユーロ域の最大の債権国ドイツの社会的市場経済主義と結びついて強烈な緊縮政策を強制し，その帰結がギリシャ経済の現状ではないだろうか．ユーロ危機はいまだ未了かもしれない．

（本章を作成するにあたって，奥田宏司氏（立命館大学名誉教授）には，TAR-

第 6 章　複合危機としてのユーロ危機　　205

GET システム，TARGET バランス，およびスペインの国際収支統計に関してご教示いただいた．また伊豆久氏（久留米大学教授）には本章の草稿段階で通読いただき，懇切なコメントを頂いた．期して感謝したい．ありうべき誤りは，筆者に帰すことは言うまでもない．）

注

1) James, H. (2012) p. 8, p. 251.
2) Lane, P.R. (2011).
3) Lane, R.P. (2015) pp. 1-13.
4) Royo, S. (2013) p. 167.
5) Hardie, I. et al. (2013) pp. 167-170.
6) ユーロ危機の震源地をギリシャでなくアイルランドとする有力な異説がある．サブプライム投資に深くコミットしていたユーロ域の中核銀行，とくにドイツ，フランスの銀行は 2008 年 3 月，米国投資銀行ベア・スターンズの破綻，救済合併後，ユーロ周辺国から撤退をはじめ，スペインやアイルランドの銀行に対する貸付の借り換え（rollover）を拒否するようになる．当初は ECB が流動性を投入して撤退する資金の肩代わりを果たす．しかしアイルランドの銀行の支払不能に対しては政府による資本投入が不可欠であるという予想が醸成される．さらにこのことはすでにバブルの崩壊によって税収が枯渇しつつあるアイルランド政府の財源に対する懸念をいっそう駆り立て，アイルランド国債の保有者はより高い利回りを要求して国債の売却に転じる．2008 年 3 月 17 日にはアイルランド国債利回りは 4％を上回る程度だが，6 月初めまでには 5％近くになっていた．アイルランドの銀行危機と政府の財政危機を反映して，アイルランドとドイツの国債利回り較差も拡大した．銀行危機がソブリン債務危機を誘発していることが確認できる（Mody (2018) pp. 208-9)．アイルランド危機をユーロ危機の起源とする見解は IMF の一部にもみられる．IEO (2016) p. 9.
7) Gkasis, P. (2017) p. 101.
8) Shin, H.S. (2011).および本書第 5 章を参照．
9) FCIC (2011) p. 248.
10) *Ibid.*, pp. 250-2.
11) Mody, A (2018) p. 196. *Ibid.*, p. 196.
12) *Ibid.*, p. 208.
13) McGuire (2009).
14) Mody (2018) p. 215.
15) *Ibid.*, p. 216.
16) 注 4 を参照．
17) そのほかにも国債利回りの自己実現的な上昇には EU 条約の法制度的規定が大

きく寄与しているという見解がある．グラウエ（2011）「日本語版の読者へ」参照．リスボン条約 123 条は欧州中央銀行および加盟国中央銀行による中央政府などの公的機関の債務証書の直接的取得を禁止している．財政赤字のいわゆるマネタリゼーションが禁じられているのである．また同 125 条は EU あるいは同加盟国は，その他の国の公的部門の債務を保証したり引き受けることを禁じている．このことは，大部分の当局者によって政府間の救済（bailout）に対する禁止と解釈されている．

18) BIS（2011）．
19) Coeure, B.（2012）. Annex, chart I.
20) 伊豆（2016）87-88 ページ．
21) 負債側の銀行券には対ユーロシステム債務のなかの「銀行調整」を含まない．ユーロシステム各中銀のバランス・シート上の「銀行券」の扱いは一般の中央銀行とは異なっており，まず各月末時点の銀行券発行残高のうち，8％を ECB の発行額とし，残り 92％を各国中銀の ECB への出資比率に応じて配分する．その計算結果が，各国中銀のバランス・シート上の「銀行券」となる．したがってそれは計算上の数値にすぎず，実際の各行の発行額とは異なる．その差額を調整するのが対ユーロシステム債権・債務上の「銀行券調整」である．割当額よりも多く発行した中央銀行はその差額を「負債」の「銀行券調整」に計上する．ギリシャ中銀の場合はこれに当たる．割当額よりも少ない銀行券しか発行していない中央銀行は差額を「資産」の「銀行券調整」に計上する．伊豆（2016）110 ページの注参照．
22) 注 27 参照．
23) TARGET システムはクロスボーダーだけではなく，もちろん国内の支払・決済に使用されている．2016 年には 1 日当たり平均で，342,008 件，1 兆 7,350 億ユーロが TARGET で決済された．そのうち件数で約 38％，金額で 45％（約 7,760 億ユーロ）がクロスボーダーの決済が占めた．Eisenschmidt（2017），p. 7.
24) Eisenschmidt（2017）p. 5.
25) *Ibid.*, p. 10.
26) この節は Court-Thimann, P.（2013）pp. 10-11 に拠る．
27) 2004 年 6 月以降，ECB はユーロ域のデフレ圧力に対して追加的な金融緩和策を導入した．2014 年後半には第 3 次カバード・ボンド購入プログラム（CBBP3），アセット・バック証券購入プログラム（ABSPP）を比較的小規模に開始するが，2015 年 3 月には公共部門購入プログラム（PSPP）の名のもとにユーロ域の国債購入を大規模に開始した．ECB は資産購入プログラム（APP）と呼んでいるがいわゆる「量的緩和策」の導入である．ECB による大量国債購入および購入した投資家・銀行の国債の売却（ポートフォリオ・リバランス）が域内の資金フローをしたがって決済の方向を変化させ，再び TARGET バランスの不均衡を生み出しているというのが ECB はじめ当局の説明である．したがって，狭義のユーロ危

機時（2010-12年）とTARGETバランス拡大の背景が異なるとされるEisenschmidt（2017）．
28) ただし，ギリシャはOMTオペの対象外となり，その他の諸国による申請は皆無となった．河村（2015）222-224ページ．
29) TARGETバランスの変化は一般的にはユーロ域諸国のその他投資（中央銀行）における最も重要な項目であるが，外貨預金のような追加的項目も含まれることもある．Eisenschumidt, J. et al.（2017）. p. 16.
30) IEO（2002）．
31) 欧州における市場的銀行業についてはHardie（2013）を参照．
32) *Financial Times*（2018a, b, c）．

参考文献

Acharya, V.V. et al. (2009) "Securitization without risk transfer," *Federal Reserve Bank of New York*, August.
Adrian, T. et al. (2009) "The Shadow Banking System: Implications for Financial Regulation," FRBN, *Staff Report*, no. 382.
Adrian, T. et al. (2011) "Repo and Securities lending," FRBN, *Staff Report*, no. 529.
Al-Saffar, Y. et al. (2013) "The role of external balance sheets in the financial crisis," Bank of England, *Financial Stability Paper* No. 24, Octorber.
Andrews, S. et al. (1986) "Off balance sheet risk," *Institutional Investor*, January.
Antl, Boris ed. (1986) *Swap Finance*, London.
Asian Venture Capital (1991) *The Guide to Venture Capital In Asia*, 1991ed., 1992ed.
Asseily, A. (1971) "A year of euro-commercial Paper," *Euromoney*, July.
AVCJ (1992) "Veture Capital in Thailand: growth and growing pains," *Asian Venture Capital Journal*.
Baba, N. et al. (2008) "The spillover of money market turburance to FX swap and crosscurrency swap markets," *BIS Quarterly Review*, March.
Baba, N. et al. (2009a) "US dollar money market funds and non-US banks," *BIS Quarterly Review*, March.
Baba, N. et al. (2009b) "From turmoil to crisis:dislocation in the FX swap market before and after the falure of Lehman Brothers," *BIS Working Paper*, No. 285.
Bank of England (1962) "The Overseas and Foreign Banks in London," *Quarterly Bulletin*, December.
Bank of England (1964) "U.K. Bank's External Liabilities and Claims in Foreign Currencies," *Quarterly Bulletin*, July.
Bank of England (1970) "The euro-currency business of banks in London," *Quarterly Bulletin*, December.
Bank of England (1975) "The capital and liquidity adequancy of banks," *Quarterly Bulletin*, September.
Bank of England (1980) "The measurement of capital," *Quarterly Bulletin* September.
Bank of England (1987) "Developments in international banking and capital mar-

kets in 1986," *Quarterly Bulletin* May.
Bankson, L. et al. ed. (1985) *Euronotes*, Euromoney Publications.
BIS (1983) *The International InterbankMarket: A Descriptve Study. BIS Economic Papers* No. 8, July.
BIS (1986) *Recent Innovation in International Banking*, April.
BIS (1987) 57th *Annual Report*.
BIS (1998) 68th *Annual Report*.
BIS (2008) 78th *Annual Report*, June.
BIS (2009) 79th *Annual Report*, June.
BIS (2011) "The impact of sovereign credit risk on bank funding conditions," *CGFS Papers*, No. 43, July.
Blanchard, O. (2015) "Greece: Past critiques and the path forward," *VOX CEPR Policy Portal*, July.
Bolton, G. (1970) *A Banker's world The Revival of the City 1957-1970*, London.
Bordo, M.D. and Eichengreen, B. (1993) *A Retrospective on the Bretton Woods System*, The University of Chicago.
Bordo, M.D. and James, H. (2013) "The European Crisis in the Context of the History of Previous Financial Crisis," *NBER Working Paper Series*, 19112, June.
Borio, C. et al. (2002) "Asset Prices, financial and monetary stability: exploring the nexus," *BIS Working Papers*, No. 114, July.
Borio, C. et al. (2011) "Global imbalances and the financial crisis: link or no link?" *BIS Working Papers*, No. 346, May.
Bray, M. (1984) "Developing a secondary market in loan assets," *IFLR*, Octorber.
Campbell, K. (1984) "Euromarkets: the age of the hybrid," *The Banker*, September.
Campbell, K. (1985) "Eurocommercial paper market tests its wings," *The Banker*, September.
Citigroup (2006) *Citigroup Mortgage Loan Trust Asset-Backed Certificates*, Series 2006-Nc2.
Claessens, S. et al. (1998) "East Asian Corporates: Growth, Financing and Risks over the Last Decade," Duke University's Fuqua School of Business.
Clark, R. (1987) *Venture Capital in Btitain, America and Japan*.
Coe, D.T. and Kim, S. (2001) *Korean Crisis and Recovery*, IMF.
Coeure, B. (2012) "The important of money markets," Morgan Stanley 16th Global Investment Seminar, ECB, June.
Cohen, C. et al. (1987) "FRNs: Investors Strike back," *The Banker*, January.
Court-Thimann, P. (2013) "Target Balances and the Crisis in the Euro Area," CES ifo, April.
Crabbe, C. et al. (1985) "The Euronote explosion," *Euromoney*, November.

参考文献

De Cecco, M. (1987) "Inflation and Structural Change in the Euro-Dollar market," *Monetary Theory and Economic Institutions*, edited by De Cecco et al.
De Grauwe (2011) "The Governanace of a Fragile Eurozone," CEPS, *Working Document*, No. 346, May.
Dembiermont, C. et al. (2013) "How much does the private sector really bororrow? A new database for total credit to the private nonfinancial sector," BIS *Quarterly Review*, May.
Dembiermont, C. et al. (2015) "A new database on genral government debt," BIS *Quarterly Review*, September.
Deutsche Bundesbank (2011) "The dynamics of Bundesbank's TARGET2 balance," *Monthly Report*, March.
Deutsche Bundesbank (2017) "TARGET2 balance-mirroring developments in financial markets," *Monthly Report*, December.
Dhiratayakinant, R. (1991) "Privatisation of Public Enterprise: The Case of Thailand," in Gour, G. edited, *Privatisation and Public Enterprise, The Asian -Pacific Experience*.
Djiwandono, S.J. (2005) *Bank Indonesia and the Crisis: Insider's View*, Singapore.
ECB (2011) "TARGET2 Balances of national central banks in the Euro Area," *Monthly Bulletin*, Octorber.
Einzig, Paul (1973) *Roll-over Credits*, London.
Eisenschmidt, J. et al. (2017) "The Eurosytem's asset purchase programme and TARGET balances," ECB *Occasinal Paper Series*, No. 196, September.
Euromoney (1986) *Corporate Finance*, Supplement, Sptember.
FCIC (2010) "Shadow Banking and The Finacial Crisis," Preliminary *Staff Report*.
Federal Reserve Bank of Richmond (1998) *Instrument of the Money Market*.
Feldstein, M. (1998) "Refocusing the IMF," *Foreign Affairs*, Volume 77, No. 2.
Fender, I. et al. (2010) "European banks' US dollar funding pressures," BIS *Quarterly Review*, June.
Financial Crisis Inquiry Commission (FCIC) (2011) *The Financial Crisis Inquiry Report*, January.
Finacial Times (2018a) "Greece's economy is rebounding -but there is far to go," August 18.
Financial Times (2018b) "Eurozone hails Greece's from bailout as end of crisis," August 20.
Financial Times (2018c) "The next steps for Greece now its bailout is ending," August 20.
Fisher, III, F.G. (1981) *International Bonds Euromoney Publications.*／東京銀行証券部訳（1983）『国際債券市場』東銀インターナショナル.

Fisher, III, F.G. (1997) *Eurosecrities and their related derivates*, Euromoney books.
Flassbeck, H. et al. (2015) *Againt The Troika*, crisis and austerity in the eurozone,Verso.
Freebooter, N. (1972) "The danger of Ecp," *Euromoney*, Feburary.
Friedman, M. (1960) "The Euro-Dollar Market: Some First Priciples," *Morgan Gurantee Survey*, Octorber.
Garber, P. (2010) "The mechanics of Intra Euro Capital Flight," Deutsche Bank, December.
Ghosh, A. et al. (2002) "IMF-Supported Programs in Capital Account Crises," IMF *Occasional Papers*, 210.
Gilbert, R.A. (1986) "Requiem for Regulation Q: What It did and Why It passed away." FRBSL.
Government of Malaysia (1999) *White Paper: Status of the Malaysia Economy*.
Grant, C. (1982) "The Stuffees have left, the Stuffers remain," *Euromoney*, November.
Grant, C. (1983) "The liquefaction of euromarkets," *Euromoney*, Octorber.
Grant, C. (1984) "How banks revamp assets," *Euromoney*, April.
Guttentag, J. and Herrring, R. (1985) "Funding Risk in the International Interbank Market," *Essays in International Finance*, No. 157, September.
Hammound, GMS. (1987) "Recent developments in swap market," *Bank of England Quarterly Bulletin*, Feburary.
Handley, P. (1991) "Privated Parts," *Far Eastern Economic Review*, 27 June.
Hardie, I. et al. (2013) *Market-Based banking & the International Financial Crisis*, Oxford.
Helleiner, E. (1994) *States and the Reemergence of Global Finance -From Bretton Woods to 1990s*./矢野修一他訳（2015）『国家とグローバル金融』法政大学出版局.
Hinderbrand, J.L. (1979) "Enter euro-commercial paper," *Euromoney*, July.
Hughes, M. et al. (1984) "Loan participation-some English Law considerations," *International Financing Law Reviews*, November.
Hurn, S. (1985) "Transferable loan magic," *Euromoney*, January.
IMF (1997) "Sequencing Capital Account Liberalization: Lesson from the Experience in Chile, Indonesia, Korea, and Thailand," *IMF Working Paper*.
IMF (1999) "IMF-Supported Programs in Indonesia, Korea, and Thailand A Preliminary Assessment," *Occasional Paper* 178.
Independent Evaluation Office of IMF (2002) *The Role of the IMF in Recent Capital Account Crises*, June.
Independent Evaluation Office of The IMF (2003) The Recent Capital Account Cri-

ses: Indonesia, Korea, Brazil. Evaluation Report, IMF.
Independent Evaluation Office of IMF (2016) *The IMF and the Crisis in Greece, Ireland, and Portugal*, July.
International Finace Corporation (1992), *Capital Markets*,
Irie, K. (1996) "Japanese Venture Capital and its Investment In Asia," *Osaka City University Review*, March.
James, H. (1996) *International Monetary Cooperation since Bretton Woods*, Oxford.
James, H. (2012) *Making the European Monetary Union*,
Kaminsky, G.L. and Reinhart, C.M. (1999) The Twin Crises: The Causes of Banking and Balance-of-Payments, *The American Economic Review*, Vol. 89, No. 3 [1].
Karyotis, G. et al. (2015) *The Politics of Extreme Austerity*, Palgrave Macmilan.
Kirkland, Jr. R.I. (1986) "Banks seeks life beyond lending," *Fortune*, March 3.
Klopstock. F.H. et al. (1960) "The market for Dollar Deposits in europe," *Federal Reserve Bank of New York Mothly Review*, November.
Klopstock. F.H. (1970) "Money Creation in the Euro-Dollar Market-A Note on Professor Friedman's Views," *Federal Reserve Bank of New York Monthly Review*, January.
Krugman, P. (2010) "Crises," https://www.princeton.edu/~pkrugman
Krugman, P. (1994) "The Myth of Asia's Miracle," *Foreign Affairs*, Nov./Dec.
Krugman, P. (1999) "Balance Sheets, the Transfer Problem, and Financial crises," *International Tax and Public Finance*, 6.
Krugman, P. (2000) "Crises: The Price of Globalization?" *Global Economic Integration*, edited by Greenspan, A.
Lane, P.R. (2012a) "The European Sovereign Debt Crisis," *journal of economic perspectives*, Vol. 26, number 3, Summer.
Lane, P.R. (2012b) "Financial Globalisation and the Crisis," *BIS Working Papers* No. 397, December.
Lane, P.R. (2013) "Capital Flow in the Euro Area," European Economy, *Economic Papers* 497, April.
Lane, P.R. (2015) "The funding of the Irish Domestic Banking System During the Boom," Trinity College Dublin and CEPR. February.
Lapavitsas, C. et al. (2012) *Crisis in the Euro Zone*, Verso.
Laskos, C. et al. (2013) *Crucible of resisitance Greece*, The Eurozone & the World Economic Crisis, PlutoPress.
Lynn, M. (2010) *BUST Greece, The Euro, and The Sovereign Debt Crisis*, Bloomberg.
Maruri, V. (1985) "LIBID or LIBOR," *Euromoney*, Feburary.
Mavroudeas, S. (2016) *Greek Capitalism in Crisis*, Routledge.

McCulley, P. (2009) "The Shadow Banking System and Hyman Minsky's Economoic Journey," The Research Foundation of CFA Institute,

McDonald, R.P. (1983) *International Syndicated Loans*, London.

McGuire, P. et al. (2009a) "The US dollar shortage in global banking," *BIS Quarterly Review*, March.

McGuire, P. et al. (2009b) "The US dollar shortage in global banking and international policy response," *BIS Working Paper*, No. 291.

Mendelsohn, M.S. (1980) *Money on the Move*, New York.

Merler, S. and Jean Pisani-Ferry (2012) "Sudden Stops in the Euro Area," *Brugel policy Contribution*, March.

Mikesell, R.F. (1954) *Foreign Exchange in the Postwar World*, New York.

Mody, A. et al. (2012) "The Eurozone Crisis: How Banks and Sovreign Came to be at the Hip," *Economic Policy* 27.

Mody, A. (2013) "Sovereign Debt and its Restructuring Framewaok in the Euro Area," *Brugel Working Paper*, August.

Mody, A. (2015) "Living [Dangerously] Without A Fiscal Union," *Brugel Working Paper*, March.

Mody, A. (2018) *Euro Tragedy A Drama in Nine Acts*, Oxford.

Nukul Commission (1998) *Analysis and Evaluation on Facts behind Thailand's Economic Crisis*.

OECD, *Financial Market Trend*, various issues.

OECD (1996) *International Capital Markets Statistics 1950-1995*.

Ollard, W. (1986) "The Debt Swapper," *Euromoney*, August.

Pagoulatos, G. (2014) "State-driven in Boom and Bust: Structural Limitation of Financial Power in Greece," *Gverment and Opposition*, Octorber.

Phonggam, S. (1992) "Privatization of State Enterprises in Thailand -An Update," *Bangkok Bank of Monthly Review*, Vol. 33, May.

Pissani-Ferry, et al. (2013) "EU-IMF assistance to euro -area countries:an early assessment," *Brugel Blue Print* 19.

Polak, J. (1991) "The Changing Nature of IMF Conditionality," *Essays in International Finamce*, No. 184, Sep.

Pozsar, Z. et al. (2010) "Shadow Banking," FRBN, *Staff Report* no. 458.

Radelet, S. and Sachs, J.D. (1998) "The East Asian Financial Crisis: Diagnosis, Remedies, Prospects," *Brookings Papers on Economic Activity*.

Ramsden, NFE (1984) "The international market for floating-rate instruments," *Bank of England Quarterly Bulletin*, September.

Roberts, D.L. et al. (1987) *Financing for Developing countries*, Group of Thity.

Salem, G.M. (1986) "Selling Commercial loan: A Significant New Activity for Money

Center Bank," *The Journal of Commercial Bank Lending*, April.
Sayers, R.S. (1967) *Modern Banking Seventh Edition*. Oxford University Press.
Schenk, C.R. (1998) "The Origins of the eurodallar Market in London: 1955-1963," *Explorations in Economic History*, vol. 35.
Shack, J. (1985) "Customize those loans," *Euromoney Annual Financing Report*, April.
Sheng, A. (2009) *From Asian To Global Financial Crisis*, Cambridge.
Shin, H.S. (2011) "Global Banking Glut and Loan Risk Premium," IMF, November.
Shin, H.S. (2018) "Reflections on the Lehman collapse, 10 years later" *BIS speech*, September.
Shireff, D. (1984) "The Euronote explosion," *Euromoney*, December.
Siamwalla, A. (2000) "Anatomy of the Thai Economic Crisis," TDRI.
Sinn, H.W. et al. (2011) "Target Loans, Current Account Balances and Capital Flow: The ECB's Rescue Facillity," CESifo *Working Papers*, No. 3500, June.
Steil, B. (2013) *The Battle of Bretton Woods*./小坂恵理訳（2015）『ブレットウッズの闘い』日本経済新聞出版社．
Stiglitz, J. (1998) "More Instruments and Broader Goals: Moving Toward the Post-Washington Consensus," The 1998 WIDER Annual Lecture, Helsinki, January.
Stiglitz, J. (1999) "Lessons from East Asia,"
Stiglitz, J. (2000) "What I Learned at the World Economic Crisis" *The Insider*, The New Republic, April 17.
Stiglitz, J. (2002) *Globalization and its Discontens*./鈴木主税訳（2002）『世界を不幸にしたグローバリズムの正体』徳間書店．
Stiglitz, J.E. (2016) *The EURO*, Penguin Random House UK./峯村利哉訳（2016）『ユーロから始まる世界経済の大崩壊』徳間書店．
Suksthien, P. et al. (1992) "The Securities and Exchange Act: Its Impact on Financial Businesses," *Bangkok Bank Monthly Review*, Vol. 33, September.
Terazono, E. (1992) "Venture capital becomes a scare resource," *Financial Times*, September, 30.
The Economist (1985) "Their World is their oyster," March 16.
The Economist (1986) "Are perpetual notes beyond redemption," December 13.
The Economist (1987a) "Floating-rate notes take a bath," March 28.
The Economist (1987b) "Euromarkets," May 16.
The Stock Exchange of Thailand (1991) *The Stock Market in Thailand* 1991.
Tokunaga, S. (1992) "Moneyless Direct Investment and Development of Asian Financial Markets," in Tokunaga, S. ed., *Japan's Foreign Investment and Asian Ecomic Interdependence*.

Toliono, G. (2005) *Central Bank Cooperation at the Bank for Internatinal Settlement*, 1930-1973, Cambridge and New York.

Topping, S.L. (1987) "Commercial paper markets:international survey," *Bank of England Quarterly bulletin*, Feburary.

Tourres, M.-A. (2003) *The Tragedy that didn't Happen*, ISIS Malaysia.

Trayratevorakul, P. et al. (1991) *The Implication of SEC Act on Financial Reform in Thailand*, Bank of Thailand.

Ugeux, G. (1985) *Floting Rate Notes*, London.

VEC (1992) *Promotion of venture Business and the Ventre Capital Industrry*, Revised.

Viravan, A. (1991) "Privatization: Choices and Opportunities," *Bangkok Bank Monthly Review*, Vol. 32, November.

Wade, R. et al. (1998) "The Asian Crisis: The High Debt Model Versus the Wall street-Treasury -IMF Complex," *New Left Review*, 228.

Williamson, J. (2002) [1990] "What Washington Means by Policy Reform,"

Wilosn, J.S.G. (1986) *Banking Policy and Structure*, Australia.

World Bank (1999) *Global economic prospects and the developing countries*.

World Bank (2000) *East Asia Recovery and Beyond*.

青木昌彦・寺西重郎編著（2003）『転換期の東アジアと日本企業』東洋経済新報社.
荒巻健二（1999）『アジア通貨危機とIMF』日本経済評論社.
有田哲文（2011）『ユーロ連鎖危機』朝日新聞出版.
安東盛人（1957）『外國為替概論』有斐閣.
伊豆久（2016）『金融危機と中央銀行』九州大学出版会.
入江恭平（1988）「ユーロ・セキュリタイゼーション」『証券研究』84巻，日本証券経済研究所.
入江恭平（2005）「変動相場制と金融自由化」信用理論研究学会編『金融のグローバリゼーションの理論』大月書店.
入江恭平（2014）「ユーロ債市場」『図説 イギリスの証券市場』日本証券経済研究所.
入江恭平（2017）「国際資本市場の歴史」証券経済学会編『証券辞典』金融財政事情研究会.
遠藤乾（2016）『欧州複合危機』中公新書.
大野健一（2000）『途上国のグローバリゼーション』東洋経済新報社.
小川英治編（2015）『ユーロ圏危機と世界経済』東京大学出版会.
奥田宏司（2002）『ドル体制とユーロ，円』日本経済評論社.
奥田宏司（2017）『国際通貨体制の動向』日本経済評論社.
奥田宏司他編（2015）『現代国際金融 第3版』法律文化社.
尾上修悟（2014）『欧州財政統合論』ミネルヴァ書房.

尾上修悟（2017）『ギリシャ危機と揺らぐ欧州民主主義』明石書店.
金井雄一（2014）『ポンドの譲位－ユーロダラーの発展とシティの復活』名古屋大学出版会.
金子勝・A. デウィット（2008）『世界金融危機』岩波ブックレット No. 740.
上川孝夫・矢後和彦編（2006）『国際金融史』有斐閣.
掛下達郎（2015）『アメリカ大手銀行グループの業務展開－OTD モデルの形成過程を中心に－』日本経済評論社.
川合一郎（1982）『管理通貨と金融資本』川合一郎著作集第 6 巻, 有斐閣.
河村小百合（2014）『欧州中央銀行の金融政策』金融財政事情研究会.
北原徹（2010）「欧州銀行とシャドーバンキング」『SFJ 金融・資本市場研究』第 2 号.
木下悦二（1991）『外国為替論』有斐閣.
キャピー，フォレスト（2015）イギリス金融史研究会・小林襄治ほか訳『イングランド銀行 1950 年代から 1979 年まで』日本経済評論社.
クームズ，A.C.（1977）荒木信義訳『国際通貨外交の内幕』日本経済新聞社.
クック他（1983）小畑二郎・小林襄治・坂野幹夫訳『アメリカの貨幣市場』日本証券経済研究所.
デ・グラウエ，ポール（2011）田中素香他訳『通貨同盟の経済学 原書第 8 版』勁草書房.
クリスタ他（2001）「パラレル・バンキング・システム」原田善教監訳『アメリカの金融システムの転換』日本経済評論社.
黒川洋行（2012）『ドイツ社会的市場経済の理論と政策』関東学院大学出版会.
経済企画庁調査局編（1990）『日本と世界を変える海外直接投資』11 月.
国際銀行史研究会編（2012）『金融の世界史 貨幣・信用・証券の系譜』悠書館.
国際銀行史研究会編（2018）『金融の世界現代史』一色出版.
小林襄治（1986）「国際金融・資本市場」『国際的連関』御茶の水書房.
小林靖弘・清水正俊（1986）『スワップ取引』有斐閣.
佐賀卓雄（2011）「シャドー・バンキング・システムと金融規制」『金融規制の動向と証券業』日本証券経済研究所.
榊原英資（2000）『日本と世界が震えた日』中央公論新社.
島野卓爾（2003）『ドイツ経済を支えてきたもの－社会的市場経済の原理』知泉書館.
代田純（2011）『ユーロと国債デフォルト危機』税務経理協会.
末廣昭（2000）『キャッチアップ型工業化論』名古屋大学出版会.
菅原歩（2006）「ユーロダラー市場の形成と英系海外銀行, 1957 年－1963 年－The Bank of London & South American (BOLSA) の事例」東北大学, Discussion Paper, No. 74.
須藤功（2003）「大恐慌とアメリカの金融規制－規制型資本主義と銀行」『金融規制はなぜ始まったか－大恐慌の金融規制改革』日本経済評論社.

セイヤーズ，R.S.（1959）三宅義夫訳『現代銀行論』東洋経済新報社．
世界銀行（2000）『東アジア再生への途』東洋経済新報社．
ソーキン，アンドリュー・ロス（2010）加野山卓朗訳『リーマンショックコンフィデンシャル』上・下，早川書房．
ソロス，G.（1999）『グローバル資本主義の危機』日本経済新聞社．
高屋定美（2011）『欧州危機の真実』東洋経済新報社．
田中素香（2014）「ユーロ危機と2つの金融資本主義」中央大学『経済学論纂』第54巻第3・4合併号，3月．
田中素香（2016）「南欧ユーロ危機諸国の国際収支危機の独自性について」中央大学『経済学論纂』第56巻第3・4合併号，3月．
田中素香（2016）『ユーロ危機とギリシャ反乱』岩波新書．
田中素香他（2018）『現代ヨーロッパ経済　第5版』有斐閣．
通商産業省（1999）『通商白書　総論』〈平成11年版〉．
土田陽介（2015）「なぜギリシャ危機は終焉しないのか」『調査レポート』三菱UFJリサーチ＆コンサルティング，6月．
土田陽介（2016）「ギリシャの銀行危機長期化と政策対応」『証券経済研究』第95号，日本証券経済研究所　9月．
靏見誠良（2000）『アジアの金融危機とシステム改革』法政大学出版局．
東京銀行調査部（1965）『ユーロ・ダラー論集』．
徳永正二郎（1990）「ASEAN金融市場の課題と日本の役割」『金融ジャーナル』2月．
テッド，ジリアン（2009）平尾光司監訳『愚者の黄金』日本経済新聞社．
外山茂（1980）『金融問題21の誤解』東洋経済新報社．
トリフィン，R.（1961）村野孝，小島清監訳『金とドルの危機』勁草書房．
中川辰洋（2015）「ギリシャ新政権の100日」日本証券経済研究所『証券経済研究』第90号，6月．
新形敦（2015）『グローバル銀行業界の課題と展望』文真堂．
西倉高明（1998）『基軸通貨ドルの形成』有斐閣．
『日経ベンチャー』（1992）「'92日経ベンチャーキャピタル調査」6月．
日本アジア投資株式会社『10年の歩み』．
日本証券経済研究所（2014）『図説イギリスの証券市場』．
日本輸出入銀行（1992）『海外投資研究所報』1月．
野下保利（2001）『貨幣的経済分析の現代的展開』日本経済評論社．
濱田博男編（1993）『アジアの証券市場』東京大学出版会．
濱田博男・岡崎守男編（1990）『日本の証券市場』有斐閣．
原田（1985）「日米ベンチャーキャピタルの最近の動向」『投資月報』8月．
バンコク日本人商工会議所（1990）『日系企業の実態（貢献度）調査』12月．
BIS（1953）『第24次年次報告書』
平松健治（1989）「資本市場を通じる資金の流れ」柳原透編『経済開発支援としての

資金還流』.
フィッシャー，S. 他（1999）岩本武和監訳『IMF 資本自由化論争』岩波書店.
深町郁彌（1986）「商業銀行のターム・ローンと金融市場」九州大学『経済学研究』12 月号.
蕗谷硯児（1985）「国際資本市場と金融革新」『季刊経済研究』第 8 巻第 1 号.
ブートル，R.（2015）町田敦夫訳『欧州解体』東洋経済新報社.
フラスベック，ハイナー他（2015）村澤真保呂他訳『ギリシャデフォルト宣言』河出書房新社.
ブラウン，ブレンダン（2012）田村勝省『ユーロの崩壊』一灯舎.
VEC（研究開発型企業育成センター）（1992）『ベンチャービジネス動向調査報告』.
星野郁（2015）『EU 経済・通貨統合とユーロ危機』日本経済評論社.
堀江薫雄（1952）『国際通貨基金の研究』岩波書店.
ポラニー，カール（1975）吉沢英成他訳『大転換―市場経済の形成と崩壊―』東洋経済新報社.
ボワイエ，ロベール（2011）山田鋭夫他訳『金融資本主義の崩壊』藤原書店.
ボワイエ，ロベール（2013）山田鋭夫・植村博他訳『ユーロ危機』藤原書店.
ポンパイチット，パスク（1991）松本保美訳『日本のアセアン投資：その新しい潮流』文真堂.
松井和夫（1986）『セキュリタイゼーション―金融の証券化』東洋経済新報社
マッキノン，R.I.（1985）河合正弘他訳『国際通貨・金融論　貿易と交換性通貨体制』日本経済新聞社.
棟近みどり（1986）「FRN 市場の発展とセキュリタイゼーション」『金融ジャーナル』7 月号.
毛利良一（2000）『グローバリゼーションと IMF・世界銀行』大月書店.
本澤実（2009）『国際金融システムの再構築』御茶の水書房.
山本栄治編著（1999）『アジア経済再生』日本貿易振興会.
吉富勝（2003）『アジア経済の真実』東洋経済新報社.
吉富勝・大野健一（1999）「資本収支危機と信用収縮」アジア開発銀行研究所　ワーキング・ペーパーシリーズ No. 2.
ルイス，マイケル（2012）東江一紀訳『ブーメラン』文藝春秋.
ルービニ，N., S. ミーム（2010）山岡洋一訳『大いなる不安定』ダイヤモンド社.
ローリー，アンソニー（1987）石埼一二訳『アジアの株式市場』日本経済新聞社.
鷲江義勝編著（2009）『リスボン条約による欧州統合の新展開』ミネルヴァ書房.

あとがき

　筆者が金融分野の研究に専心しようと決意したのは，大阪市立大学大学院経営学研究科に入学し，川合一郎先生のゼミナールへの参加が許された時である．先生はすでに独自の金融＝信用論体系をほぼ完成されていたが，われわれ新入ゼミ生に対して敢えて，信用論の古典である『資本論』第3巻5編の輪読を指示された．ゼミナールには経済学部の井田啓二先生や経済学科の大学院生も参加して，談論風発のゼミナールが進行した．その過程で，学会の動向や現状分析への関心が喚起され，新参の筆者にとっては大変な刺激となっていった．しかし，邂逅から約4年足らずで，惜しくも先生は早世された．その時，筆者は博士課程に席をおきながらすでに(財)日本証券経済研究所・大阪研究所に研究員として在籍していた．研究所には先生の薫陶を直接・間接に受けた人脈があり，その中の一人である奥村宏氏の発案で「川合研究会」なるものを立ち上げた．その趣旨は，川合先生には代表的な単著5冊のほかにも，様々な雑誌や編著に執筆された膨大な著作があり，それらを収集しながら，川合理論の発展を再検討しようというものであった．それが途中から，川合一郎著作集を出版するという話が持ち上がりこれと合体することになり，期せずして「川合研究会」は「著作集」作成の基礎作業を担うことになった．筆者はこの過程で，先生の150本をゆうに超えるほぼ全著作を通読した．そして，1965年の証券恐慌に至る過程を分析した『日本証券市場の構造分析』(有斐閣)の巻頭論文と1970年代末に至る過程を分析し，先生の遺著ともなった『日本の証券市場―証券恐慌以降』(東洋経済新報社)の巻頭論文を中心に著作集第4巻『戦後経済と証券市場』(有斐閣)として上梓し，その編集・解題を担当した．この過程で，筆者は変化自在な川合ワールドを満喫すると同時に，大学院時代には，どちらかというと関心の薄か

った証券市場への溟濛(めいもう)が開かれていった.

　研究所での当初の守備範囲は日本国内の企業財務と証券市場との関係であったが，次第に日本企業，邦銀による欧米の資本市場（外債市場，ユーロ債市場）での起債が盛んになるにつれて，関心は国際金融・資本市場へと移っていった．また1982年10月，証券界の多数のエグゼクティブの後塵を拝してシンガポールを起点に，バーレーン，ロンドン，チューリッヒ，パリ，ニューヨーク，ワシントン（SEC），シカゴなど国際金融都市を駆け足で巡った視察旅行は出遅れた国内派の筆者には大変な刺激となった．そして半年ほどは熱に浮かされようになり，*Financial Times* や *The Economist* などは必読の新聞（newspaper）＝文献になっていった．当時の(財)日本証券経済研究所大阪研究所は，当時のほとんどの大学の研究所などとは異なりこれら洋雑誌，新聞はエア・メールで届けられていた．しかも先輩研究員はこれらをもとに次々にレポートを量産していた．これに刺激を受けないわけにはいかなかった．この刺激の一端が，「まえがき」にも記したように本書第2章「ユーロ・セキュリタイゼーションと国際銀行業」である．その後，ロンドン証券取引所の改革たる「ビッグバン（the Big Bang：86年10月27日）」に関する調査のために単身で86年8月末から約2か月，ロンドンを拠点にシティの金融機関，オックスフォード大学，パリ大学，ブルッセル（Euroclear）を回ることができた．しかし聞き取り調査はともかく，当時の情報収集はむしろ大阪の研究所にいるよりも難渋をきわめた．唯一成果らしきものは，ロンドンに拠点をもつ邦銀の証券子会社の財務情報を，旅行の終わり間際にたどり着いたカンパニー・ハウスで確認できたことである．しかし，時間切れでデータのネガの現物は直接手にできず，後日，当時，全銀協からLSE（ロンドン・スクール・オブ・エコノミックス）へ留学のため来英していた斉藤美彦氏（現，大阪経済大学）の手を煩わせて日本へ送付してもらったものである．

　帰国して，ロンドンのビック・バンも終わり，1987年に入ると英国を含む欧州の金融ジャーナリズムは早くも，ビッグバンから1992年のEC市場

統合に焦点をシフトさせている，という印象であった．1987年には筆者が注目していたユーロ・セキュリタイゼーションも成熟をむかえ，変動利付債（永久債）市場に代表されるように過剰から市場の閉鎖に陥るものもあり，ユーロ市場は転機を迎えていることを予感させた．

　1980年代末の日本経済は後にバブル経済と称される状況であったわけだが，代表的な資産市場の一つである株式市場にあっても，同時代的な見解はそれを「バブル」と規定する者は少数であった．われわれも当時，『日本の証券市場』（1990年10月30日，初版1刷発行）を上梓したが，編著者の一人であった岡崎守男先生（桃山学院大学）が本文の脱稿後，「日本の株価は89年末に3万8,915.87円の高値を記録したあと，3月から4月にかけて暴落し，4月2日には2万8,002.07円まで下落した．…紙幅の都合で詳論できない．ただこの暴落は80年代後半期を通して投機的な地価上昇に依拠して形成された株価の投機構造が基本的に崩壊したこと，そして，おそらくは82年10月を起点とする今回の長期上昇波動が89年末をもって終焉したことを示している．」と記すのがやっとであった．同書で筆者は「国際的資本移動と証券市場のグローバリゼーション」を執筆した．

　縁あって，91年4月に大学に転じたが，証券研究所在籍時から徳永正二郎先生（九州大学）から科学研究費共同研究のお誘いを受けていた．しかし分担する研究テーマは当時，日本ではマイナーな存在であったベンチャー・キャピタルであり，しかもその対アジア投資に関するものであった．一瞬躊躇したが，奥村氏を介して知己を得ていた，英国のいわゆるジャパノロジストの系譜に属するロドニー・クラーク（Rodney Clark）氏が日本でも翻訳された名著『ジャパニーズ・カンパニー』に続いて英・米・日のベンチャー・キャピタルの比較研究を行った *Venture Capital in Britain, America and Japan*（1987）を出版されていることを知った．さっそく一読して非常に興味を覚えた．しかも，この研究には現地調査が不可欠であったが筆者はそれまでその経験は皆無だった．その折，「日本アジア投資」の方々のご配慮で投資先の企業の紹介を頂き相当に調査のハードルを下げることができたし，共

同研究者のなかには当時，国際投資研究所（JETORO）に所属されていた青木健主任研究員（のち杏林大学）などがおられ彼らから多くのご教示を得た．タイのチェンマイ大学で開催されたワークショップとレストランを借り切ったバンド入りの午餐は楽しい思い出である．帰国後も青木氏のお誘いで3年間にわたって，国際投資研究所の研究会に参加を許されたことはアジア経済に関する多くの知見を得ることができた．

　共同研究ということでいえば，かつて大学の同僚であり，畏友でもある鈴木俊夫氏（東北大学－所属は当時，以下同じ）からの誘いで，同じく科研費による「グローバリゼーションと国際銀行業1900～1990年」（2005-2008年）の共同研究に参加できたことは，筆者にとっては研究後半期のハイライトであった．研究会には金融史の泰斗，西村閑也先生（法政大学名誉教授）を中心に，赤川元章（帝京大学），平岡賢司（熊本学園大学），矢後和彦（首都大学東京）北林雅志（札幌学院大学），粕谷誠（東京大学），菅原歩（東北大学），西村雄志（松山大学），肅文嫺（大阪経済大学）氏など金融史の俊英が集っていた．研究会はほぼ参加研究者の所属大学の施設を利用して持ち回りで行われ，北海道，東京，京都，松山，熊本などをめぐりながら，早朝から夕方まで2日間にわたることが常だった．縦横無尽に展開される議論に，金融史を専攻しているという自覚のなかった筆者にとっては浅学菲才を愧じるばかりであったが，その知的刺激は計り知れないものがあった．しかも，後日この研究会に参加したメンバーが中心となって結成された国際金融史研究会は2012年に『金融の世界史』（悠書館），2018年には『金融の世界現代史』（一色出版）をそれぞれ上梓した．その中で筆者が分担執筆した2論文は，本書の第1章，第4章，第5章のベースとなっている．

　本書とは直接，関係はないがフォレスト・キャピーの大著『イングランド銀行』（日本経済評論社，2016年）の翻訳に集ったイギリス金融史研究会の方々，小林襄治（日本証券経済研究所），幸村千佳良（成蹊大学），鈴木俊夫（前出），熊倉修一（大阪経済大学），斉藤美彦（前出），金井雄一（名古屋大学），小栗誠治（滋賀大学）の諸氏には，長期にわたった翻訳の期間中，たびたび

あとがき

の研究会で顔を突き合わせ多くの教えを受けることができた．とくに翻訳のとりまとめの労を取られた小林，幸村の両氏にはお礼を申し上げたい．

以上は，筆者の研究生活の後半に出会った方々であるが，川合ゼミナールの先輩・同輩である中島将隆（甲南大学），守山昭男（広島修道大学），佐賀卓雄（日本証券経済研究所），片岡尹（大阪市立大学），二上季代司（日本証券経済研究所）氏の方々からは修士課程の時代から現在まで変わらずご厚誼をいただいている．また靎見誠良（法政大学）氏からは，本書第２章の初出論文（『金融のグローバリゼーションⅠ』法政大学出版会，所収）の折に懇切な校閲・編集の労をお取りいただいたことは忘れることはできない．

大阪に入るまでに筆者はやや回り道をしている．学部時代を過ごした山口大学経済学部ではマックス・ウェバー（Max Weber）研究の権威であった中村貞二先生のゼミナールに所属した．そのウェーベリアンのゼミナールの下で，時代の空気を反映していたとはいえ，３年時，『資本論』第１巻と『ドイツ・イデオロギー』を輪読した．後者の輪読の際には先生みずからレジュメを作成され，報告の手本を示された，と記憶している．因みに言えば，ゼミの同期だった竹永進君（大東文化大）は今やマルクス学の権威としてフランスやロシアを跳び廻っている．

その後，筆者は縁あって和歌山大学経済学修士課程に１年間在籍した．そこでは宇野シューレの渡辺昭先生との出会いがあった．ゼミは１対１で宇野弘蔵著『農業問題序説』および『資本論』第３巻第47章「資本制的的地代の生成」を報告し１行１行，対話形式で進められた．先生の緻密なご指摘には刮目するものがあった，と記憶する．

いずれにせよ筆者にとって山口，和歌山時代は今となっては社会科学研究の短くない揺籃期であったと思う．

以上のように多くの先生方の学恩にもかかわらず，上梓する本書の貧しさはほとんど筆者の怠惰に帰せられる．しかも川合先生をはじめお礼を言うべき多くの方々は既に鬼籍に入られている．まことに慚愧に堪えない．

また本書の編集の労をとっていただいた日本経済評論社の清達二氏からは，

わずかに『イングランド銀行』の分担翻訳者に過ぎなかった筆者の未完成の原稿を前に出版の快諾をいただいたのは望外の喜びであった．編集の過程でも，きわめて的確なアドバイス，校閲をいただいている．重ねてお礼申し上げたい．

　本書は中京大学経営研究双書の1冊として刊行される．出版助成をお認めいただいた経営学部およびとくに出版に関してご配慮いただいた銭佑錫学部長に対して謝意を表したい．

　最後に私事にわたって恐縮だが，研究者への進路をおおらかに認めてくれた亡き両親に感謝する．また家族，妻，美陽子は筆者の留守がちな家庭を守り切り回している，3人の子供たち修平，晋平，葉子は存在じたいが潤いを与えてくれている，ありがたく感謝したい．さらに美南や紘生など孫たちの未来が永遠に「戦後」であり続けることを祈りたいと思う．

　2019年2月　名古屋，八事の丘で

索引

[欧文]

1933年銀行法　iv, 130
1オンス=35ドル　13
3%ルール　160
ABCP（資産担保コマーシャル・ペーパー）　133, 141, 142, 145, 146, 153
ABCP市場　169
ABS　141
ABX　142
AIBD（Association of International Bond Dealers）　12
AIG（American International Group）　129
ALM（資産・負債管理）　19
ASEAN　61
Autostrade債　10
BBVA　167
BIBF（バンコク・インターナショナル・金融ファシリティ）　108, 116
BIS（Bank for Internatial Settlement）国際決済銀行　14, 15
BIS資本規制　110
BNPパリバ　141, 169
BOLSA　6
BOT（タイ中央銀行）　114
Bund（ドイツ国債）　159, 161
CD（譲渡性預金）　8, 17, 134, 152, 153
CDO　141, 147
CDS（クレジット・デフォルト・スワップ）　142, 146, 174
Circle Flow　56
CMA（キャッシュ・マネージメント・アカウント）　131
CP（コマーシャル・ペーパー）　8, 131, 152, 153
CSK・VC　65
ECB（欧州中央銀行）　172, 201
ECU債市場　52
ELA（Emergency Liquidity Assitance：緊急流動性支援）　186, 192
EMA（欧州通貨協力）　23
EPU（欧州支払同盟）　3
EURIBOR　161
Euribor/OISスプレッド　181
FRA（金利先渡し契約）　21
FRN（変動利付債）　8
G&S（グラス・スティーガル法）　135
GIIPS　160, 168, 170
GLBA　135
Grexit（ギリシャのユーロ離脱）　180
GSE　136
HSBC（香港上海銀行）　137
IKB（産業信用銀行）　142, 148, 169
IMF8条国　15
IMF協定　1
IMF協定8条　107
IMF協定第4条項　14
IMFなきIMF政策　124
IMFに支援されたプログラム　120
JPモルガン　146
KfW　142
LIBID　38
LIBOR　38, 161
Libor（LIBOR）　151
Libor/OISスプレッド　181
LTCM（ロングターム・キャピタル・マネージメント）　137
MBIA　147
MBS　147
MMFs（マネーマーケット・ミューチュアル・ファンド）　v, 131, 141, 145, 147, 152
NIEs　61

NIF（ノート・イシュアンス・ファシリティ）　25, 32, 35
OECD加盟　108
OMT（Outright Monetary Transaction）　194
One-to-Oneローン　27
OTDモデル　iii
ROA　21
ROE　21
RTC（整理信託公社）　137
RTGS（即時グロス決済システム）　188
RUF（レボルビング・アンダーライティング・ファシリティ）　25
S&P　138
SEAVI　93
SET（タイ証券取引所）指数　86
SIV（投資ヴィークル）　141
SPL業者　142
SPLレンダー　137
TARGET2システム　187, 188
TARGET2バランス　188
TARGETシステム　160, 188, 201
TARGETステムと国際収支　202
TARGETバランス　160, 188, 196, 201

[あ行]

アイルランド中央銀行　172
アサインメント　30
アジア通貨危機　199
アジャスタブル・ペッグ制　ix, 18
アセット・バックト・ユーロ債　55
アメリクエスト　137
アレンジャー　25
アングロアイリッシュ銀行　173
アンダーライター　27
アンダーライティング　33
安定成長協定（SGP）　160
アンバック　147
アンワール・イブラヒム　124
イールドカーブ　109
一括支援パッケージ（IMFからの）　175
印紙税　11
インターバンク（預金）市場　19

インターバンク市場　166, 170, 190, 199
インターバンク市場の梗塞　171
インターバンク信用　104
インターバンク預金　167
イントラ勘定　104
ウォーバーク，S.G.　10
ウォール街　129
ウォン（韓国）　97
売捌き（selling）グループ　10
永久債（変動利付）（perpetual bond）　46
営業権の供与（franchising）　91
英ポンドの切り下げ　13
エクイティ　140
オイルマネー・リサイクル　21
欧州銀行　148
欧州中央銀行（ECB）　188
オフショア・ファンド　93
オフショア市場　113
オフショアセンター　110
オプション（option）　20
オフバランス・シート（簿外）取引　25
オランダ領アンティル島　11
オリジネーション　141

[か行]

海外銀行（英国の）　6
外貨準備　100, 199
外貨建て・短期債権　104
外貨建て預金残高　5
外国為替市場の復活　3
外国為替スワップ市場　vi
外国債権　104
外債市場（foreign bond markets）　9
回転信用　39
介入　14
介入通貨　2, 23
買い持ち（long position）　19
価格効果　118
学生向け奨学ローン　136
拡大均衡　118
格付け会社　174
格付市場　39
額面割れ（MMFsの）　153

索引

掛目（担保価値の） 133
貸付 25
各国中央銀行（NCB） 188
カハ（cajas） 167
カバー付き金利裁定取引 19
カバー取引 3, 4
株式公開 62
株式手数料の自由化 131
株式店頭市場 65
株主割当 86
空売り 113
借り換え（roll-over） 169, 170, 172
カレンシー・ミスマッチ 117
為替安定基金 14
為替銀行（伝統的な） 7
為替スワップ市場 151, 154, 155
為替スワップ取引 113
為替操作 6
為替持高操作 4
為替リスク 19
為替リスク・ヘッジ 19
幹事証券 68
カントリーファンド 91
還流機構 16
期間のミスマッチ 19
期限付き FRN 47
基軸通貨（ドル） 6
基準金利 161
基準通貨 23
基準利回り 159
規制緩和 204
基本合意書（letter of intent：LOI） 120
救済（bail-out） 172
業務執行組合員（general partner） 63
業務の外部委託（contraction-out） 91
ギリシャ危機 159
ギリシャの実体経済 203
金・ドル交換停止 viii, 18, 19
金為替（ドル）本位制 2
銀行間資産 180
銀行間市場（インターバンク市場） 110, 154, 166
銀行間負債 179

銀行危機 97, 159, 168, 200
銀行恐慌 130
銀行券 186, 206
銀行の資金調達（funding） 166, 175
銀行持株会社 135
緊縮（austerity）政策 204
緊縮財政政策 203
金の二重価格制 13
金プール 13
金融勘定 101
金融危機 97
金融危機調査委員会（FCIC） 129, 137, 156
金融恐慌 130
金融グローバル化 97
金融支援（対ギリシャ，第1次，第2次，第3次） 203
金融収支 197
金融収支危機 159, 160, 198, 202
金融調整オペ 191
金融のハブ 108
金利スワップ 21, 50
金利のボラティリティ 19
金利リスク 19
近隣窮乏化 118
偶発債務（Contingent Liability） 33
グラス・スティーガル法 130
クラブディール 27
グラム・リーチ・ブライリー法（GLBA） 135
クリーン・フロート 123
グリーンスパン 129
クレジット・カード 136
クレジット・クランチ 6, 117, 118, 184
クレジット・ライン 33, 132
クレジット・ライン債権 153
クローズ・エンド型国際投資信託（カントリーファンド） 93
グローバル・インバランス論 157
クロスボーダー 190
クロスボーダー債権 104, 149
景気後退 173, 200
経常収支赤字 94, 99, 197
経常収支危機 100

ケインズ主義　204
決済システム　201
決定係数　115
ケルトの虎　160, 163
研究開発型育成センター（VEC）　64
源泉徴収税　11
現地銀行　110
現地債権（外貨建て, 現地通貨建て）　104
更改（Novation）　30
公開株式会社法（CCC, タイ）　89
公開市場委員会（FOMC）　14
構造改革　126
公的外貨準備　113
公的国際通貨　23
公的債務残高　203
公的ドル残高　16
公認会社（authorized company- タイ）　86
公募　86
コーポレートガバナンス　126
ゴールドマン・サックス　135, 147
国際インターバンク市場　107
国際銀行　103
国際銀行業　6
国際金融危機　27
国際金融構造　5
国際金融市場　5, 6
国際金融市場（の復活）　5
国際金融システム　5
国際債　25
国際資本市場　9
国際収支　100
国際収支危機　159, 160, 198, 202
国際収支の恒等式　101, 195
国際信用　110, 165
国際短期金融市場（international money markets）　6, 8
国際的インターバンク市場　200
国籍別銀行　149
国内信用　110, 165
五大投資銀行　135
固定相場制　2, 125
固定利付債　43
コマーシャルペーパー　⇨ CPをみよ

コミットメント・フィー　32
コンディショナリティ（融資条件）　204

[さ行]

サイアム・セメント・グループ　116
債券　25
最後の貸し手　155
最後の貸し手機能　123
財政赤字　200
債務担保証券（CDO）　137
債務の株式化　59
債務不履行　iii
サイレント・パートナー　83
先物（futures）　20
先物為替取引　5
先渡しポジション（forward position）　19
サブ・パーティシペーション　30
サブパート方式　30
サブプライム・ローン（SPL）　130, 135, 168
産業金融会社（IFCT- タイ）　93
サンタンデール　167
残余　140
資金操作　6
資金不足　170
仕組み債　130, 140
仕組み資産　169
仕組み商品　149
自己宛債務　187
自己資本比率　112
自己資本比率規制　21
資産インフレ＝バブル　110
資産担保証券（ABS）　136, 137
資産デフレ　116, 117
市場的銀行業　199
指定通貨　3
シティバンク　28
自動車ローン　136
シニア・トランシェ　138
ジニーメイ（GNMA：連邦政府全国抵当金庫）　135
支払不能（insolvency）　171
資本（金融）収支　100, 119
資本（金融）収支危機　101

索引 231

資本（金融）取引　113
資本勘定　101
資本勘定の自由化　107, 123, 126
資本逃避　17, 117, 186
資本逃避（capital flight）　114, 123
シャードバンキング　iv, 130, 150
シャードバンキング化　170
社会的市場経済主義　204
住宅金融　iii
住宅バブル　142
住宅ローン　iii
住宅ローン専業者　142
主幹事　10
縮小均衡　118
主要リファイナンス・オペ　185
順景気循環的（procyclical）　204
準備通貨　2, 23
商業銀行　25
証券化（セキュリタイゼーション）　25, 130, 135
証券買切りオペ　192
証券業者　v
証券市場プログラム（SMP）　192
証券貸借部門　140
証券取引委員会（LPC, タイ）　89
上場会社（listed company- タイ）　86
譲渡性を明示した証書（Transferable Loan Certificate Instrument）　29
消費者ローン　168
所在地別銀行　149
神経システム　170, 199
シンジケート団　10
シンジケートローン　8, 27
新自由主義（Neo-liberalism）　xiii, 127, 204
信認問題　16
信用創造　184
信用リスク　22, 179
信用履歴　137
垂直統合型　141, 147
スイング　xii, 119–121
スイング（双務協定の）　2
スペインの奇跡　160
スミソニアン協定　19

住友ファイナンス・インター　47
スワップ協定　14
スワップ付新規発行（swap-driven issuance）　50
スワップ取引（為替の）　19
スワップ取引（通貨・金利）　20
スワップ網　154, 155
清算機関　3
成熟段階（mezzanine stage）　63
成長通貨　186, 201
政府債務危機　159
整理信託公社（RTC）　137
世界金融危機　148, 168, 200
セキュリタイゼーション　x
セキュリタイゼーション（証券化）　130
説明変数　115
セデル（Cedel）　12
選択的資本勘定規制（マレーシア）　124
全面集中制　2
創業期（start-up stage）　63
総合的ポジション　4
双務協定　2
組成　141
組成＝発行過程　iv
「外」-「内」　108
「外」-「外」　108
その他投資　102
ソフト・VC　65
ソブリン債務危機　159, 173, 173, 200
ソルベンシー（支払能力）　148, 173
ソロス（George Soros）　125

[た行]

第1次市場（primary market）（シンジケートローンの）　27
第2次市場（secondary market）（シンジケートローンの）　28
第3次金融支援（対ギリシャ）　180
対アジア投資　61
第一勧業インター　47
対外交換性　2, 4
対外信用　165
対外短期債務　113

対外融資自主規制　11
タイ中央銀行（BOT）　113
タイ投資委員会（BOI）　82
対ドル交換性　4, 5
多角的裁定取引　4
多角的支払協定　3
ダブル・ミスマッチ　128
短期借り・長期貸し　8
短期金融市場（money market）　153, 169
単独売捌き方式（Sole Placing Agency）　34
担保価値　176
中央銀行預金の「創造」　199
中央清算機関（central counterparty）　189
中間発行　87
中期ノート（MTN）　55
中銀預金（準備預金、当座預金を含む）　201
中小企業投資育成会社（東京・大阪・名古屋）　64
長期リファイナンス・オペ　185
貯蓄・投資ギャップ　94
貯蓄貸付金融機関（S&L）　137
チョボル（財閥 - 韓国）　97
通貨危機　97, 98, 198
通貨スワップ　50
通貨の切り下げ（devaluation）　163
通貨のミスマッチ　163
通貨防衛　156
ツーステップ・ローン　74
低位収斂化　161
ディーラー　27
ディスインターメディエーション　iv, 57, 131
ディリバティブ　130
ディリバティブ（金融）市場　20
テキーラ効果（メキシコ危機の伝播）　113
デラウェア州　11
テンダー・パネル方式（Tender Panel）　34
店頭ディリバティブ　21, 135
店頭取引　20
ドイツ国債（Bund）　159, 161
ドイツ連銀　189
投機的攻撃　113
当座預金　131

当座預金（中央銀行の）　180
投資ヴィークル（SIV）　141, 153
投資銀行　iii, 10, 133
投資事業組合　65
投資信託　iv, 131
同日決済（same-date settlement）（資金の）　38
途上国債務問題　22
トライ・パーティー・レポ　134
トラスト法人　138
トランシェ　138, 140
取付け　112, 132, 147, 153
ドル・ペッグ制　2
ドル過剰　13
ドル危機　13, 16, 17
ドル準備　16
ドル不足（戦後）　2
ドル不足（世界金融危機時の）　150, 151, 154, 171, 182
ドル本位制　155

[な行]

ナショナル・ウェストミンスター銀行　46
日本アジア投資（JAIC）　73
日本合同ファイナンス（JAFCO）　64
ニューセンチュリー　138
ニューディーラー　vi
ニューディール　130
ニューディール体制　204
ニューヨーク連銀　14
ネーム　52
ネーム市場　39
ネットワーク　199
野村・JAFCO・インベストメント　72
ノンリコース（遡及権なし）　31

[は行]

バーツ（タイ）　97
バーナンキ　129, 142, 148
パーベスト・ABS・ユリボール　141
ハイ・レバレッジ組織（HLIs）　125
媒介通貨　23
売却＝流通過程　iv

索引 233

ハイテク産業　61
ハイブリット（混成）　33
破産法チャプター11　129
バックアップ・ファシリティ　33, 36
バックアップ・ライン　33
発展途上の巨人　160
パニック　173
バブル経済　163
パラレルバンキング　130
パリバ・ショック　141, 145, 148, 170, 181
バンカーズ・トラスト　28
バンカメ　146
バンキア（Bankia）　168
バンク・オブ・アメリカ（バンカメ）　129
反景気循環的（countercyclical）　204
バンコク・バンク・コマース（BBC）　111
バンコク・メトロポリタン銀行（BMB）　112
ハンブロ　6
東アジアの奇跡　99
引受メンバー　10
非居住者勘定　125
ビジネス・モデル　141
被説明変数　115
非対称性　6
非対称的な構造　2
ファースト・ロス　140
ファイナンス・カンパニー　98, 111
ファニーメイ（Fannie Mae：連邦住宅抵当金庫）　136, 147
フィデリティ　131
副幹事　10
複数売捌き方式（Mulitple Placing Agency）　34
双子の赤字　117
双子の危機　xii, 97, 98
不動産バブル　167
プライムファンド　152
プライマリー・ブローカー業務　147
フラン危機　17
フランの切り下げ　17
振替性（通貨の）　2
不良債権比率（額）　184, 203

フレディマック（Freddie Mac：連邦住宅貸付抵当公社）　136, 147
ブレトンウッズ体制（会議）　1
フレモント　142
フロート（変動相場）　17
不胎化　109
ベア・スターンズ　135, 146
平価（金・ドル）　1
ベースマネー　109, 123, 124
ペソ（フィリピン）　97
ペッグ制　109
ヘッジファンド　113, 125
ベトナム戦争介入　16
ヘルシュタット銀行　44
ペン・セントラル危機　131
返済不能（insolvency）　116
ベンチマーク　159
ベンチャー・キャピタル（VC）　xi, 61
変動相場制　16
変動利付債（FRN）市場　41
貿易自由化　126
包括的債務保証（blanket gurantee）　172
報告銀行　104
ホームメイドの銀行危機　172
ホールセール市場　166, 175
簿外（off-balance sheet）　33, 153
ホワイト案　1
香港上海銀行（HSBC）　137

[ま行]

マーケット・メーカー　46
マーチャントバンク　viii, 6, 10, 104
マイナス成長　203
マッチング取引　7
マネーマーケット（短期金融市場）　123
マネタリゼーション（国債の貨幣化）　99
マハティール　124
マルク危機　17
マルクの切り上げ　17
ミッドランド銀行　vii, 5
民営化　91
民間銀行　188
民商法典（タイ）　89

ムーディーズ　138
無記名債（bearer bond）　10, 11
メーデー　iv
メーンバンク　68
メザニン　140
メリル・リンチ（メリル）　129, 146
モノライン　147
モルガン・スタンレー　135, 146

[や行]

有限組合（limitd partnership）　62
融資条件（コンディショナリティ）　120
優先・劣後構造　138, 140
ユーロ・クレジット　25
ユーロ・セキュリタイゼーション　20, 25
ユーロ CP　36
ユーロ円債　52
ユーロカレンシー市場　5, 199
ユーロ危機　199
ユーロクリア（Euroclear）　12
ユーロ債市場（euro bond markets）　9
ユーロシステム　187, 197, 199, 201, 185, 188
ユーロ周辺国　160
ユーロダラー　5, 134
ユーロダラー債　10
ユーロダラー市場　199
ユーロノート　35
預金金利の自由化　134

[ら行]

ランピング　48
リース　136
リーマン　146
リーマン・ショック　iii
リーマン・ブラザーズ（リーマン）　129
リーマン・ブラザーズ破綻（破産）　171
利子平衡税（IET）　10, 11

リスク・キャピタル　67
リスク・プレミアム　52
リスケジューリング　55
リスケジュール債権　29
リセッション　167
利回り曲線　41, 57
流動性危機　159, 168, 200
流動性のマヒ　48
流動性プット　141
リンギット（マレーシア）　97
累積債務問題（南米）　104
ルピア（インドネシア）　97
レギュレーション Q　18, 131
劣後資本（subordinated capital）　45
レバレッジ　112
レポ市場　133, 141, 175
レボルビング・クレジット（回転信用）　32
連邦政府関連機関（GSE）　135
連邦預金保険公社（FDIC）　130
ロイズ銀行　46
労働市場改革　127
ローザ・ボンド　15
ロールオーバー・クレジット（roll-over credit）　ix, 9, 19
ロールオーバー（借り換え）　8, 97, 114, 132, 166
ローン・パーティシペーション　25
ロシア債務危機　137
ロングターム・キャピタル・マネージメント（LTCM）　137
ロンドン金市場　13

[わ行]

ワシントン—（米）財務省—ウォールストリート複合体　127
ワシントン・コンセンサス　127
ワシントン・ミューチュアル　137

[著者紹介]

入江恭平
　　いり　え　きょうへい

中京大学経営学部教授．1949年福岡県生まれ．山口大学経済学部卒業．大阪市立大学大学院経営学研究科博士課程単位取得中退．（財）日本証券経済研究所主任研究員を経て現職．
主著に「アメリカの企業金融と株式市場」『証券経済』第132号，1980年，「ユーロ・セキュリタイゼーション」『証券研究』第84巻，1988年，"Japanese Venture Capital and its Investment In Asia," Osaka City University Review 1996/3，「現代国際金融の諸相」国際銀行史研究会編『金融の世界史』（悠書館，2012年）所収ほか．

戦後国際金融の歴史的諸相
帰結としての世界金融危機

2019年3月20日　第1刷発行
定価(本体4000円+税)

著　者　入　江　恭　平
発行者　柿　﨑　　均
発行所　株式会社 日本経済評論社

〒101-0062　東京都千代田区神田駿河台1-7-7
電話 03-5577-7286　FAX 03-5577-2803
E-mail: info8188@nikkeihyo.co.jp
http://www.nikkeihyo.co.jp

装丁・渡辺美知子　　　　　　　　太平印刷社・誠製本

落丁本・乱丁本はお取替えいたします　　Printed in Japan
Ⓒ IRIE Kyohei 2019
ISBN 978-4-8188-2520-8　C3033

・本書の複製権・翻訳権・上映権・譲渡権・公衆送信権（送信可能化権を含む）は，（株）日本経済評論社が保有します．
・JCOPY 〈（一社）出版者著作権管理機構　委託出版物〉
本書の無断複写は著作権法上での例外を除き禁じられています．複写される場合は，そのつど事前に，（一社）出版者著作権管理機構（電話 03-5244-5088, FAX 03-5244-5089, e-mail : info@jcopy.or.jp）の許諾を得てください．

金融化資本主義－生産なき利潤と金融による搾取－
　　　　　　　　　　C. ラパヴィツァス／斉藤美彦訳　本体 7800 円

金融システムの不安定性と金融危機－日米英のバブルの発生と崩壊－
　　　　　　　　　　清水正昭　本体 5000 円

金融危機は避けられないのか－不安定性仮説の現代的展開－
　　　　　　　　　　青木達彦　本体 4500 円

複合危機－ゆれるグローバル経済－
　　　　　　　牧野裕・紺井博則・上川孝夫編　本体 4800 円

国際通貨体制の動向　　　　　　　　奥田宏司　本体 6400 円

国際金融史－国際金本位制から世界金融危機まで－
　　　　　　　　　　上川孝夫　本体 5200 円

グローバル資金管理と直接投資　　　小西宏美　本体 4800 円

米国の金融規制変革　　　　　　　　若園智明　本体 4800 円

金融危機の理論と現実－ミンスキー・クライシスの解明－
　　　　　　J. A. クレーゲル著／横川信治編・監訳　本体 3400 円

EU 経済・通貨統合とユーロ危機　　　星野郁　本体 5600 円

IMF 8 条国移行－貿易・為替自由化の政治経済史－
　　　　　　　　　　浅井良夫　本体 7600 円

所得分配・金融・経済成長－資本主義経済の理論と実証－
　　　　　　　　　　西洋　本体 6400 円

金融危機と政府・中央銀行　　　　　植林茂　本体 4400 円

イングランド銀行－1950 年代から 1979 年まで－
　　　　　F. キャピー著／イギリス金融史研究会訳　本体 18000 円

日本経済評論社